國家社科基金重大項目（10&ZD104）

上海師範大學古籍整理研究所編

項目首席專家、主編　戴建國

主編　朱易安　傅璇琮　周常林

全宋筆記

第七編

四

国家出版基金项目
NATIONAL PUBLICATION FOUNDATION

大象出版社

目録

◉岳珂 撰

愧郯録

許沛藻 劉宇 整理

點校説明

《愧郯録》十五卷，岳珂撰。岳珂（一一八三——一二三四），字肅之，號亦齋，又號倦翁，相州湯陰（今河南湯陰）人，抗金名將岳飛之孫。主要活動於光宗、寧宗、理宗時期，歷官知嘉興府、户部侍郎、淮東總領兼制置使等。岳珂學問該博，辭章典麗。著作除本書外，有《九經三傳沿革例》、《金陀粹編》、《宋少保岳鄂王行實編年》、《桯史》、《寶真齋法書贊》、《玉楮集》、《棠湖詩稿》等。

是書題曰「愧郯」，取《左傳》昭公十七年郯子來朝，昭子問官，仲尼聞之，見郯子而學之。岳珂以爲士大夫作爲朝廷官員，疑弗問，問弗辨，辨弗篤，有愧於古人。故是書所記，多涉宋代之典章制度，參攷價值甚高。

是書主要版本有：《四部叢刊》續編影印常熟瞿氏鐵琴銅劍樓藏宋本、《學海類編》本、《四庫全書》本、《知不足齋叢書》本、《筆記小説大觀》本等。此次整理，以《四部叢刊》續編本爲底本，校以《學海類編》本（簡稱學海本）、文淵閣《四庫全書》本（簡稱四庫本）、《知不足齋叢書》本（簡稱知不足本）。四庫本之打子條，不見於他本，作佚文以資參攷。又底本卷一后謚因革、郊廟之誄、號謚之異、宗室聯名，卷五齊酒廢革、牲牢均胙、副本緣起，卷七官品名意之訛、散階勳官寄禄功臣檢校試銜諸條，原各有大段闕文，已據吴興周氏言言齋藏澹生堂抄本補寫配齊，在此一併説明。

自序

昔者，吾夫子求文獻於杞而不足證，學官名於郯而有餘師。方春秋時，二國在諸侯間，壤地生齒，廣輪衆寡，亡以大相過也，其亦僅存焉耳矣。而杞之志若曰：「吾蕞爾邑，要非天下之所取正。周禮秉魯，夏盟主晉，舊章故府之藏，不彼即焉，而遐哉邈乎之問，乃及於我，是何庸知。」維郯則異然，謂「吾之褊陋，誠不足以儕諸建國，而金天百世之澤，且幸至于今而未斬，况夫統系之所接，傳聞之所逮，是區區者而不余守，則暴棄之辠，其將何辞以諉夫人」。是故典則之在王府，一忽其詒，則與和鈞關石，俱蕩於浮埃。惟不自安於陋，顧如典墳朴略之餘，聖人之所不能悉識者，亦或可歷陳而枚舉。然則謂世有先後，國有聾昭，而不存乎其人焉，可不可也。國朝受命，世有顯德，典章文物之盛，跨王軼帝。二百七八十年間，名公鉅卿所以討論潤色之者，固已無餘蘊矣。而又禮掌於頌臺，議參於儒館，彌闕軼，訂同異，間承之以有位之文者，俾畢得以獻疑而稡聞。則出位之言，固非羣有司之所當與。抑猶聞之，郯之來也，魯固逆陋之矣。叔孫昭子之問，聊以藉俎豆之口，而郯子奮然曰：「我知之。」不俟申言之及，纚纚其辭，累數百言而不少止。郯未嘗以搩人自疑，而魯多君子，亦不以其强聒爲疑也。若夫杞則自棄矣，襲媮益洿，每視己爲不足進，至取通國之禮而夷之。一字之貶屢加，而曾不知所以爲恥，學者循其末流而遡其所志，輕重且將誰擇哉。珂晚學，具位于朝【一】，又羣有司之賤者也，譬諸小國，無證杞之責，而有睎郯之心，凡其廷紳之所緒聞，諜記之所膚受，隱而不合，必求其當，博取精覈，使皆有據依而後牘之。蓋不敢以陋自處，而懼其班於學域之夷。博識之士，或以吾夫子之不恥於問者而就正焉，則亦庶乎其有一得之愚也。凡書皆祖宗若當世事，名前哲所以尊朝廷。爲卷者十有五，總一百十七則，命之曰郯，以志其愧。嘉定焉逢淹茂歲圉如既望，謹序。

【一】具位于朝　「具」原作「其」，據學海本改。

目録

卷第一

祖宗徽稱

國初，親廟謚皆二字。藝祖上賓，李文正昉上初謚以六字，而後列聖皆遵用之。大中祥符初，符貺洊臻，登封降禪，彌文具舉，於是始用開元增謚之制。是年十一月甲申，躬謁太廟二室，各增八字爲十四字。五年十月戊午，聖祖降延恩殿，告以長發之祥，閏月乙亥，復加二字，親廟亦衍而四焉。真宗既謚，仁皇以澶淵之功不著，詔益以「武定」，爲八字始用。天聖二年，初郊奉册，因郊增謚，蓋昉于此。慶曆七年十一月，又郊，遂再增八字，於是十六字之制定爲不刊，弗復可增益矣。然仁宗、英宗之謚，增於元豐六年屢郊之後；神宗之謚，增於紹聖二年大饗之餘；哲宗之謚，增於崇寧三年再郊之際，類皆因時制宜，而初郊舉典禮猶未爲永制也。徽祖以紹興五年有陟方之哀，七年諱問始至，龍輴未還，緜蕞廟祔。至十二年，既安禹穴之棲，其冬，詔加謚。明年正月戊戌，奉册，己亥，上親饗太廟。蓋清祏甫寧，因山適畢，遂躬款謁，追用祥符典故，固有不必俟郊報者，從變禮也。孝宗以後，始定用升祔後遇郊，即前詔議徽號。詔書若曰：「某廟宜加上十字爲十六字，如祖宗故事。」將郊，攝太傅先以册告本室，而後行躬祼，率以爲常，至于今不廢。乃若僖祖以熙寧王安石之議，正東嚮。大觀之元，遂有「立道肇基」、「積德起功」、「懿文獻武」、「睿和至孝」之號，媲之親廟，增者十二焉，蓋一時之制也。

五字定制

漢制，宗廟必冠以「孝」。唐特表一字而出之，諸帝類曰「某宗某謚孝皇帝」。間有不盡然者，不多見也。國朝初定，藝祖謚止曰「英武聖文神德」，太宗謚止曰「神功聖德文武【二】」，皆未以孝爲號，祥符始增之。自後列聖稱天之誄，必以百行之首薦於鴻名。蓋嘗攷之徽號中所同稱者，又有四字，文、武、功、德，與孝而五。自初謚中即備其三，曰「文」、曰「武」、曰「孝」。治平而降，未之或改也。惟徽、欽初謚曰「聖文仁德顯孝」、曰「恭文順德仁孝」，當時蓋張忠獻浚、陳文正康伯當國，上議初非有他，蓋用太平、淳化、乾興故事，先摭聖德之最盛者而表之。如近歲光考謚曰「憲仁聖哲慈孝」，不復稱「文武」，正其比也。及增謚，則無不備者，故藝祖曰「啓運立極、英武睿文、神德聖功、至明大孝」，太宗曰「至仁應道、神功聖德、文武睿烈、大明廣孝」，真宗曰「膺符稽古、成功讓德、文明武定、章聖元孝」，仁宗曰「體天法道、極功全德、神文聖武、濬哲明孝」，英宗曰「體乾膺歷、隆功盛德、憲文肅武、睿神宣孝」，神宗曰「體元顯道、法古立憲、帝德王功、英文烈武、

【二】神功聖德文武　「神功聖德」原作「神德聖功」，據學海本及《宋史》卷五《太宗紀》、卷一〇八《禮志》、《十朝綱要》卷二改。

欽仁聖孝」，哲宗曰「憲元繼道、世德揚功、欽文睿武、齊聖昭孝」，高宗曰「受命中興、全功至德、聖神武文、昭仁憲孝」，孝宗曰「紹統同道、冠德昭功、哲文神武、明聖成孝」，光宗曰「循道憲仁、明功茂德、温文順武、聖哲慈孝」。欽既止仍六惠，不復議增已，秩宗因循之失，猶曰「禮有未備」而已，一旦舉而行之可也。惟徽宗紹興十二年之增謚，以權臣擅命，輒於徽稱有所抑揚，遂去一字，而以「烈」代「德」，以「德」代「武」，曰「體神合道、駿烈遜功、聖文仁德、憲慈顯孝」。攷之藝祖、真宗之謚，初亦偏於文德矣，既增，則武功配焉，未聞臣子敢以是而寓意於君父也。是年十二月，户部尚書張澄等集議。庚午，宰臣秦檜自以議上，而議文則檜之兄直學士院梓實爲之。戊寅，詔檜撰册文，則册文又檜之作。士之學典故，每於此不致詳，故至今莫有議者，揆情訂迹，何以慰在天之靈乎！神宗初增謚曰「紹天法古、運德建功」，哲宗曰「顯德定功」。崇寧三年，詔定神宗今謚。政和三年，又以建立法度之意，增神宗爲二十字；而哲宗易「世揚」二字，以見紹述。蓋蔡京當國，用一時歸美之論，務極尊崇，雖非故事，猶愈於檜之無君云。

崇政改謚

宗廟改謚册告，於禮爲重。祥符五年，以聖祖諱，因增謚而易藝祖「睿文」、「聖功」二字，實不得已耳。崇寧、政和間，始用繼述友恭之論，屢定徽稱，神宗凡一改再增，而溢於祖宗者四字，哲宗凡一改一增，皆非舊章。章聖謚有濮園諱，治平親政，初不敢更，後但著於文書令曰：「諸濮安懿王諱，其在真宗皇帝謚號内者不避，應奏者，以黄紙覆之。」如此而已。豈非嚴重宗廟，於體不得不然邪？若慶曆以來，后謚或更，蓋從夫之義，與此異也。

后謚因革

建隆元年二月壬戌，上親廟謚：僖祖曰「文獻」，后曰「文懿」；順祖曰「惠元」，后曰「惠明」；翼祖曰「簡恭」，后曰「簡穆」，宣祖曰「昭武」。其制皆判太常寺竇儀所定，帝、后率聯一字，深得古意。其後杜太后上仙，先謚「明憲」，繼改曰「昭」，蓋亦配帝以爲稱。大中祥符增上帝謚，始各加「睿和」、「睿明」、「睿德」、「睿聖」二字，於后無所損益。列聖相循，遂爲故事。故太祖謚「大孝」，后曰「孝惠」、「孝明」、「孝章」；太宗謚「聖德」，后曰「淑德」、「懿德」、「明德」、「元德」；真宗謚「章聖」，后曰「章懷」、「章穆」、「章獻明肅」、「章懿」、「章惠」；仁宗謚「聖武」，后曰「慈聖光獻」；英宗謚「宣孝」，后曰「宣仁聖烈」；神宗謚「欽仁」，后曰「欽聖憲肅」、「欽成」、「欽慈」；哲宗謚「昭孝」，后曰「昭慈聖獻」、「昭懷」；徽宗謚「顯孝」，后曰「顯恭」、「顯肅」、「顯仁」；欽宗謚「仁孝」，后曰「仁懷」；高宗謚「憲孝」，后曰「憲節」、「憲聖慈烈」；孝宗謚「成孝」，后曰

「成穆」、「成恭」、「成肅」；光宗謚「慈孝」，后曰「慈懿」。自慶曆四年，章聖五后，始改「莊」從「章」。於是長秋或先升馭者，至因山之後復改而從之。如徽、高、孝之后，自「惠」、「懿」、「安」而「顯」、「憲」與「成」是也。自元祐八年，宣仁以祖宗之諱，始摘帝謚聯孝者爲稱。雖建中靖國之元，以神祖聖孝之謚不可爲冠，姑循雜采故事。越是而後，率以爲常，如泰陵而下是也。自乾德二年，孝惠、孝明上謚已從「孝」字，而太祖初謚乃無之。大中祥符元年始加「大孝」之號，似出附合，而亦有循之者，如慈懿先謚，而崇陵繼稱「慈孝」是也。第秩宗討論，非出一手，因時定制，每失參稽，易謚從夫，禮也。藝祖遷就，姑以漢制帝謚必稱孝爲比，是猶有説。至光宗，則徒屈至尊以從后謚，所憚者改册耳，果何説乎？雜采以示有所從禮也。宣仁媲宣稱謚，亦取其美者耳，初非有意也，是猶有説。至政和之謚「昭懷」，紹興之謚「昭慈」，泥於聯孝之稱，遂與嫄廟混而無别矣，果何説乎？聖不可以冠謚，建中避之，禮也。慈聖以擁佑定命之勳，舉而從之，是猶有説。節以四惠，而列於謚之中，上媲淑德，則不在徽稱之下，下同欽聖，則初無慈謚之從，是亦無所從而已。慈懿之號，又從而紊之，果何説乎？容臺訂禮，名儒後先，宗廟重事，《漢律》有禁，晚晉下臣，固莫敢置喙，特私表其臆説如此。又按《會要》，仁宗别后，温成初謚「恭德」，言者以爲不當同太宗諸后謚，始改之。至和二年十一月，史館修撰吕公綽奏：「真宗五后，『莊』皆爲『章』。」承旨丁度以爲神道貴静，乞不改。既而公綽復言，遂於郊禮前上謚册，此正故事之明證。昭慈改謚於紹興五年，是歲五月辛未，臣僚亦嘗建不當聯「昭」字之議，而朝廷訖不從。顯恭后初謚「靖和」，大觀四年，改謚「惠恭」，紹興七年，祐陵復土，始例從「顯」。其中蓋亦混惠明謚，「明達」、「明節」，又紊昭憲已改之稱云。

隆祐壽康宫

元祐太后既正東朝，建炎元年八月，有詔以尊稱犯太后祖諱，當以所居宫爲稱。令學士院撰定，遂建隆祐宫。光宗内禪，紹熙五年七月，移御泰安，旋以未至嘉美，改稱壽康宫，而殿亦以此名。珂恭攷《會要》，元祐元年閏二月，宰臣韓縝上表，請太皇太后宫殿名，宫曰「崇慶」，殿曰「崇慶」、「壽康」；皇太后宫殿名，宫曰「隆祐」，殿曰「隆祐」、「慈徽」。詔所請宜允，候過諒闇，令有司檢舉。既雖又改宫曰「慈德」，而前稱已播告，著之《國史》矣。竊謂二名皆複，於典故當易不疑，特有司失於討論，是以有此。如宣仁上仙，實在壽康殿，當光宗萬壽，誼當避嫌。昭慈逮事欽聖，而隆祐之號稱之九年，至紹聖元年閏四月戊子而後革。建中靖國追尊欽慈之詔，猶曰「隆祐深慈，具存於遺訓」，則是婦姑同一名稱，皆大不可者也。

申福殿

江州廬山有宫曰太平興國，侍從領祠官建申福殿，奉高皇本命，實紹興二十八年十二月丁亥朔賜名。珂按：京師有龍德宫，乃徽祖潛邸。宣和與子之後，移御是間，中已有申福、臻祥二殿。攷之《會要》，紹興九年，和議始成，有司指以爲安奉龍輴之地，蓋不特複名之當易而已。

永崇陵

光宗因山右丞相謝深甫請以永崇爲陵名，詔從之。珂嘗攷典故，謂其失有四：唐德宗稱崇陵，雖無「永」字，然終非令君。嘉祐八年九月十二日，諫院呂誨言潛邸興慶宫犯唐故號，詔改爲慶寧。夫興慶，佳名也。明皇視德宗有間矣，猶且不可，况俱爲陵名乎？其失一也。元符三年三月丙申，左僕射章享【一】上哲宗陵名「永泰」，詔恭依。享初議「永崇」，中批以未至嘉美，再上「永章」、「永慶」。上與皇太后皆曰：「永慶佳。」既而聞乃遼聖宗陵名，遂復改。凡三表乃定，則「永崇」，固元符之所弃，而可復用乎？其失二也。王明清《揮麈録》載，崇先寺有真皇館御曰「永崇」。按《會要》實有是殿，成於嘉祐六年十一月，崇先乃觀名，上清之遺址，明清已誤。且國朝故事，殿號、州、縣、鎮之犯宗廟、徽

【一】章享 「享」字係避宋光宗趙惇諱。

稱、陵名，例從改易，蓋惡其複。如慶曆七年八月戊午，改文明殿爲紫宸，景祐四年四月庚午，改武定軍爲武康，閏四月己卯，改昭武軍爲寧武，避真宗、宣祖謚；天聖七年九月辛未，改永定軍爲永寧，避真宗陵之類是也。況子孫因山之地，祖宗衣冠之御，可以混而不別乎？其失三也。紹興十三年二月己未朔，有旨：「徽宗永固陵名，委後省看詳。」既而許侍從擬定，於是權户部尚書張澄等言：「惟永祐不犯歷代陵名。」詔恭依。按《晉書》，亘元僭楚【三】，追尊其父温爲帝，陵號「永崇」。二字皆同，正永固之比，其失四也。珂又攷《會要》，紹聖二年六月，禮部尚書林希言：「神宗宣光殿，與石虎之子韜所建堂同名。」詔改曰「顯承」。以是觀之，不惟崇陵之當易，而崇先館御亦不復可因仍矣。秉禮者其尚攷之。

追改陵名

李文簡燾《續通鑑長編》曰：乾興元年七月，詔改章聖陵名曰「永定」。初，丁謂爲山陵使，請名陵曰「鎮」。及謂貶，馮拯謂三陵皆有「永」字，故易曰「永定陵」。然永安乃縣名也，宣祖陵上名「安」，又不知翼祖已名「定陵」，於是復追改翼祖陵曰「靖」。議者譏拯不學，當時無正之者。珂按：真皇上仙，開基因山者，僅三耳。歲時薦獻，宫禁省謁，禮官周視，史諜書載，耳目尚相接。夫誰而不知，正使不留意於典故，亦不應若是。朝廷舉重

【三】亘元僭楚　「亘元」，避宋欽宗趙桓、始祖趙玄朗諱。

禮，當時所上者一字之名，自東閣賓客縱不能爲之，一閲史録，呼容臺一吏使供寫，亦足優爲之。何至或削或犯，以詒天下笑乎？謂素號博學，此顧甚易識，是蓋絶不一講論，而率然以應上命也。拯矯其爲，欲增而易之，易之之際，亦復靳於故府之一問，又墮舛誤，再煩改更，就使復定一名，猶愈於祖之以孫屈也。遂過不疑，遂易先號，夫豈寧神尊祖之義乎？一顧問之憚煩，而成是紛紛，後之議禮者，可以監矣。表之以識一時之顛末。

郊廟之諡

中興而來，請帝諡于郊，議文必曰「某帝宜天錫之，曰某諡皇帝，廟號某宗」。請后諡于廟，議文必曰「某后宜以祖宗之命錫之，曰某諡皇后」。苟非母后則否，惟以羣臣議進之。内詔曰「恭依」而已。珂按典故，嘉祐八年五月庚申，有司將請仁宗諡。翰林學士王珪奏：「謹按《曾子問》曰：『賤不誄貴，幼不誄長，禮也。惟天子稱天以誄之。』《春秋公羊説》：『讀誄制諡於南郊，若云受之於天。』然乾興元年，既定真宗皇帝諡，其秋始告天於圓丘。史臣以爲天子之諡，當集中書門下、御史臺五品以上、尚書省四品以上、諸司三品以上於南郊，告天議定，然後連奏以聞。近制唯詞臣撰議，即降詔命，庶僚不得參聞，頗違稱天之義。臣奉命撰先帝尊諡，欲望明詔有司，稽詳舊典，先之南郊，而後下臣之議。庶先帝之茂德休烈，有以信萬世之傳。」詔兩制詳議。翰林學士賈黯等議如珪奏，從之。

元豐二年十一月丁丑，有司將請慈聖謚。翰林學士章惇奏：「竊稽典禮，下不得誄上。則大行太皇太后謚號，蓋非臣子之所敢專，必將有所請。謂若請之太廟，於禮爲宜，願付禮官詳議。」於是禮院言孝明皇后之喪，百官書謚議，讀之於廟，上于虛座。詔尚書省集百官議，皆曰：「母后之謚，則宜定於廟而讀之，以受成於祖宗。孝明皇后謚請百官議定，制下，乃遣官告於太廟而不讀。今參詳古者《謚法》，后受之君，大行太皇太后作配仁宗，於禮爲尊，宜集官謚之於廟。又幼不誄長，子不爵母。英宗皇帝廟室於禮不當請謚，欲乞集中書、樞密院、侍從官、御史臺五品、尚書省四品、諸司三品、宗室正任團練使以上，赴太廟行請謚之禮，然後詔有司作册寶告於天地、宗廟、社稷，讀於慶壽殿。」從之。二事蓋始此。慶元三年十一月乙巳，憲聖上仙，廷議以欽宗廟祏虛配，將以唐睿真沈后尋訪理絶故事，爲仁懷舉哀升祔。明年正月辛丑，二后並謚於廟。時京魏公鏜爲相，實上議焉。仁懷非母后，所以得用爲此者，蓋屬尊世邇，且又偕祔，不得不然也。要之，受成之意，見於議者，特以尊卑爲辨耳，仁懷固無疑焉。

號謚之異

神宗將加仁、英二室謚，元豐六年五月丙子朔，詔改加上尊謚爲奉上徽號，令三省官與太常寺同定。初六字爲謚，增十字爲號，蓋始此云。

宗室聯名

藝祖、太宗并受天命，子孫千億。魏王廷美，以親賢正派，棣萼聯輝，上繫安陵，《璇源圖牒》稱爲三祖，慶胄蕃昌，至於五葉禄分，爵衍夥不可殫。神宗始命有司裁定，惟恩義之稱。熙寧二年十一月甲戌，詔自非祖免以下，並罷賜名、授官。二十年間，天支訓名者不復相考質，亦或以一字皆無定制，議者病之。元祐七年九月甲午，宗正寺奏：「宗室撰名，自來并用兩字，内取一字相連，所以別源派，異昭穆也。昨自熙寧中立法，非祖、宗祖免親，更不賜名、授官。後來逐時准大宗正司關到本家所撰名，多是重疊。至有數人而共一名者，又或與別房尊長名諱相犯，或兄弟不相連名，或只取一字爲名，而偏傍不相連者，名稱混殽，難以分明昭穆之序。竊恐年祀寖久，流派逾遠，譜籍漸無統紀。除重疊共一名者，昨來寺司申請，已得朝旨見令改撰外，所有犯別房尊長名諱，兄弟不相連名，并以一字爲名，恐亦合改撰。欲乞宗正司告示，逐宫院將見今名犯尊長諱，并字不相連及單名者，並令改撰。仍從本司定取一相連字取名稍寬者，關宗正司告示，令依倣撰名，所貴稍得齊一。」從之。於是聯名之制始定。珂按：三祖下宗支所聯字，太祖曰德、惟、從、世、令、子、伯、師、希、與、孟、由，太宗曰元、允、宗、仲、士、不、善、汝、崇、必、良、友，宣祖曰德、承、克、叔、之、公、彦、夫、時、若、嗣。當時雖先有之，而非賜名者，猶混殽，故申其禁令耳，非肇始也。英、神近屬又爲之名，如孝、安居多，自甫、有、卿、茂、中、孫，其字不一，蓋繼別爲宗云。承平時立保州位，其聯名曰咸、嘉、文、可、修、景、遵、端、廣、繼、大者，廼四親別族，又不與三祖也。宗寺之請，出於寺丞宋景年，見周益公必大奏議。

卷第二

近屬名制

國朝宗屬，本未定聯名之制。藝祖友悌因心，凡宣祖本支之在子行者，皆冠「德」字，賜名、授爵俱無等差。熙陵繼序，初更用「元」字，以別大统。自是而後，真皇之子從「衣」，於藝祖、魏王諸孫賜名「惟」字、「承」字者不聯。神廟之子從「人」，於英宗諸孫吴、益二邸之賜名「孝」字者亦不聯。徽祖之子從「木」，於神祖諸孫吴、楚二邸之賜名「有」字者又不聯。不惟不聯，且無用一字者。是皆親堂兄弟、從姪以降，從可知也。紹興、乾道以來，孝支三邸鼎立，孫枝出閤，始皆用一名。光宗、今上，敬叙天彝，務從其厚。莊文、魏王之後，俱聯所從，以示無間。蕚樓環邸，雍怡之風，蓋視藝祖爲有光矣。然宗廟至重，貴於有别，恩義之稱，豈聖心固自有所輕重歟？

宗廟舊諱

《紹興文書令》曰：「廟諱、舊諱正字皆避之。」故哲宗、孝宗之舊諱單字者凡三，皆著令改避。惟欽宗舊諱二字，一則從「亠」、從「回」、從「旦」，一則從「火」、從「亘」，今皆用之不疑。又今之注文曰：「舊諱内二字連用爲犯，若文雖連而意不相屬者，非。」故太宗、仁宗、英宗、神宗之舊諱二字者凡八，皆著令不許並用。惟孝宗舊諱從「伯」、從「玉」、從「宗」者，今亦聯書自若，甚至有以爲名者。珂竊謂：尊祖事神，固存終諱。祖宗酌禮用中，單字則盡避，二字則不連。不簡不苛，惟情之稱，弗可改也。欽皇祔清祏稱宗，而舊諱之避，乃不得與諸廟比。孝廟初潛，故名雖已賜更，然上擬英祖，亦正同濮邸故事。真、神二朝，初亦與宗藩聯稱，既改復諱，顧今獨不然，皆非也。《孝宗會要》、史諜皆不著初名，殊不知《英宗正史》、《實録》、《會要》蓋皆嘗書之，遂使舊諱罕傳，後世莫考。當世士大夫猶有不及知者，容臺史觀之失，不既甚乎。李心傳《繫年要録》載此諱於紹興二年五月辛未，明年二月庚子，除和州防禦使，復見焉。它書則未之載也。

舊諱訓名

太宗舊諱，自大中祥符二年六月二十四日，詔中外文字，有與二字相連及音同者，並令迴避。至寶元元年四月四日，翰林侍讀學士李淑奏請毋得連用真宗舊名；治平元年十一月三日，翰林學士賈黯奏請毋得連用仁宗舊名。自後遂著之文書令，以爲不刊之典。然珂嘗攷今宗室訓名，或犯舊諱，私謂不安。參稽典故，則可疑者有三，而大可據者有一。

景祐四年正月十三日，詔：「自今宗室訓名，令宗正寺與修玉牒官同議定，勿得重疊。」夫重疊猶不可，而可與舊諱重乎？一可疑也。治平三年七月十九日，翰林學士承旨張方平言：「皇族賜名，其屬絶無服，而異字同音，或上下一字同者，請勿避。」從之。則是治平以前，凡同族之名，一字之同，皆在當避之域。曰同族且不可，而況宗廟乎？二可疑也。紹聖三年五月十九日，宗正寺丞宋景年奏請：「宗室賜名，非祖免親本家命名，於本祖下有服親，雖音同字異，並避；於本祖下無服親，及別祖下有服親，即音同字異，許用；於別祖下無服親，非連名，即雖本字亦許用。」從之。舊諱則非正諱矣，其視音同字異者，不猶重乎？三可疑也。大中祥符八年六月十五日，詔改含光殿名曰「會慶」，以「光」字乃太宗舊名之上字，故避之。「光」字，舊名之偏諱也，自二年已詔但禁連用，而今又六年之後，乃改殿名，豈非殿名常用之稱，與文書偶及者爲不同乎？殿名猶易，而屬籍□□□□□□□□□□李文簡燾【一】《續通鑑長編》：「天聖六年九月丙午，兵部郎中、集賢院修撰楊大雅知制誥。大雅初名侃，以犯真宗舊諱，詔更之。」此乃灼然明據。以此論之，不特宗姓非所當爲，庶姓士大夫或襲用之，亦非也。會慶爲孝宗誕節，與殿名複出；哲宗神御殿名曰「重光」，又自慈聖后以來再以入廟號，似違祥符故事云。

【一】李文簡燾　「李文簡」三字原闕，據學海本、知不足本補。

御名不聯字

熙陵即祚之踰年，二月庚子，有詔更御名。制曰：「王者對越上天，祗見九廟，凡因祭告，必著名稱。思稽古以酌中，貴難知而易避，爰遵故事，載易嘉名。」此當時播告之旨也。珂按：太宗初諱上字與藝祖聯稱，建隆造邦，已改從「光」字，復與魏悼王同行。太平興國初，既膺大統，魏悼王改從「廷」字，以避尊尊之稱。至是甫四閱月，復詔改焉。雖更定之意，具如詔書，其實去聯文，尊王統，所以辨名分，示等威也。真宗本聯「元」字【二】，既立爲皇太子，遂用單名，而太支八主，仍舊字爲行，不復改。仁皇在昇邸，英祖濮藩，名亦二字，及正承祧之名，則皆改焉。聖謨昭昭，可攷而見。真宗之子周王祐，本亦二名，以避聖祖諱而損其一，因偏傍有「衣」字，與仁宗諱偶合，元非初制。如温、昌、信、欽四王，皆徽宗追賜名，具載《國史》。仁宗三王，名皆躔「日」，是爲皇子、諸王一賜即爲單名之始。然率緣殤折，非既長而並命者。英宗又未及正東宮。神宗初與吳、益二王並賜名從「頁」，及治平不豫之際，匆猝中無以故事建明乞更名者，熙豐友愛天至，遂因循不復議。元豐末命，哲宗自延安王主鬯時，御名與神宗諸王皆聯「人」字，遂詔改今諱，不復聯，誠得祖宗别微之本意。徽、高自藩邸入登大寶，誤循治平故事，止仍舊名。欽宗雖久在震方，亦嘗一再賜名，然鄆寵方偪，語諱滋繁，固莫容有建言者。宣和内禪，狄師日侵，

【二】真宗本聯元字　「字」原作「年」，據學海本改。

亟決大議，何暇它及？孝宗猶改之，而後升儲。乾道兩下貳極之詔，皆仍舊名以播告。今上承大統，潛躍之名，亦不復改。雖曰阜陵制義之重，聖心有所不欲更，而尊君之誼則非矣。

淳熙南衙

周益公必大《玉堂雜紀》曰：「乾道七年四月甲子，詔皇太子判臨安府，用至道故事也。或謂當以太中大夫爲判官，通領府事。恐名稱未正，遂議改尹，而以侍從爲少尹，餘判官用卿監郎官。丁卯，將鎖院降麻，或又疑宣麻給告，非待儲貳之禮。己巳，後省官、禮官會議於史院，檢照唐太宗征遼命太子監國，及大帝命太子受諸司啓事，或詔或制，視麻爲重，可以作則，上然之。庚午，偶當日被宣，范紫微成大先以侍講遞宿，聞報遽出，薄莫至玉堂。御藥李忘其名。持御封御筆：『皇太子某宜領臨安尹，可依此降制。』三鼓進草，因奏此制書，既不給告，則當付有司施行【三】。竊恐皇太子別無被受，欲依自來詔書體式，略換首尾，書寫一通，降付皇太子。今擬定格式進呈，如賜俞允，乞速批降付下。御筆批『依』。辛未，遂告大廷。惟此稀闊盛典，適以史官備討論，詞臣參潤色，復得宸翰，寶藏於家，非儒生之榮遇乎。」珂按：本朝親王爲南衙，故實有四：建隆二年七月壬申，太宗以晉王爲開封尹、同平章事；開寶九年十月庚申，魏悼王廷美以齊王爲開封尹；雍

【三】因奏此制書既不給告則當付有司施行　「制書既不給告則」七字原闕，據周必大《淳熙玉堂雜記》卷上補。

熙二年十月甲辰，昭成太子元僖以陳王爲開封尹、兼侍中；淳化五年九月壬申，真宗以壽王爲開封尹。東宫爲南衙故實有二：至道元年八月壬辰，真宗以皇太子爲判開封府；宣和七年十一月戊午，欽宗以皇太子爲開封牧。歷考二端，親王爲尹，東宫爲判、爲牧，自有明據。然則必大所行制詞，有所謂肆考南衙之故實，一新大尹之多儀，及名稱未正者，皆誤也。至於府寮之制，國初紀載雖簡，初無異稱。雍熙陳王之命，實以户部郎中張去華爲判官，殿中侍御史陳載爲推官，並召見，就遷去華爲左諫議大夫。雖與太中大夫之制若相協，要亦王府之制耳。至道升儲，有司又言：「皇太子兼判開封府，其所上表狀，即書皇太子位，其當申中書、樞密院狀，祇判官等書。」詔從之。則是時亦無用少尹爲參佐者。在承平時，著位尹，蓋尹正之常稱。雖以熙、定二陵在藩日常爲，而使少尹權知府事，然自崇、觀以後，例以除官，且著令别設牧以待親王矣。且自尹而少，本略爲差降，以帝儲之重，而下與有司聯稱謂，固不可。淳熙五年閏六月，魏惠憲王愷以江陵尹進兼雍州牧，牧、尹秩序之别蓋如此。雖内外有異，而藩王猶可爲牧，東宫乃反爲尹，此尤大不可者也。若以宣和舊典，出於内禪已定，不欲循用，則稱判爲宜，若尹則無别矣。

孝明后制

《太祖實録》：「建隆元年七月甲申，立皇后，制曰：『朕受天景福，故父事高穹；率土樂推，乃子視黔首。坐明堂而讀時令，正中禁以崇國風，庶資博厚之功，用廣邦家之業。禀長樂之慈訓，舉長秋之舊章。乃命有司，告于清廟。咨爾琅琊郡夫人王氏，象緯炳靈，公侯貴胄。挺天人之奇表，會王者之昌圖。朕昔在列藩，常觀内助。奉晨昏而罔倦，服澣濯而無辭。賛予開國之基，賴爾宜家之慶。翬衣未舉，椒掖難虚。既侔大姒之賢，宜易小君之號。貽謀百世，正位六宫，可立爲皇后。爾其佐佑興運，恢張内朝，樛木垂陰，期于逮下。桂華委照，法彼無私。顧彤管之在旁，思大練之爲美。若此則緱山餘烈，配沙麓之嘉祥；淮水長源，接銀潢之濬浪。后妃之德，史册有光，勉修令名，往踐厥位。仍令所司擇日備禮册命。』」珂按：制詞中首稱「咨爾」，實與册文無異。至入尾詞，先書「可立爲皇后」，復申命戒，始用廷告體，令所司備册，與今制殊不同。此蓋國朝立后第一典，故不可不詳訂也。

宗族之别

政和三年閏四月丙辰，詔改公主爲帝姬，郡主爲宗姬，縣主爲族姬。珂按：本朝嬴姓而用姬爲稱謂，雖詔書明言，考古立制，宜莫如周。然要是蔡京輩誤讀《漢書》薄姬、丁姬輩名字，謂姬本婦人通號，故循而用之耳。建炎改制，議者之論已詳，不復複出。第宗、族二字，本以别親疏，似亦差互。攷之《春秋》，襄公十二年秋九月，吴子乘卒。《左氏》因其臨於周廟，而别白之曰：「凡諸侯之喪，異姓臨於外，同姓於宗廟，同宗於祖廟，同族於禰廟。」杜征南預又從而釋之曰：「同族謂高祖以下。」如此，則族之親於宗明矣。今乃反之，尤失所宜。京輩當時固位，士多隨聲是非。或者因孰語先後爲次，蓋初不致考也。

聖旨教令之别

國朝所司承旨之别：乘輿稱聖旨，中宫稱教旨，儲闈稱令旨。天聖以後，母后或御東朝廷，則稱聖旨，否則稱教如初。孝皇初膺内禪，德壽方具慶，務極尊崇，太上皇后亦得稱聖旨。珂按：秦、漢而下，天子稱制詔，繼别爲敕，母后、東宫、諸侯王稱令，下雖郡守亦稱教，無名爲旨者。惟自魏、晉而下乃有之。然則承旨行事，本取指撝之義，以從尋常簡便之稱。大事則有制可，宣布則有詔書，除授則有敕命，互見於用，要不相揜，而實非古制也。《晉書·文帝紀》，司空鄭冲勸進九錫之文曰：「明公宜承奉聖旨，受兹介福，允當天人。」則聖旨之名，已見於魏矣。詳其義趣，特出一時之文，若曰「宜奉承聖上之旨意」而已，非文書皆然，以爲常式也。唐尚書掌上逮下之制六，無聖旨之名。惟中書王言之制七，五曰敕旨，百官奏請施行則用之。與册書、制書、慰勞、發敕、敕書、敕牒殊析不同，則敕旨本以便事從簡，其意灼然可見，但當時未全稱聖旨耳。如延英面對，或稱進止，則又或進或止取於宸斷之義，今奏劄猶襲用之。五代相承，每事稱進止，亦與此同一源委。若中宮稱教，儲闈稱令，而繫以旨，則史傳雜見，未之考詳。漢尊母后，例得稱詔。如薄后雖非稱制，得詔有司，追封竇后父爲安成侯是也。齊、梁以來，或稱令。如蕭統《文選》所載任昉《宣德皇后令》是也。唐尚書之制，四曰令，皇太子用之；五曰教，親王、公主用之，而不明著母后中宫之所稱，其見於史者，亦旁附隨事以立文而已。且旨者一時之名，而教令則典則之常也。《文選》所載傅亮爲宋公作脩張良廟、楚元王墓教之類，前稱綱紀，如詔書之前以門下爲稱也。唐皇太子令書，左庶子畫諾，右庶子畫日，如制書之後有制可之畫也。則此文書體式之當然，而不可以繫旨以爲稱，其理無疑。還考於唐，則固嘗聯敕以爲稱矣。以教以令，上擬於敕，則雖聯其何傷也。然竟莫究其所以始，惟高峻《小史》、《晉書・王沈傳》載沈爲豫州刺史，下教求言，主簿褚䂮曰：「奉省教旨，伏用感歎。」《渚宮故事》載晉羅友在桓溫府，同府有得郡者，溫爲坐叙别，友亦被命，至尤遲晚。溫問之，答曰：「臣昨奉教旨出門，見鬼揶揄云：『我只見汝送人上郡，何不見人送汝上郡。』」《南史・鮑泉傳》：梁元帝承制，從獄中起王僧辯，代泉爲都督。泉拂席坐以待之。僧辯入，乃背泉而坐，曰：「鮑郎卿有罪，令旨使我鎖卿。卿勿以故意見期。」則二字聯旨以稱，殆習執因簡便，而遂以爲常耶？然令體，重也；教體，輕也。漢侯王、郡守之用，唐尚書七等之别，亦可稽矣。以東朝而猶稱教，則非所以致人主尊親之誠，此孝宗之孝，所以不能安也。既詔太上皇后稱聖旨，而胡忠簡銓在後省猶執不可，曰：「大哉乾元，至哉坤元！

聖人固嘗有其辨，其言深切著明，而聖意篤於奉親。」竟弗之許。故近世壽慈、壽康，皆稽以爲據。珂嘗申攷治平三年正月丁丑濮議之詔，英宗嘗頒手札，稱慈聖光獻太后爲慈旨。紹興元年五月十五日，刑部尚書、權兼禮部尚書胡直孺等，準詔討論昭慈册禮，其於欽聖憲肅皇后元符三年五月之詔，亦止稱慈旨。此乃本朝故事，固不可不參著也。孝皇初，詔陳魯公康伯嘗乞以慈旨稱，而孝皇以爲輕【四】，此蓋特制。劉良、李周翰注《文選》曰：「秦法皇后、太子稱令，諸公、王稱教。令者，命也。教者，教示於人也。」蔡邕《獨斷》曰：「諸侯言曰教。」然則中宫亦當稱令云。

【四】而孝皇以爲輕　「孝皇」原作「孝惠」，據學海本、四庫本改。

卷第三

南北郊

洪文敏邁《容齋四筆》紀南北郊一事曰：「三代之禮，冬至祀天於南郊，夏至祭地於北郊。王莽於元始中改爲合祭，自是以來，不可復變。元豐中，下詔欲復北郊，至六年，唯以冬至祀天，而地祇不及事。元祐七年，又使博議，而許將、顧臨、范純禮、王欽臣、孔武仲各爲一說。逮蘇文忠軾之論出，於是羣議盡廢。當時諸人之說有六：一曰，今之寒暑與古無異，宣王六月出師，則夏至之日，何爲不可祭；二曰，夏至不能行禮，則遣官攝行，亦有故事；三曰，省去繁文末節，則一歲可以再郊；四曰，三年一祀天，又三年一祭地；五曰，當郊之歲，以十月神州之祭，易夏至之方澤，可以免方暑舉事之患；六曰，當郊之歲，以夏至祀地祇於方澤，上不親郊，而通爟火於禁中望祀。軾皆辟之，以謂無一可行之理，其文載於奏議，凡三千言。元符中，又詔議合祭，論不一，唯太常少卿宇文昌齡之議最爲簡要。曰：『天地之勢，以高卑則異位，以禮制則異宜，以樂則異數。至於衣服之章，器用之具，日至之時，皆有辨而不同。夫祀者，自有以感於無，自實以通於虛，必以氣合氣，然後可得而親，可冀其格。今祭地於圜丘，合以氣則非所，合以類則非應，而求高厚之來享，不亦難乎。』後竟用其議。此兩說之至當如此。」珂按：二郊，重事也。中興以後，雖循合祭之制，大概不過三説。一以祖宗久行，神靈之所顧歆。崇、觀作新，卒無福應。一以經元祐宗工鉅儒之論，必不可破。一以因時制宜，難於頻舉重禮。然以珂攷之，合祭之議，謂之便今可也，謂之合古不可也；分祭之議，謂之合古可也，謂之便今不可也。二議自不相揜，軾必欲兼取而合之，此所以啓後日紛紛之論。軾之自謂合於古者八，而六議不與焉。晚學蓋嘗竊疑之而不敢議也。及博觀紹聖間諸公之所以藉口者，則亦容有説矣。謹參以臆説而著之。《虞書》肆類禋望，徧于羣神。當時必不略地示之祀。夫受禪，大事也。祇見之初，固皆秩非常之禮。如漢、魏以後，升燎而後即位耳，恐未可以爲比。此一可疑也。武王克商，柴祭上帝，望祭山川，未嘗有南郊北郊之别。夫告成，亦大事也。且告非祭也，如今之奏告，國有大事則告之，固不容拘以二至，而亦不容循以爲常也。此二可疑也。《昊天有成命》之詩，歌天而不歌地，使歌於北郊，則未有歌其所不祭，祭其所不歌者。夫《般》巡守而祀四岳河海也，其詩曰：「允猶翕河。」若以爲祭則必歌，則海岳之祭將合於河乎？《天作》之詩，不言先公，猶曰一廟也，河海異地矣。故或者以折陳祥道，而張商英首言之紹聖之初。此三可疑也。《春秋》書「不郊，猶三望」，《左氏》以爲郊之細，魯猶及山川，周獨不及嶽瀆乎？嶽瀆苟得從祀，地示固必合祭矣。夫説者言三望，或以爲泰山河海，又以爲淮河，又以爲分野之星及山川，固自不同。《禮·三正記》曰：「郊後必有三望。」先儒以爲助天布功，是以祭天及之，皆於郊之明日。然《春秋》書猶以示譏，若曰「廢其大而祀其細，則可譏耳」。望未嘗合於郊也，蓋别祭也。逆計以及魯之禮，因魯以想周之制。此四可疑也。天地合祭久矣，議者乃謂始於王莽，且禮當論其是非，不當以人而廢。夫《書》之紀虞、周，《詩》、《春秋》之紀周、魯，皆疑辭也。則謂不始於莽，亦不過以十九章歌爲説耳。漢禮視古多違，要未爲確。此五可疑也。光武親誅莽，尚采元始故事，八陛重壇，皆南鄉西上，見於建武之制。夫漢世郊禮駁矣，五時待我而具，高祖未嘗不因秦渭陽五帝之廟。汶上明堂之祠，多出方士之口，汾脽后土至孝武而始舉。其制如圜丘之類，亦不經。漢不祭地示者六葉，康衡改郊位【一】，隨輒罷去。終西漢之世，事地甚略。光武草創之爲，亦姑謂度吾所能行，或如高祖之因秦而已。中元之定七郊，仍别有方澤，恐未可據。此六可疑也。《水經注》：伊水東北，魏有圜丘。準漢日爲重壇，大地位其上。夫漢已不足法，而魏可因乎？此七可疑也。唐天寶元年，敕皇地示宜如南郊。合祭以後，皆合于圜丘。夫天寶之時，視漢、魏益邈矣。且元豐之詔，固欲盡剗近代之陋，而一還成周之典。今以是爲證，果足以厭議者之心乎？此八可疑也。夫摭其合者八，而皆不免於疑。固將又求其所以合，則益趨於滕口矣。昌齡之議，截截明辨，如白黑一二之不可易，是矣。抑不知軾之已出於此也。軾之言曰：「夫漢之郊

【一】康衡改郊位　「康」字係避宋太祖趙匡胤諱改。

禮，尤與古戾，唐亦不能如古。本朝祖宗欽崇祭祀，儒臣禮官講求損益，非不知圜丘、方澤皆親祭之爲是也，蓋以時不可行。是故參酌古今，上合典禮，下合時宜，較其所得，已多於漢、唐矣。天地宗廟之祭，皆當歲徧。今不能歲徧，是故徧於三年當郊之歲，又不能於一歲之中再舉大禮，是故偏於三日。此皆因時制宜，雖聖人復起，不能易也。今並祀不失親祭，而北郊則必不能親往。二者孰爲重乎？若一年再郊，而遣官攝事，是長不親事地也。三年間郊當祀天地之歲【二】，而暑雨不可親行，遣官攝事，則是天地皆不親祭也。夫分祀天地，决非今世之所能行。議者不過欲於當郊之歲，祀天地宗廟，分而爲三耳。分而爲三，有三不可。夏至之日，不可以動大衆舉大禮，一也。軍賞不可復加，二也。自有國以來，天地宗廟，唯饗此祭，累歲相承，唯用此禮。此乃神祇所歆，祖宗所安，不可輕動，動之則有吉凶禍福，不可不慮，三也。凡此三者，臣熟計之，無一可行之理。伏請從舊爲便。」又發其意於議中曰：「古者以親郊爲常禮，故無繁文，今世以親郊爲大禮，故繁文有不能省。」珂謂止常禮、大禮二字，自足以爲不可破之論，正不必區區求合，以啓多言。今世之郊，士大夫識周禮者，皆能心非之，特壓以軾之重望，而重以元祐諸公之公言。蓋謂昌齡名頗不著，紹聖以後，爲是紛紛者，卒不可從。故雖邁著書，亦兩存其說，俱謂至當。而軾之所謂合古者，僅寘之不辨而已爾。不然，夫豈不知昌齡之非軾倫擬也耶？珂嘗妄欲劉取軾之説而附益之，曰：類禋柴望，雖曰因事而見，然虞、周以躬事爲常祀，而以禪告爲大

【二】三年間郊當祀天地之歲　「天」字原闕，據學海本、四庫本改。

祀。今將以分祭爲常祀，而以合祭爲大祀，斯可矣。唐賈曾議曰：「有虞氏禘黄帝而郊嚳，夏后氏禘黄帝而郊鯀。郊之與廟，皆有禘也。禘於郊，則地祇羣望合食於圜丘。以始祖配享，蓋有事大祭，非常禮也。禘於廟，則祖宗合食於太祖。」褚無量、郭山惲皆以曾言爲然。今亦將以分祭爲郊，而以合祭爲禘，斯可矣。明皇天寶之敕曰：「凡所祠享，必在躬親。朕不親祭，禮將有闕。」始用合祭。於是唐世皆遵行之。今又將以分祭爲攝事，以合祭爲親祠，斯可矣。蓋是三者，凡以爲二字之異而辨之者也。周禮一歲祀天者三，明堂享帝者一，四時迎氣者五，祭地者三，饗宗廟者四。凡此十五者，皆天子親祭也。而又朝日夕月、四望山川、社稷五祀及羣小祭之類，亦皆親祭。夫天地異位，禮樂異數，不可同，固也。五方異尚，流峙異形，陰陽異宜，昏明異用，其不可同致，均也。今六變致神之樂，同而用之，何也？六冕有別，王祀皆親，隆殺雖殊，親見則一。故社稷最貴，雖賞刑必受命；嶽瀆至重，雖封建不以封。其不可攝事，均也。今列壝從祀之禮，分而獻之，何也？拜日東郊，揖月西望，迎氣以應，合蜡以成，以時感神，因地致敬，其不可合處，均也。今圜丘一方之地，合而饗之，何也？是三者，凡以爲二説之異而合之者也。訂而考之，固將知所處矣。夫分郊而祀，從祀亦宜分之也【三】。日月星辰合於天，日春月秋可以盡格於冬至乎？四嶽海瀆合於地，岱東華西可以盡致於北郊乎？合於南郊，非古也。猶曰來享者屈於天之尊也，格於禮之大也。分而不能盡合於古，又不能盡格於神，則亦無説

【三】從祀亦宜分之也　「宜」原作「且」，據學海本改。

矣。故必欲分南北郊者，非盡罷從祀，則不可分。從祀之禮，非天子能親徧羣祀，則不容罷。親徧羣祀，非盡用周之禮樂，則不如不徧；盡用周之禮樂，非能封建如周，使諸侯分治其國，而王朝之事日簡一日，惟專意於祭，則不能盡用。嗚呼，亦難矣。當時曾肇謂祭者，順陰陽之性，或燔或瘞，或沉或埋。今於地示，事之非其方，致之非其類，又違於時，以此事地，未必來享，而便謂此爲親見地示之實，此臣所未諭。其論甚美，然不知歲固有祀矣，祀固因其方，用其時，行其禮樂矣。特此爲大祀，虞、周之曰類、曰禋、曰柴、曰望，果皆合其方，因其類而用其時乎？此可爲因革之辨，而不足爲二説之折衷明矣。又按分祭之議，肇於元豐三年詳定禮文所之言。五月甲子，陳襄初請親祀之歲，夏冬疊舉二祀。李清臣請用後漢五位之制，親祀之歲，宿廟以告，宿北郊以祭，宿南郊以祀，止以一時。王存請以孟冬純陰之月。陸佃請用魯三望之制，即圜丘之北別祀地示。張璪請盛禮容，具樂舞，遣冢宰攝事。又詔更加講求。明年四月己巳，李清臣、黄顔、王仲脩、楊傑、何洵直、葉祖洽、文及甫、張璪、陸佃，皆列名上議。惟陳薦援成命之詩，媪神並況之章，以爲不始王莽，乞姑仍舊。曾肇請損儀衛之虚文，以就躬事地示之實。是日遂下詔，親祠如南郊；如不親祠，上公攝事，仍別修定攝事儀制。六年五月甲申，禮部太常寺上親祠及攝事者儀以獻，詔行之。時猶未敢以躬祭爲必行也。七月庚申，築方丘。是年十一月丙午，冬祀遂不復設地示位。元祐初政，兩行大饗。七年三月，始議復合。九月戊子，上議。戊戌，詔以初見于郊，姑設地示位，竣事，復議。十一月癸巳，郊。八年二月壬申，軾議始上。四月丁巳，遂詔罷集議，仍用合祭。紹聖元年五月甲寅，以右正言張商英言，詔禮官詳議。戊午，中丞黄履復言，詔送禮寺。二年正月辛亥，又詔議如何可以親行祭地之禮，然後可罷合祭。時又未敢以合祭爲全非也。三年正月戊午，遂詔間因大禮，躬祭地示，然實未嘗行。至政和四年五月丙戌，始克行方澤。蓋三十二年之中，大典凡三變，而地示僅元祐一祭而已。雖哲、徽堅主其議，亦十九年而乃得行，其難如此。又按元祐之議，主合祭者：吕大防、蘇頌、蘇轍、鄭雍、蘇軾、顧臨、范祖禹、錢勰、李之純、蔣之奇、喬執中、吴立禮、張瓛、王欽臣。主分祭者：范百禄、范純禮、彭汝礪、范子奇、曾肇、王覿、豐稷、韓宗道、劉安世、孔武仲、陳軒、盛陶、宇文昌齡、楊畏、董敦逸、黄慶基、虞策、孫路、歐陽棐、韓治、朱彦、宋景年、閻木、杜純。而欽臣則僅乞以初見天地並祭，以謝丕貺。純又主苑中爟火望祠之議者也。武仲議亦稍異。紹聖之議，主合祭者：錢勰、范純禮、韓宗師、王古、井亮采、常安民、李琮。主分祭者：蔡京、林希、蔡卞、黄履、吴安持、晁端彦、翟思、郭知章、劉拯、黄慶基、董敦逸、豐稷、傅楫、葉祖洽、劉定、黄裳、盛陶、虞策。稷、楫、祖洽欲省儀以便祭，定、裳、陶、策則遷就十月神州之祭者也。其説皆具是矣。軾又以丁未祀周廟，爲先廟後郊，亦周之禮。蓋亦以變爲常爾。至如力奏乞集議之日，互相詰難，以盡衆心。而祖禹遽白大防，以當自朝廷酌其可否而行之，若使相詰，必致紛爭失體，繼遂併集議而罷。故商英之撼時論，必以爲稱首，亦有以啓之歟。要知議禮大事，不可以不詳且謹云。

思陵近誤

金酋雍立，追葬東昏王亶，正其廟謚。珂嘗讀徐夢莘《三朝北盟集編》，有大定僞下改窆之詔曰：「朕惟熙宗孝成皇帝，以武元嫡孫，受文烈顧命。昨其即位，十有五年，偃兵息民，中外乂安。惟海陵庶人亮，包藏禍心，覬覦神器，誘煽姦黨，遂成篡逆。而又厚誣盛德，降從王封。亮既得志，肆其凶殘，不道之極，至於殺母，人怨神怒，自底誅滅。惟皇天眷祐于我家，肆予一人，纘承先緒。暴其悖惡，貶爲庶人，仍黜其殯於兆域之外。仰惟熙宗位號宜正，是以間者稽之禮文，升祔大寶，復加美謚，尊而宗之。惟是葬非其所，蓋常慊然。爰命有司，卜地涓日，奉還梓宮。已於十月初八日，備禮改葬於思陵。庶幾有以慰在天之靈焉。」按武元即阿骨打，文烈即吴乞買，僞號太祖、太宗，名旻與晟者也。亶故名喝囉，又名曷刺馬。父曰聖果，又曰室曷，名宗悛。亶以梁王爲按班諳版孛極列，蓋晟以繼及之約，授之儲副。嗣位於紹興五年，僞天會之十三年。弑於紹興十九年，僞皇統之九年。壬戌之盟，實與高皇定和好爲與國。而淳熙因山之始，大臣失於審訂，襲而用之。耳目所接，其誤又不可與叱奴同日而語。旻之陵曰「泰」，晟曰「豫」。泰雖與哲廟同稱，實先後二十四年，祖吾故智，尚無嫌也。

諸陵複名

僖祖陵曰「欽」，順祖曰「康」，翼祖曰「靖」，宣祖曰「安」，太祖曰「昌」，真宗曰「定」，仁宗曰「昭」，哲宗曰「泰」，欽宗曰「獻」，實犯後周慶祖，漢平帝、殤帝，唐太祖，後晉睿祖，僞南漢高祖，唐武后、烈祖、昭成竇后、昭德王后、僖宗，漢惠帝，南齊宣帝，後梁敬祖，後晉憲祖，吴景帝，元魏肅宗，周天元，唐中宗，周明帝，唐太宗，僞南漢中宗，元魏宣武順于后，唐玄宗、高祖已用之名。「靖」、「定」二號凡再改，而皆出於複，其弗審爲尤甚。「思」、「崇」已出前記，自真宗而下聯「永」字，稱謂雖同，紀録猶異。若三祖迺國初定制，名止一字，直相混爲一，不可别矣。南齊宣帝、後梁敬祖之爲「安」，魏于后之爲「泰」，唐太祖之爲「康」【四】，亦皆聯「永」字云。

館學輕重

王明清《揮麈録》曰：「政和中，詔天下州縣官皆帶提舉管勾學事。時姚麟以節度使守蔡州，建言乞免繫階，朝廷許之。靖康初除去。紹興中復增，但改庶官爲主管。時孟信安仁仲來帥會稽。先人寓居孟氏，與家間契分甚㫤，仁仲以兄事先人。入境語先人云：『忠厚與秦檜雖爲僚壻，而每懷疑心。今省謁攢宫，先入朝，然後開府。從兄求一不

【四】唐太祖之爲康　「唐」字原闕，據上文補。按：唐太祖即李虎，陵曰永康。

傷時忌對劄。』先人舉此，仁仲大喜。爲援麟舊請，草牘以上。奏入即可。尋又降旨，自此武臣帥守並免入銜，行之至今。」珂按《日曆》：紹興二十七年二月壬子，少師、信安郡王孟忠厚提舉秘書省。四月，忠厚薨。竊謂館學皆清選，況内外異宜，因創殊制。辭受之際，要未知所輕重也。中興初，忠厚嘗班延閣，繼又歷宥府，固不顓以肺腑進。豈前日之不受，專以檜忌故耶？南渡開壁府，惟秦熺以恩澤侯始居此官，蓋亦祖政和七年五月辛卯蔡攸兼領之制。忠厚繼之，後不復除授。慶元丙辰，詞科始以命題，試者多忽不考，是歲無合格者。

階官避家諱

律文有私諱冒榮之禁。故四銓之法，遇磨勘階官之稱，與其三代諱相值者，許其自陳，授以次官，謂之寄理，遂以繫之官稱之首。珂按國朝著令，諸官稱避家諱者，擬以次官。元豐改官制，或有或無。於是元符令又附益之云，或授舊官。歷攷條令，初無以二字入銜者，厲世磨鈍之柄，而下之人得以寄稱，掌故之野亦明矣。士習目睫，恬不知怪。開禧丙寅，李參預壁爲小宗伯，會課，當遷中奉大夫，正其祖諱。援故實，自言不帶寄理。詔從之【五】。繼參大政，復遷中大夫，而稱朝議大夫自若。朝論以爲得體。然銓法迄今亦莫之改也。

【五】詔從之　按：學海本上有「當是時」三字。

贈官回避

避諱之制雖見於令甲，而贈官告第階稱或所犯，司封乃無明文。珂在故府，嘗訪其事於天官，竟無曉者。後閲洪文敏邁《容齋三筆》，紀：「李燾仁甫之父名中，當贈中奉大夫。仁甫請諸朝，謂當告家廟，與自身不同，乞用元豐以前官制，贈光禄卿。丞相頗欲許之。予在西垣，聞其説，爲諸公言：『今一變成式，則他日贈中大夫，必爲秘書監；贈太中大夫，必爲諫議大夫。決不可行。』遂止。」按周人以諱事神，名終將諱之。錫告榮先，焚黄丘壠，爲人子之榮也。而顧犯其所諱，不安孰大焉？父前子名，君前臣名，朝廷之著位，以一人之私而易之，亦非也。況綸告之中，固書所贈官之姓名，而今世士大夫仕於朝者，亦未嘗自避其名。推此言之，雖無避可也。其或祖名某，而贈父官稱寔犯之，使父而在，猶將避而不敢當。如此，雖贈以次官亦可也。臆度如此，未知其當，更俟博識。

校勘記

卷第四

先廟後郊

珂前辨南北郊，妄意以禮之大者與常禮異，折衷古今，以俟博識。及考元豐六年十月庚辰，太常丞吕升卿所奏，則先廟後郊，當時亦嘗有議之者。反覆其論，可謂至當，而迄不見於用，則蓋有弗便乎今，雖欲力行不可得也。珂故因是而發其餘論焉。升卿之言曰：「近以郊祀致齋之内，不當詣景靈宫及太廟朝饗，遂具奏。伏聞止罷景靈宫諸處朝謁，而天興殿及太廟朝饗如故。臣伏以郊丘之祀，國之大事，有天下者莫重乎饗帝。臣歷攷載籍，不聞爲祀天致齋，乃於其間先饗宗廟者也。獨有唐天寳之後，用田同秀之言，立老子廟，號曰太清宫。是歲將行郊祀，以二月辛卯，先躬享焉。祀用青詞，饋用素饌。甲午，又親享于太廟。丙申，乃有事于南郊。終唐之世，奉而行之，莫知其非。雖論者以爲失禮，然攷其初致齋之日，乃辛卯享于太清宫，至丙申殆且五日，乃得雍容休息以見上帝也。今陛下致齋三日，其一日於大慶殿，而用其二日三行禮焉。古之大祀，未有不齋三日而敢與神明交者。故經曰：『齋三日。』一日用之，猶恐不敬，二日伐鼓何居。蓋先王之於祭祀之齋，如此其謹也。今陛下行禮於天興殿，才齋一日爾。其之太廟與郊宫也，前祀之一日，皆嘗用之矣。謂之一日之齋，尚非全也。夫用一日之齋以修大祀，未見其可，况非全日乎？於以奉宗廟，則齋之日不足；於以事上帝，則齋之儀不專。陛下恭嚴寅畏，三歲一修大禮，將以受無疆之休，其爲致齋者乃如此，殆未稱昭事之意也。今太廟歲有五大享，皆如古矣。又於郊祀復修遍享之禮，此爲何名乎？論者曰：『宗廟之禮，未嘗親行，故因郊祀恭展薦獻。』臣曰不然。唐太宗時，馬周言曰：『陛下自踐位以來【一】，宗廟之享未嘗親事。竊惟聖情以乘輿一出，所費無藝，故忍孝思以便百姓，遂俾唐史不書皇帝入廟。何以示來葉？』良謂此也。且人主於宗廟之享，自當歲時躬修其事。其不親饗者，蓋後世之失禮也。今日必因郊禮以行之，則義尤不可。夫因者，不致專之謂也。七世聖神，儼在清廟，朝廷不特講歲時親行之禮，而因以饗之，此非臣之所聞也。臣愚以謂今郊禮宜如故事，致齋於大慶殿。二日徑赴行宫，其宫廟親饗，並乞寢罷。或車駕必欲至太廟，即乞止告太祖一室，以侑神作主之意。撤去樂舞，以盡尊天致齋之義。其天興朝饗，乞更不行。請如新降朝旨，俟禮畢而恭謝。伏請繼今日已往，别修太廟躬祀之制，歲五大享，乘輿親臨，其一焉。仍望自今歲臘饗爲首，於明年行春祠之禮。禴與烝嘗，自次年以叙終之。每遇行廟享之時，則罷景靈宫一孟朝謁之禮，廟享致齋，乞於内殿出入如常儀。如此則祀天饗親，兩得其當矣。」珂按：先廟後郊，蘇文忠軾嘗引《書·武成》，證爲周禮，

【一】陛下自踐位以來　「以來」二字原闕，據學海本補。

而珂固疑其即變禮以爲常矣。升卿謂古之大祀，未有不齋三日而敢與神交者。考之《武成》，「厥四月丁未，祀于周廟。越三日庚戌，柴望，大告武成」。雖禮之變，猶必歷三日而後柴望。則升卿之言，豈非明據。然珂謂升卿之論廟享，歲五大享而臨其一，乃殺禮也，非備禮也。行廟享之時，則罷景靈宮一孟朝謁之禮。廟享既與景靈迭用，且致齋内殿出入如常儀，乃常禮也，非大禮也。夫天地，大祭也；祖宗，大祭也。隆禮備物，不可偏廢，其勢必如仁宗祫享之制，始合於禮之宜。夫嘉祐之行祫也，以代三年之郊也。輅而齋，冕而事，門而肆眚，皆郊制也。前乎元年，恭謝于大慶，後乎七年，大享于明堂，則四年之祫，適三年之中也。如升卿言，是以常禮享祖宗，而以大禮祀天地也。若每歲而入廟，又三歲而出郊，禮有隆而無殺，知其必不能也。知乎此，又益知乎南北郊之不可以兼舉也。分郊而祭，舍升卿之説，則太廟、原廟之享，不知其存乎否也。苟存也，則先南郊祀之，先北郊亦祀之。祖宗之祭二，而天地之祭一。祖宗三歲而徧，天地六歲而徧，以卑踰尊，不可也。苟廢也，則原廟恭謝之制，就可如升卿之説。而太廟則不可以乏享也，享不可以殺禮也。是又於何時增此一郊耶？其疏其數，將於此乎，益無統矣。

魚袋

國初承五季草創，官儀未備。熙陵既卒武功【二】，垂意右文。彌文浸舉，章服稽古，

【二】熙陵既卒武功　「武」原作「伐」，據學海本、四庫本、知不足本改。

以爲後則。雍熙元年十一月丁卯，祀南郊，大赦。初許陞朝官服緋，及二十年者叙賜緋紫，内出魚袋以賜近臣。自是内外陞朝文武皆帶，凡服紫者飾以金，服緋者飾以銀。京朝官、幕職、州縣官賜緋紫者亦帶。親王、武官、内職、將校皆不帶。國朝魚袋之制自此始。珂嘗以歐陽文忠脩、劉昫《新、舊唐史》、《唐會要》考訂其由，雖詳創革，然其所以創者，抑寓它説，殆非國朝所當因也。《會要》：高宗永徽二年四月二十九日，開府儀同三司及京官文武職事四品、五品，並給隨身魚袋。《舊史·輿服志》以爲五月。《新史·車服志》不著年月，以爲三品、五品有飾金與銀之别，且出内必合，以防召命之詐。還攷《會要》：永徽五年八月十四日，勅：「恩榮所加，本緣品命。帶魚之法，事彰要重。豈可生平在官，用爲襃飾。纔正亡歿，便即追收。尋其終始，情不可忍。自今已後，五品已上有薨亡者，其隨身魚不須追收。」如此則魚袋本以襃飾，恐不專以防詐僞也。《會要》又載咸亨三年五月三日，始令京官四品職事佩銀魚。是日内出魚袋偏賜之。《舊史》亦載此年月，五品以上賜新魚袋，並飾以銀，三品以上各賜金裝刀子礪石一具。參之《新史》，魚袋之賜與分品賜飾，年月迥别，本非一時事。又初無金飾魚袋之制，所謂金飾者，乃刀子礪石耳。《新史》斷文紀事，固已失實。《會要》：武后垂拱二年正月二十日，勅諸州都督、刺史，並準京官帶魚。《新、舊史》載年月無訛。按外鎮督、刺，自有魚符，初不假魚袋以信召命，益驗襃飾之説爲可據。所以給之者，欲以均内外之寵而已。《會要》：天授元年九月二十六日，改内外官所佩魚爲龜。至中宗神龍元年二月四日，在京文武官五品以上依舊式佩魚袋。久視元年十月十三日，職事三品以上，龜袋宜用金飾，四品用銀飾，五品用銅飾。上守下行，皆依官給。神龍元年九月十七日，勑嗣王、郡王有階卑者，許佩金魚袋。至玄宗開元元年八月二十日，諸親王長子先帶郡王官階卑者，亦聽著紫佩魚袋。神龍二年八月，制京文官五品已上依舊式佩銀魚。睿宗景龍三年八月，令特進佩魚，散職佩魚自兹始。《新、舊史》雖有詳略，其事互同，則改魚爲龜，正武后革命時事。而中宗反正，不俟淹時，即復其制，要必有深意，不直爲外飾。蘇氏記又曰：「自永徽已來，正員官始佩魚。其離任及致仕，即去魚袋。員外、判試并檢校等官，並不佩魚。至開元八年九月十四日，中書令張嘉正奏請致仕官及内外官五品已上檢校試判，及内供奉官見占闕者，聽準正員例，許終身佩魚以爲榮寵。以理去任，亦許佩魚。自後恩制賞緋紫，例兼魚袋，謂之章服。」《會要》：景雲二年四月二十四日，勑魚袋著紫者金裝，著緋者銀裝。《新史》：開元初，駙馬都尉從五品者，假紫金魚袋。都督、刺史品卑者，假緋銀魚袋。參稽並觀，則散官員外、判試檢校皆佩魚，又許終身。雖去任亦佩，益驗褒飾之説爲不誣，而防詐之制爲已變也。假紫假緋，正今日借服之所自始。而金、銀、銅之飾，雖肇於久視，而用以假紫假緋而無閒内外品秩者【三】，蓋至於景雲而後定。《新史》分品賜飾謂在高宗朝，益見其非。珂後因閲《朝野僉載》，有曰：「唐上元年中，令九品已上，佩刀礪筭袋紛帨爲魚形，結帛作之。取

【三】而用以假紫假緋而無閒内外品秩者　「假紫假緋而無閒内外」九字原闕，據學海本補。

魚之衆，鯉彊之兆也。至天后朝乃絶。景雲之後，又準前結帛魚爲飾。」竊疑魚袋之始，意或出此。武后既廢帛魚，亦改龜佩，正一意度耳。及考雜傳記，見唐李淳風讖書，有「江中鯉魚十八子」之説，爲唐受命之符。又《酉陽雜俎》載：「《唐律》：取得鯉魚即宜放，仍不得喫，號赤鯶公。賣者決六十。」程文簡大昌《演蕃露》，載武后以玄武为龜，故改龜佩。稡此數説，始信所疑爲有據。依《新史》，又載高祖初入長安，罷隋竹使符，班銀菟符，其後改爲銅魚符，以起軍旅、易守長。京都留守、折衝府捉兵鎮守之所，及左右金吾、宫苑總監、牧監皆給之。宫殿城門給交魚符、巡魚符，左廂右廂給開門符、閉門符。蕃國亦給之，雄雌各十二，銘以國名。雄者進内，雌者付其國。朝貢使各賫其月魚而至，不合者劾奏。又《新史》載魚袋顛末曰：「隨身魚符者，以明貴賤、應召命。左二右一，左者進内，右者隨身。皇太子以玉，契召勘合乃赴。親王以金，庶官以銅，皆題某位姓名。官有貳者，加左右。皆盛以魚袋，三品以上飾以金，五品以上飾以銀，去官納之。不刻者，傳佩相付。」復考《帝紀》，高祖以隋義寧元年十一月甲子入京師。二年四月辛巳，停竹使符，班銀菟符。五月甲子，受禪改元武德。九月癸丑，改銀菟符爲銅魚符。則草昧之初，所以汲汲易之者，正以爲開國之兆。而其他一切之用符契，皆以魚，意尤不待辨而可察也。在隋之先，雖亦嘗用魚符矣，特偶然以爲飾。至唐用讖，正指此以神其革命，又不當以隋爲比。《新史》雜載之説，正防僞之源流。要是符盛以袋，雖出初意，袋飾以魚，本爲寵章。

金銀之飾，初無年月，自當以《紀》爲正。後雖不合符者亦得佩，意益顯然。其不可泥初創之制亦明矣。然則國朝因之可乎？洪文敏邁《容齋四筆》載：「隨筆書衡山唐碑，別駕賞魚袋之名，不可曉。今按《唐職林·魚袋帶門》，叙金玉銀鐵帶及金銀魚袋云：『開元勑，非灼然有戰功，餘不得輒賞魚袋。』斯明文也。」珂按：以魚袋充賞，蘇氏記、《新、舊史》，皆有賞緋紫例兼魚袋之文。《會要》：開元二年閏二月，勑：「承前諸軍人多有借緋及魚袋者，無功借賞，深非道理。宜勑收取，郎將以上，先借後奏。其靈武、和戎、天武、幽州、鎮軍、赤水、河源、瀚海、安西、定遠等軍，既臨賊衝，事藉垂賞，量軍大小，各賜金魚袋一二十枚，銀魚袋五十枚。並委軍將臨時行賞。」則賞魚袋出處亦可與《職林》參見也。馬永卿《懶真子録》，載陝府平陸主簿張貽孫問魚袋制度，而答以今之魚袋乃古魚符。必以魚者，蓋分左右，可以合符。唐人用袋盛魚，今人以魚飾袋爲非古制，要亦未詳考其由云。

服章入銜

今之賜章服入銜者，服紫者曰「賜紫金魚袋」，服緋者曰「賜緋魚袋」。其爲連率職司、節鎮支郡倅貳，服色未至，而應隔借若序借者，服紫者止曰「借紫」，服緋者止曰「借緋」，所借魚袋不以入銜，而實得佩魚如正賜者。珂按唐故事：假紫者金魚袋，假緋者銀魚袋。見於《新史》開元之制。本期雍熙郊赦，雖復賜魚，而不及借服者。考之《續會要》，政和元年十一月十七日，尚書兵部侍郎王詔奏：「今監司守倅等，並許借服色，而不許佩魚。即是有服而無章，殆與吏無别。乞今後應借緋、紫臣僚，並許隨服色佩魚。仍各許入銜，候回日依舊服色。」從之。則借服得佩魚，蓋自是年始也。然當時詔所奏，既許以借佩，又許以入銜。則凡今之結銜者，皆當全書金魚銀魚袋，而有司給告勅，例不帶行，則被借者無緣敢自以入銜。此南渡而後，掌故散訛之失也。又有位登法從而未至八座者，於法止賜金帶，不復佩魚，而每於官職封賜全銜，猶帶賜紫金魚袋，被賜者亦不敢削去。則是借服本有佩，不得入銜；賜帶雖無魚，迺循誤例，名實有無，於是舛矣。蓋凡除授，率中書關尚書賜敕，或下天官給告。因襲前比，不復檢覈，士大夫亦忽不考云。

執政階官封爵

元豐官制初行，以特進易左右僕射，金紫、銀青易六曹尚書。自特進而上，非宰相不除。執政雖久次，階亦止金紫，爵不過開國。蓋祖宗朝，參、樞例官惟得至八座。間如李至之類，亦僅寵以節鉞，無爲僕射者。夏竦徹國非端揆，蓋相制已頒而格，且爲樞密使而後得之。故元豐稽以爲比，所以辨等衰、重名器也。然在昔時，侍從官得至吏部尚書，實今金紫。洪文敏邁《容齋三筆》載紹興以來，惟梁揚祖、葛勝仲以致仕得之。自是而後，始以兩階爲重，專待執政。從槖至光禄者已絶少，不復可以序進。何元樞澹去國及今十五年，不改金紫階。洪文敏邁、沈憲敏樞，以宣奉上課，皆不行。後以致仕，及子遇郊叙封，而後得之。文敏亦自著其事於《三筆》。此最近日明證。珂嘗攷之徽宗詔旨，宣和元年二月戊戌，特進、知樞密院事鄧洵武爲少保，依前知樞密院。詔以洵武首議紹述，故録其功也。既又封莘國公。雖其年三月癸丑，御筆恩數並依宰臣例，乃正以已除少保之故而與之，且其爲賜位時，元未有此旨。是執政階官封爵似無限法矣。當時以元豐改制，不置樞密使，故洵武止以知院視宰臣。珂又按蔡元道《官制舊典》曰：「政和後，薛昂帶觀文殿學士任特進，自時中以門下侍郎帶特進，皆失舊制。繼詔並改金紫光禄大夫，今後非宰相不除。」則是政、宣間雖時有侵紊，尚能申儆初制。如蔡攸之與京恩倖震天下，乃自殿學士由節鉞序進儀同，遂班孤棘。它日領宥府，蓋已在爲傅之後。而紹興間秦檜以舐犢之愛，其子熺自知院引嫌罷，纔降恩數，比宰相之旨。遂歷大觀文、少師，封國公。其躐進捷出，有京、攸之所不敢爲。蕩滅典法，餘焰至今，尚可想也。《葛文康勝仲行狀》謂勝仲以左宣奉謝事。文敏亦誤紀耳。或謂《元豐寄禄條目》：開府、特進爲散執官，金紫至太中爲侍從官。予之以其名，而陰尼其所至，殆不可曉。珂竊謂不然。今著令有曰：「觀文殿大學士，至諸閣待制爲侍從官。」而世未有以舊槖除大觀文者。泥文捐實，固不得輕議聖制也。

尚書之名

今世爲尚書者，尚字皆從平聲。都省之名亦然。珂嘗竊疑其義，有所未解。考之《宋書·百官志》，而後知其訛。《志》之言曰：「尚書，古官也。舜攝帝位，命龍作納言，即其任也。《周官·司會》，鄭玄云，若今尚書矣。秦世少府遣吏四人在殿中主發書，故謂之尚書。尚猶主也。漢初有尚冠、尚衣、尚食、尚浴、尚席、尚書，謂之六尚。戰國時已有尚冠、尚衣之屬矣。秦時有尚書令、尚書僕射、尚書丞。」然則尚書之稱當從去聲，而非平聲，亦既明甚。第鄭康成注《周禮·司會》曰：「司會，計官之長，若今尚書。」唐陸德明釋其音曰「常」。雖有此據，了不知其義之所繇取。此殆今世襲稱之始也。徽宗朝，復殿中省，有六尚。今內省品秩猶有尚宫等稱謂，益無可疑云。

卷第五

永固更號

永固陵之易，《中興會要》不載所以，惟張澄奏不犯歷代陵名一語，粗見微意。而王明清《揮麈録》迺自以爲其父所建明。明清之言曰：「紹興戊午，徽宗梓宮南歸有日，秦丞相當國，請以『永固』爲陵名。先人建言：『北齊叱奴皇后寔名矣，不可犯。且叱奴，夷狄也，尤當避。』秦大怒，幾蹈不測。後數年卒易曰『永祐』。」珂按：叱奴后，本非北齊，乃宇文周也，其謚曰「文宣」。明清當是見北齊有文宣帝，謚號偶合而誤記耳。遡是而上，又有元魏文明馮后，亦葬永固。蓋在叱奴之前，而明清不知援證，其誤又可見。《中興會要》之注曰：「先是，有詔於西京脩奉陵寢，有司撰陵名『永固』。既而梓宮權攢紹興府會稽縣，故改今名。」則秦檜當時蓋不肯自以爲誤，姑以攢宮非久固之地而易之。味澄之奏，則檜密諭之旨，不言而知矣。今中都吴山城隍廟額，亦曰「永固」，雖陵名已更，要似不可因仍。而尚未有議之者焉。

熙寧崇寧年號

神宗初即位，踰年改元熙寧，盡十年而改。徽宗初改元，踰年又改崇寧，盡五年而改。珂按：二號皆劉宋陵名。高祖武帝之婕妤，太祖文帝之母曰章胡太后，實號熙寧。太祖文帝之美人，太宗明帝之母曰宣沈太后，實號崇寧。藝祖考鑑背而易乾德，蓋以稱謂之重複耳。複猶不可，此名可乎哉？一時當國者，其不審亦甚矣。

泰安宫

紹熙甲寅，光宗既堅與子之斷，移御泰安宫，既而聖躬猶未清安，朝議請易宫名爲「壽康」，以覬導迎箕疇之福。壽康複名，珂固前記之矣。嘗再考《南齊書》，太祖高皇帝實葬泰安陵，二字皆同。則瞭然知其非所宜稱也。一時降詔定名之際，詞臣亦失於考閲云。

五齊三酒

珂之仕中朝，屢攝官涖祠祭。每見尊彝之設，五齊三酒，皆有其名而實無之。惟將事則取具天府，蓋止一色公醖耳。聞之容臺吏，尊冪之下率多空，惟一尊僅寘杯勺以共祭。

它日又攝光禄丞，得先祭賛閲視酒饌。又攝太官令，躬酌酒實爵，得窺其中。蓋皆如言。則其初點饌之際，執事者徒再倡酒齊之目而已，於以驗其名殊而實一也。嘗讀《周禮正義》，頗疑醖法不明，古制難復。考之《通鑑長編》：元豐六年十月甲申，光禄卿吕嘉問言：「光禄掌酒醴，祠祭尊罍，相承用法酒庫三色法酒，以代《周禮》所謂五齊三酒。恐不足以上稱陛下崇祀之意。近於法酒庫内酒庫，以醖酒法式考之《禮經》五齊三酒，今醅酒，其齊冬以二十五日，春秋十五日，夏十日。撥醅甕而浮蟻湧於面，今謂之撥醅，豈其所謂泛齊耶？接取撥醅，其下齊汁與滓相將，今謂之醅芽，豈其所謂醴齊耶？既取醅芽，置篘其中，其齊葱白色入焉，今謂之帶醅酒，豈其所謂盎齊耶？冬一月、春秋二十日、夏十日，醅色變而微赤，豈其所謂緹齊耶？冬三十五日、春秋二十五日，外撥開醅面觀之，上清下沉，豈其所謂沉齊耶？今朝廷因事而醖造者，蓋事酒也。今踰歲成熟蒸醖者，蓋昔酒也。同天節上壽燕所供臘醅酒者，皆冬醅夏成，蓋清酒也。此皆酒，非所謂齊也。是知齊者，因自然之齊，故稱名。酒者成就，而人功爲多，故饗神以齊，養人以酒，竊恐典禮如此。又《司尊彝》曰：『醴齊縮酌，盎齊沉酌。』依經傳則泛齊醴齊，以事酒和之，用茅縮酌，其盎齊緹齊沉齊，則以清酒和之，不用茅縮酌。如此，則所用五齊不多，而供具亦甚易。蓋醖酒料次不一，此五種者成，而皆自然。伏望聖斷，以今之所造酒與典禮相參審，或不至差謬。乞自今年郊廟共奉。」上批：「嘉問論證似有理趣。今宗廟所實尊彝酒齊未備，就且如其説用之，於理無害。」然則當時蓋嘗施用，而又前乎慶曆，後乎大觀，皆經講明。具珂後記，彌文褥容，交舉並修，要必不廢。特建炎南渡之後，有司失其職耳，非故事也。祖宗毖祀，存古之意，最爲嚴重，是説其有稽焉。

齊酒廢革

齊酒之用於祖宗朝者，無所名見。五季因陋未皇，禮文無可攷者，珂按《國朝會要》：慶曆元年十月十五日，同判太常寺吕公綽言：「郊廟所陳樽罍之數，皆準古，而不實以五齊三酒。及用明水、明酒，有司相承，名爲看器。其郊廟天地配位，惟用祠祭酒一等，分大祠、中祠位二升，小祠位一升。止一樽酌獻，一樽飲福，餘皆空器【一】。按《開元禮・崇祀録》：『昊天上帝、皇地祇六樽。太樽爲上，實以汎齊。著樽次之，實以醴齊。犧樽次之，實以醍齊。壺樽次之，實以沈齊。山罍爲下，實以三酒。配帝，蓋樽爲上，實以汎齊。犧樽次之，實以醴齊。象樽次之，實以盎齊。山罍爲下，實以清酒。皆加明水、明酒，實於上樽。五方、北極、天皇大帝、神州、地祇、大明、夜明，太樽，實以汎齊。五星、十二辰、河漢，象樽，實以醍齊。中官壺樽，五方山林、川澤，唇樽，竝實以沈齊。外官概樽，五方丘陵、墳衍、原隰，散樽，竝實以清酒。衆星散樽，實以旨酒。皆加明酒，各實於上樽。宗廟每室設斝彝、黄彝，著樽之上樽，皆實以明水。黄彝實鬱鬯，著樽實以醴齊。又司烜

【一】餘皆空器　「空」字原闕，據學海本、知不足本補。

氏以鑑取明水於月。』鄭康成云：『鑑類取水者，世謂之方諸。取月之水，欲得陰陽之潔氣也。』臣謹以古制考五齊三酒，即非難得之物，將來郊廟祭饗，宜詔酒官依法制齊酒，分實樽罍，仍命有司取明水對明酒，實於上樽。或陰鑑方諸之類未能猝辦，請如唐制，以井水代之。」下博士議，而奏曰：「比郊廟祠祀壇殿上下所設樽罍，惟酌獻、飲福二樽，實以祠祭酒，餘皆徒設器，而不實以五齊三酒、明水明酒，誠於禮爲闕。然五齊三酒，鄭康成注《周禮》，惟引漢時酒名擬之，而無制造之法。今欲仍舊用祠祭酒一等，其壇殿上下樽罍，有司不得更設空器，其明水明酒，竝以井水代之。其正配逐位酌獻飲福，舊用酒二升者，各增二升。從祀神位，竝用舊升數實諸樽罍，配以明水明酒。」從之。既從其請，則自慶曆以來，雖欲用之而不能知其法矣【二】。此元豐吕嘉問之請，所以有爲而發也。還考元豐元年七月二日，詳定郊廟奉祀禮文所言：「古之祭祀，以五齊薦諸神，以三酒酌諸臣，其用不同。今尊雖具，均以法酒實之，而無清濁厚薄之異。是名物徒存，而亡其實也【三】。再詳五齊，鄭氏以爲醴恬與酒味異，其餘四齊，味皆似酒。祭祀必用五齊者，至恭不尚味而貴多品也。若三酒，則人所飲也。事酒爲有事而新作者，即今卒造之酒。昔酒久醖方熟【四】，故名以昔。二者色皆白，清酒久於昔酒，故色清而味厚，欲令法酒庫内酒坊，以見造到逐色酒實之。」從之。則三酒當時尚未備，五齊固可從而知，不知公弼之奏已後，復曾講明否？禮文所之言，乃在嘉問奏論五年之先，則遐想中間五齊醖法之不

【二】雖欲用之而不能知其法矣　「知」字原闕，據學海本補。

【三】而亡其實也　「而」字原闕，據學海本補。

【四】昔酒久醖方熟　「醖方」二字原闕，據學海本補。

講【五】，亦云久矣。嘉問既奏，神宗親批其後，有「於理無害」之語。而大觀四年四月二十八日，議禮局又言：「古者祭祀設五齊三酒，酒正之法式不傳於後，而先儒特以當時名物所有而言之。國朝祀儀雖有齊酒之名，而一以法酒代之。康定、元豐，皆嘗討論以爲非是。欲望明詔有司，依放古法造五齊三酒，祭祀則供之。自太尊以下至於壺尊，自泛齊以下至於清酒，各以其序實之。庶合古法。」從之。則元豐之後，又曾經廢革。詳考御批，既謂似有理趣，又謂就且如其説，豈猶有疑而迄於未用耶？然大觀之從，必當見於用，《周禮注疏》可覆。非世□□造【六】，亦豈可盡謂合於古也？珂前記空尊□□有司之吝，考之宣和三年七月二十□日，尚書省言：「潭州奏，春秋上丁釋奠，并祭風伯、雨師等，合用尊齊酒醴。」政和中，儀曹□□□□「禮圖尊受五斗之制，遂每尊用其□□□□計之，至用酒六百六十八石。委是□□□在京釋奠正配位，每尊設酒二升□□□位五合。乞下諸路州軍依此。」從之。□□□承平時，尊已不盈矣。慶曆公弼之□□□相承，名爲看器，則雖盡空其尊，固無□□□□宣和之有司，猶有取於節。今祠祭廼□□□□固皆有清酒可實。特先期緘缾，以均□□□□□早無遺焉。是上不以費靳，而下□□□□不可之大者。□□□□□□□□牲牢均胙□□□□□□□□□□□□祠祭牲牢，所用雖多，然惟取所薦□□□□腥熟□而胙其餘，先□之庖獲□□□□宗廟□然珂□《漢舊儀》大祫祭□□□□之左辨上帝尸，右辨上后尸，俱俎□□□□於前數十斤，名

【五】則遐想中間五齊醖法之不講「五」原作「酒」，據學海本、四庫本及上下文改。

【六】按：《文獻通考》卷七一《郊社考》引本則，可補下段闕文。然係節引，殆非全貌。故此仍從闕。

曰堆俎。嘉祐七年□月十日，太常禮院奉詔詳定同判太常□吕公著牲牢之議，固嘗略引以爲言矣。□□□□從牲牢之請，竟未聞其陳俎，如漢□□□禮，雖不三代，而先祭均胙，要非禮云。

副本緣起

□□程大昌《考古編》曰：「祖宗時，臺諫論列，宰執未得命，章疏不出，無納副本例。趙抃論陳執中至數十章，執中不見也。元祐間，孫覺、劉摯、蘇轍、王巖叟，纍章論蔡確、韓縝，確既出別次待罪，而縝安位如故，覺乞以前後章疏示之。至六年九月，中丞鄭雍、正言虞策，皆論右僕射劉摯。已待罪，暨宣押對，復自辨之，奏曰：『面承聖諭，乃知臺諫言王鞏事外，又言臣牢籠章惇、邢恕。』此即因宣押，乃知所言之事元無副本也。元符三年，正言陳瓘論左丞蔡卞言：『願以臣章示卞，使卞自爲去就。』後下其章，徽宗諭輔臣曰：『臺諫攻卞已十餘章，當令卞知，自爲去就。』方白遣吴伯舉諭之，遂降瓘及龔夬章付三省。是皆無納副本事，不知示副起自何時。」又王明清《揮麈後録》曰：「曾文肅布，元符末以定策功，爰立作相。一意信任，建言改元建中靖國，乃收召元祐諸賢而用之。首逐二蔡，而元長先已交結中禁，膠固久矣，雖云去國，而眷柬方濃。自是屢欲召用，而文肅輒尼之。一日，徽宗忽顧首相韓文定云：『北方帥藩有闕人處否？』文定對以大名府未除人。少刻，批出蔡京除端明殿學士、知大名府，仍過闕朝見。文肅在朝堂，一覽愕然，忽字呼文定云：『師朴可謂鬼劈口矣。』翌日，白上以爲不可。上乾笑曰：『朕嘗夢見蔡京作宰相，卿安能遏耶？』數日後，臺諫王能甫、吴材交章攻文肅。上爲罷二人。文肅自恃以安。然元長來意甚疏，如蔡澤之欲代范睢也。甫次國門，除尚書右丞。踰月之後，文肅擬陳祐甫守南都。元長以謂祐甫文肅婣家，訐之于上前，因遂忿爭。次日，入都堂，方下馬，則一頂帽之卒喏於庭，云錢殿院有狀申啟。視之，乃殿中侍御史錢遹論文肅章疏副本，文肅即上馬徑出城外觀音院。蓋承平時執政丐外待罪之地也。是晚鎖院，宣翰林學士葛知章草免文肅相制。知章啟上，未審詞意褒貶如何？上云當用美詞以全體貌。詰旦，告廷以觀文殿學士知潤州，尋即元長爲相，時崇寧元年六月也。陛辭之際，慰藉甚渥，云秋晚相見。抵潤未久，而詔獄興矣。臺諫納副本始於此。」珂按：曾□之□距蔡□□□國之時，凡二年三閱月，疑非其始。然□□既有□乞宣示，則副本之始，必後□□□然無疑。及攷典故，崇寧元年四月，□□□□都堂左司諫吴材、右正言王能甫，□□□忠彦云已具論奏，乞罷免。忠彦得狀驚曰：「又似李邦直矣。」徑歸，具劄子避位。後二日，押入起居奏事罷，復上馬還觀音院。五月庚申，忠彦遂以大觀文罷知大名府。則布之罷後忠彦兩閱月，材、能甫之所由，遂爲事始矣。然忠彦之得狀，有「似李邦直」之語，遡而考之，清臣之去，在建中靖國元年十月癸巳，時自門下侍郎罷爲大資政，亦知大名。李文簡燾《續通鑑長編》曰：先是，曾布獨對。上諭布人物有可詔對者，但奏取來，便當批付閤門。布尋以劉燾、王防、周壽、白時中四人名聞。上悉批令對。四人者，皆布門下士。清臣密啓上，謂燾、防等爲四察八偵。既而對衆顯白：「四察八偵，不可爲言事官。」上色變，衆莫曉其語。上以諭蔣之奇、章楶曰：「清臣蓋指王防、劉燾等也。」令諭布知，且曰：「清臣所爲，婦人女子之事。」尋召燾告之，仍令轉達上旨。時九月丙戌也。後二日，布留身謝，上諭以察偵之語，且言：「所謂察偵，皆臣所親接之人。君子小人，各有黨類。此等人皆知順聖意，奉行法度者，非營私也。若晁補之、畢仲游之徒，皆與清臣輩背公死黨之人，必不與臣親厚。此理之必然也。」上曰：「清臣害政當去。」布曰：「補之等何能爲？清臣在政府，則爲害政矣。」上曰：「彭汝霖累有文字，但未出。卿可諭汝霖繳申清臣，則因其請出，便可令去。」布曰：「臣未嘗與言事官交通。昨者聖諭，令彭汝霖召吴則禮諭聖意。臣迄今不曾令則禮至汝霖所。今既被旨，容臣更展轉道達次。」上知布之未奉詔也，翊日，趙挺之對，遂令諭汝霖，汝霖遂草疏納清臣於待漏院。三省各申一照會狀，但言前後五有章疏，論清臣當罷政。未承施行，謂其必能自請，而安然自居，慮清臣之不知，已録申之矣。清臣得汝霖申狀，皆不以告同列，布及同列亦莫知其由。奏事畢，清臣留身請去，遂出居僧舍。上以清臣劄子付通進司，遣一老卒持送。故事，當遣御藥封還。而清臣留時，嘗白上曰【七】：「臣本無去意，但爲言者所迫。如蒙遣使宣召，臣更不敢違聖旨。」以

【七】嘗白上曰　「白」原作「自」，據學海本、四庫本改。

是上不敢遣使，恐其遂留。且諭之奇及棨，大笑之。及再入劄，批付三省，而有是命，則又先忠彦七閲月。詳味初意，徽祖正以體貌輔臣，務全去就，而爲是委曲，斯古所謂進以禮而退以道者。大昌博極羣書，自元符至靖國，止一年八閲月，偶不下考此數時事耳。明清所録，近出紹熙甲寅歲。大昌先進，固當不見其書，故亦莫之辨也。

百官轉對

今在京職事官轉對，始於唐。藝祖草昧，首嚴斯制。建隆三年二月甲午，御札曰：「應在朝文班朝臣及翰林學士等，朕自應運開基，推誠待物。顧干戈之漸偃，欲華夏之永安。渴聽讜言，庶臻治道。今後每遇内殿起居，依舊例次第差官轉對。並須指陳時政闕失，明舉朝廷急務。其或有刑獄冤濫，或是百姓疾苦，並可採訪聞奏。凡關利病，得以極言。朕當擇善而行，無以逆鱗爲懼。如有事干要切，即許非時上章，不必須候輪次。亦不得收拾閑慢之事，應副詔旨。仍須直書其事，不在廣有牽引。卿等或累朝舊德，或間代英材。當思陳力事君【八】，豈得緘言食禄，竚裨闕政，用副旁求。」珂按：唐興元元年九月之詔，惟正衙及延英坐日，常令朝官三兩人面奏時政得失而已。迄今猶然，未聞許之以指陳刑獄冤濫、採訪百姓疾苦也。指獄事則必有主名，言百姓則亦關長吏。是凡百司皆許之以獻出位之言，如臺諫之職矣。以一世之賢，僅得三五人以任言責，猶足以達下情、

【八】當思陳力事君　「君」原作「尹」，據學海本、四庫本、知不足本改。

開公道。况夫人皆得借玉階方寸之地，天下事寧復有壅蔽者乎！大哉聖謨，真足以爲萬世無窮之法。

任子分授

舊制：任子許分貤，徧及支庶，纔稍降資秩而已。後乃不復然。珂嘗攷《續會要》：熙寧五年四月二十二日，辰州團練使致仕郭化言：「乞將合得一子恩澤，分減與子熙、恭二人，近下班行内安排。」詔郭熙與右班殿直。舊例：與子恩澤，許降資分授。上以一子官，朝廷之特恩，分授非古，且長僥倖，遂命罷之。然則此制蓋襲用已久，革而當人心，雖各私其子，亦莫之敢議。今世鮮復有知此故事者。

卷第六

寺監簿職守

南渡而後，官失其守，凡寺監主簿率多預尾書，與丞鴈行。珂爲扈簿日，因竊疑所職有常，非可越俎，盡削文移之繫銜者如故事。獨本寺常程文書猶閒占位涉筆，先夫人一日見吏呈牘，謂珂曰：「簿不預政，此元豐令文也。當謹視官制。」珂唯謝，退而却之，吏皆拱手不敢去，固卻乃從，殊費頰舌。後閲洪文敏邁《容齋四筆》有曰：「自元豐官制行，九寺、五監各置主簿，專以鈎考簿書爲職，它不得預。紹聖初，韓粹彦爲光禄主簿，自言今輒預寺事，非先帝意也，請如元豐詔書，如玉牒修書，主簿不預。見於王定國《雜録》，予猶及見。紹興中太府寺公狀文移，惟卿丞繫銜。後來掌故之吏，昧於典章，遂一切與丞等。今百司庶府，皆戾官制，非特此一事也。」珂再考典故，元豐六年七月庚申，詔寺監主簿，止是專掌簿書，其公事自當丞以下通議施行。今取問寺監，有令主簿簽書公事處。大理寺丞、長貳、正、主簿八員，衛尉寺卿、主簿二員，將作監少監、丞、主簿五員，都水監使者、丞、主簿四員，少府監少監、丞、主簿三員，司農寺少卿、丞、主簿四員，太常寺丞、主簿二員，軍器監少監、丞、主簿四員。內長貳、主簿可並降一官，正、丞並展磨勘二年，各不以去官原。則初制信必之嚴蓋如此。《會要》亦具書禁令，顧今上下習故爲常，比比皆是，反於其職所謂簿書，廼無一可攷。是亦重可興嘆也。若平日扈寺文移簿固預書，而申省與部，獨不列簿銜，蓋舊制僅存者，似頗與邁所見異。當時或見諸它官府云。

牙魚不可服用

近世，中都闤鄽鬻冠飾者，率爲物象，螭一角而兩足，鳥翼而鴟尾。通國服之，謂之牙魚。珂按典故：元祐二年二月辛丑，翰林學士承旨鄧温伯等言：「奉詔參考皇太妃冠服，禮令不載，亦無故事。請參酌裁定，其生日節序，即請損皇后三分之一。」詔依所定內冠朶用牙魚。當時詳定者，韓儀公忠彥、歐陽棐與焉。二公墓誌可考。方泰陵嗣服欽成，以堯母之貴，春秋之誼，當極尊崇。徒以宣仁欽聖萬壽，故小詘其禮，則其爲后服亦逼矣。今世恬不以爲怪，何耶？

真徽沔三州

大中祥符六年五月，詔升建安軍爲真州。宣和三年五月，改歙州爲徽州。開禧三年四月，改興州爲沔州。六月，改順政縣爲略陽縣。珂按：三州皆複名。真州，在唐號昭德郡，天寶五載，分臨翼郡置。乾元元年，改州名。徽州，在唐號利州，武德四年置。正觀十一年改州名【一】。沔州，在唐號漢陽縣，武德四年分沔陽郡置州。建中二年廢爲縣，四年復州名。寶曆二年又廢。夫真州隸劒南道，西南之陲也，今複其名於淮南。徽州隸羈縻州，蠻夷之境也，今用其名於江東。沔州隸江南道，沔水之衝也，今徙其名於關外，取儀真以稱。蓋以範鎔三祖玉皇之像而表其瑞，反累之僻陋之故名，易徽美之號。蓋以翦滅方臘篁竹之妖而示其革，反同之椎辮之巢穴。摭谷水之源，蓋以蕩滌逆曦洿瀦之跡而大其戒，乃紊之下流之别邑。數百載而下，方屨之士尚論職方，名混而訛，地隨以異，焉知其無千里之謬乎？順政本漢沮縣地，攷之《寰宇記》，後魏太武帝嘗到此，僑立略陽郡耳。今遂即僑寓之名以名縣，尤爲失實。其初更定稱謂，要皆未嘗旁攷也。州名之所在，珂蓋即李吉甫《元和郡國圖志》、樂史《太平寰宇記》、劉昫《舊唐史》、歐陽文忠脩《新唐史》參書之。真州之置，惟《元和圖志》以爲直州，縣名真符，亦謂之直符。徽州在《新唐史》又以爲微州，且號西利。沔州在《寰宇記》先紀隋大業初嘗建州，蓋以沔水爲名，尋改沔陽郡。武德平朱粲，分郡置州。天寶初爲郡。大和二年四月廢，以其地入鄂州。四年又置，後復廢入鄂。周顯德中，置爲漢陽軍。《舊唐史》紀廢郡，又以爲太和七年，皆差齵不齊，餘各互是。桑欽《水經》載沔水出武都沮縣東狼谷中。又注曰：「沔水一名沮水。」闞駰曰：「以其初出沮洳然，故曰沮水也，縣亦受名焉。導源南流，泉街水注之，出河池，東南流入

【一】正觀十一年改州名 「正」字係避宋仁宗趙禎諱改。

沮縣，會於沔。」則又今改沔州名之所據。珂攷真州本以真符縣得名。今洋州自有真符，乃天寶八載開清水谷路復置。又因鑿山得玉册，更名，隸京兆府。真之真符雖複，天下縣邑乃多有之。節度使章仇兼瓊之置，初爲直符營，在天寶三年。後以節度使郭虚己之奏置郡，在五年乾元乃因營名而名州。自營而名縣，自縣而名州，雖其理近似，然所出處凡四，而三謂之真，惟《元和圖志》異焉，安知其不訛而爲直也。洋名之複，蓋因事起義，且在此年後，不足以爲惑。徽字易訛，郡非中國者，名不常見，故或有舛。西利蓋猶利也，唐山南道已有利州，其名西利無疑。沔稱隋建，固非其地。本漢陽縣，又與沔陽郡異，謂之析郡之縣以置州則可，謂之因郡以易名則非也。且徽州之名，自崇寧二年正月，始詔廢爲蒔竹縣，至宣和而遽徙其名於它地，則尤不可。它如此比者尚不一，更有竢於詳考焉。

國名寓意

漢制：封侯國雖以鄉邑之名爲稱，閒有寓嬻惡於其閒。如羹頡、不義、折姦、富民、冠軍之號，猶存褒貶。攷之《竇憲傳》注，冠軍國仍是國名。它可知已。本朝司封之典，大國、次國、小國，名有定數，著之令式【二】，不容創固，無復此意。珂嘗攷《中興會要》：張忠獻浚以紹興十二年十一月封和國公，三十二年六月改封于魏。史文惠浩《言行録》有曰：「秦檜既定和議，特國浚於和。及孝宗即位，欲任以恢復，乃改國魏。」然則聖意固示

【二】著之令式　「著」原作「者」，據學海本、知不足本改。

之矣。若和，則檜志，而忠獻實嘗力爭焉。乃以名其國，豈固欲反其所言耶？近歲大臣有請致仕而盍徽國者，詞臣偶進擬珍國。議者謂若有所風，其家上言，卒改成國。蓋亦寓意於名者云。

辛簡穆謚

辛參政次膺謚簡穆。珂按國朝典故，皇祐三年九月乙卯，武寧節度使兼侍中夏竦卒，贈太師、中書令，賜謚文獻。知制誥王洙當草制，封還其目，謂臣下不當與僖祖同謚，遂改焉。是月丙子，遂改太子太師、謚文獻王溥爲文康，司空致仕、謚文憲章得象爲文簡。蓋溥同僖祖，得象同周公，亦以洙言也。翼祖后之謚曰「簡穆」，在累朝無敢用之者。容臺訂議，考功覆按，得不考洙之所言乎？或謂翼祖乃祧廟。按洙之言，周公且不可，雖祧猶祖也，其復何疑！次膺以元老參預，其賜謚當在乾道、淳熙間。是時光堯萬壽，翼祖雖祧，猶爲九室之内，尤不可以此藉口也。

修書恩數

崇、觀以來，文治日興，三館史局修書，每成闕乙覽，輒有醲賞。蔡京當國，至有修書已竟，分爲五六進，以希濫恩，而適值王黼矯枉，所爲之書皆棄不録者。中興謹惜名器，益以進書爲重。嘉定癸酉十月丁酉朔，臺臣有言修書不進，十餘年于此矣，嘗求其故，則自進書之有賞始。史官載筆，職在譔述，而無事時不敢修史。何者？恐其有徼賞之嫌也。必待登進有期，然後彙次編集，臨時取具，率多逸遺。史之不修，蓋原於此。每進一書，糜爵費財，上下霑被。學士大夫自循轉外，好賜無幾，而輿臺胥吏賞賚有差，用度不貲，難於輕舉。書之不進，亦此之由。今者，鉅典勒成，一朝同進。官無濫賞，人自欣愜，而吏有橫賜，可不痛裁。臣謂除本所見在執役奔走之人，及三省官吏於本處實有職事相關者，許照舊例從公保明，次第疇獎。其他寅緣請託，寄附姓名，平時不相誰何，足跡未嘗一到。如閭市肆等輩，亦得濫廁其間，例霑厚賜，甚亡謂也。下私其恩，國重其費，綜核之朝，詎宜有此。臣非不知希闊之遇，寧過乎厚。然以國史爲重，則人情有不暇卹。故寧裁抑於今日，庶幾有補於將來。使由是而費果省也，則史無時而不可修，亦無時而不可進。何至有因循遺失之患，其與徇小節而虧大體者，萬萬不侔矣。珂嘗攷典故：元豐六年，蒲宗孟爲尚書左丞，嘗因奏書請官屬恩，神宗曰：「所修書謬甚，無恩。」宗孟又引例書局儀鸞司等當賜帛，上以小故未答，王安禮進曰：「修書謬，儀鸞司等人恐不預。」上爲之笑。則吏有橫賜，在先朝固久有之，而予奪之柄，又出一時，雖修書官亦不容必其賞也。是知祖宗於例所當得，猶必視功而爲輕重。責實之政，所以貽孫謀者，真可法云。

閩中譌傳兆域

閩之福爲會府，建炎搶攘，奉會聖御容以即安，至今有巨璫涖崇奉焉。福人因是多譌言皇祖兆域有在是郡者，士大夫率以爲無稽，弗之聽。珂考典故，其説亦有繇來。元豐六年閏六月丁酉，禮部言：「泉州民朱信等言：『慶曆中有旨，泉、福等州訪求碎石山皇祖兆域，今方求得，本朝遠祖乃福州閩縣碎石山人。景德中，亦嘗遣使至福州，訪碎石山家宅事迹，碎石山今俱胘院是也。趙真君家見存，而此山下有趙氏捨田契書姓名，兼有古鐘銘文，可爲證據。』乞遣官審實。」詔秘書省檢元降指揮，仍令福建路轉運司取朱信等所陳證據。其後秘書省言：「慶曆中無下福建路訪皇祖山陵指揮。」福建路轉運司言：「遣官案視，所言謬妄無根。」詔朱信等罪，以赦除之。後又詣尚書省言：「家有古書可案。」取視之，乃唐中和七年地契。後列趙氏族人有名從良從月者，指以爲聖祖，其妄若此。則愚民之傳久矣，不可解矣。承平保州位雖系屬籍，而欽、康、靖三陵，猶不敢臆决。遷奉之際，特尊爲一品墳，以俟審定。豈復真有景德之使耶？朱信既以赦除罪，神宗之意，亦出於「吾寧受百欺，庶幾得之」，尊祖之至也。

開先寺

廬山之址，有寺曰「開先華藏寺」，依山陽，占籍江東之南康軍。珂按：京師太平興國寺，實有開先殿，以奉藝祖神御。天聖八年九月，始建于寺之後廷。十二月，命宰臣呂夷簡充奉安御容禮儀使，入内都知韓守英管幹。十一月，自天章閣迎奉於會慶殿奉安。十二日，百官立班殿庭，皇帝行酌獻。備儀仗鼓吹，僧道威儀，奉迎赴殿，皇帝行奉安之禮。次日，皇太后又酌獻。景祐三年，殿火，遂罷朝謁。慶曆六年八月，殿成。帝飛白書榜。九月，命宰臣賈昌朝奉安。十月，帝親行酌獻禮。七年正月十一日，朝謁如常。至和元年十一月重修，權奉御容于天章閣。二年七月，復奉安于殿。則開先之名已爲館御，累朝崇奉。如此其至，寺久當易矣。今天下寺宇同稱者多，固不止是，郡縣當以時申請而正之可也。

紹興嘉泰二詞

紹興和議之成，臺臣追正直秘閣李健陷僞之罰，謫監德安府在城酒税。制詞曰：「往者元惡，盗我魁柄，濁亂國經，爲不道之宗主，故汝得以免。賴天之靈，國是大定。汝曾不知愧甄濟，而從搢紳之後，罪豈勝誅。」慶元黨論之起，中書舍人陳傅良追削家居，嘉泰會赦復官予祠。制詞曰：「日者宗相當國，凶愎自用。論者指爲大姦，似矣。盍亦考其所以然，蓋一妄庸人耳。何物小子，敢名元惡。而一時大夫士逐臭附炎，幾有二王、劉李之號。朕甚憫之。」二詞蓋皆順時好，前指趙忠簡鼎，後指趙忠定汝愚也。珂按國朝故事：太宗時，宰相盧大戎多遜，以交結宫邸竄朱崖，繼而趙韓王普罷相。會其年韓村決河塞，知海州胡旦獻《河平頌》，因有「逆遜投荒，姦普屏外」之語，上震怒，貶商州團練副使。祖宗之惡迎合者如此，況假綸綍以濟私意，而毁譽復失其真耶！三字之失體，蓋不在林希輩下矣。

北使借官

自景德以來，凡中國使入蕃，必隨所居官小大，加借以遣之。所以重王命，綏遠人也。議者或謂單于天驕，其報聘也，官雖高，必降秩以示殺禮。珂嘗攷之，其實不然。按陵陽布衣李心傳《建炎以來繫年要録》曰：「紹興二十八年五月戊寅，金國賀生辰使、驃騎衛上將軍、殿前副都點檢蕭恭，副使、中大夫、尚書工部侍郎魏子平，入見紫宸殿。子平，弘州奉聖人，中進士第，累遷太府監。」又注其下曰：「魏子平事，以金國翰林直學士趙可所撰墓誌修入。誌云：『正隆元年，授太府監。三年三月，充國信副使，使于宋。四年，權右司郎中。』今《日曆》所書，乃云工部侍郎，則是北人亦借官也。」可有文集刊行，心傳得之，以參書繫年事。其言有的據，表之以釋議者之疑。

官年實年

今世出仕者，年至二十始許涖官，纔登七旬，即盍致仕。或不得謝，則亦隔去磨勘，弗許遷陟。又有舉人年及該恩，則或得封叙選調。滿六袠礙格，則不得注令宰、丞掾之屬，利害互出。故世俗多便文自營，年事稍尊者，率損之以遠垂車；襁褓奏官者，又增之以覬速仕。士夫相承，遂有官年、實年之别。間有位通顯者，或陳情於奏牘間，亦不以爲非。珂攷之祖宗時，此事亦有明禁。《國朝會要》：治平四年五月二十八日，詔劾内殿崇班郭繼勳增加歲數情罪以聞。以其陳乞楚州監當，自言出職日，實嘗增十歲也。祖宗之懲欺僞，亦嚴矣。繼勳雖終以不欺，意其出職之名，或階胥史，而進楚州之監當，必緣其年之高而不得授，所以復自言而匄損焉。此則增損惟己，尤不可以不懲者。若今陳情，率是告老引年而後及之，大非求進之比，固不可以爲據。要之官年、實年，差别爲二，形之表章，其語亦不雅馴也。

仙釋異教之禁

今中都仙釋之教盛行，或列肆通衢爲箕筆之妖，或毁體四支爲詭異之狀。浩穰彈壓，漫不問焉，曰「此非法令所及也」。珂按《國朝會要》：政和六年正月二十三日，詔：「近來京師姦猾狂妄之輩，輒以箕筆聚衆，立堂號曰天尊大仙之名，書字無取，語言不經。竊慮浸成邪慝，可令八廂使臣逐地分告示，毀撤焚棄。限三日外，立賞錢三千貫收捉犯人，斷徒二年，刺配千里。官員勒停，千里編管。若因別事彰露，本地分使臣與犯人同罪。每月一次，檢舉告示，取使臣知委繳連聞奏。京城内外準此。」政和五年十一月四日，臣僚言：「諸色人燃頂煉臂，刺血斷指，已降指揮，並行禁止。日來未見止絶，乞行立法。」詔：「毀傷支體，有害風教。况夷人之法，中華豈可效之？累降處分，終未能革。可徧行下，違者以人不恭論，添賞錢三千貫文。監司守臣知而不舉，與同罪。京師委開封府尹嚴行禁止。」前詔則是年閏正月二十七日，又嘗徧告諸道，後詔則大觀四年二月一日已有之矣【三】，兹特申之也。祖宗立法，嚴正詳備，一至於此【四】，於其所不及者，彌縫參酌【五】，蓋以時而行之【六】，今世或未之議，何也？

【三】已有之矣　「之」字原闕，據學海本、四庫本補。
【四】一至於此　「至」字原闕，據學海本、四庫本補。
【五】彌縫參酌　「參」字原闕，據學海本、四庫本補。
【六】蓋以時而行之　「以時而行」四字原闕，據學海本補。

校勘記

卷第七

官品名意之訛

《淳熙官品令》，自太師而下至翰林醫學列爲九品，皆有正從。蓋見行之制，故著令所載，凡叙蔭、儀制、罪贖，不以高下，概謂之品官。珂嘗泝源而求所始本。魏延康元年二月，尚書陳羣以天朝選用，不盡人才，始立九品官人之法。州郡皆置中正，以定其選擇。以州郡之賢有識鑒者，爲之區別人物，第其高下。則其初立品似非品秩也，乃人品耳。而《通典》載魏官自黄鉞大將軍至諸州郡防門，明列品第，則是肇端自魏，已循而訛矣。是時魏未受禪，蓋亦漢法也。然珂嘗考之後趙，而得名之所以訛；考之梁，而得意之所以訛。後趙王勒二年，使張賓領選，初定五品，後更定九品。命公卿及州郡，歲舉秀才、至孝、廉清、賢良、直言、武勇之士各一人，初用五而後以九。則是更魏而晉，品數猶未定也。《通典》可疑矣。《宋書》九品，謂晉江右所定，則懷、愍以前尚無之。《通典》乃若是其較且明，豈當時循陳羣之法，謂某品人則可登某品。所謂品者，逆設以待其人而已，非謂官品也，益遠益訛，遂爲官秩之定論耶？此殆名訛之所以始也。梁定班法，與品互用，而著其説曰：十八班皆有清濁。自十二班以上，並詔授表啓不稱姓。從十一班至九班，禮數復爲一等。又流外有七班，寒微者爲之。從此班者，方得進登第一班。梁承齊後者也，品秩久定矣。而蔡法度之所定，決非肇始，而所以寓禮數者，不附於品而别之以班，則班蓋梁之所自立，謂一代之制不可以虚耳。意自齊而上班之未有，則禮數亦附於品，則品蓋爲禮文之節耳。此殆意之所以訛也。詳考梁班品法，天監初，武帝命尚書删定郎濟陽蔡法度定分爲九品【一】。秩定，帝於品下注一品，秩爲萬石【二】；第二、第三爲中二千石；第四、第五爲二千石。《隋·百官志》，梁天監七年，革選徐勉爲吏部尚書，定爲十八班。以班多者爲貴，同班者則以居下者爲劣。則品蓋非梁所專用，而易以爲班矣。謂班以選事而設，則丞相、太宰、太傅、太保、大司馬、大將軍、太尉、司徒、司空爲第十八班，初不關選法。《通典》謂品制不廢，疑若相須而成。將軍釐定百二十五號，爲二十四班。其不登二品應須軍號者，凡十四號，别爲八班。施於外國者，又有百九號，亦爲十品，二十四班。班制之多乃如此，則不假於品矣。而莫知其徒爲禮秩之别也。陳承梁後，乃定相國、丞相、太宰、太傅、太保、大司馬、大將軍、太尉、司徒、司空、開府儀同三司、巴陵汝陰二王後、尚書令，品爲第一。自此以下，昈列爲九，正合今制，而不分正從。逆而求之，晉、宋、南齊亦莫不然。則皆承魏訛，其益可信也。此裂於齊事遵元魏，而品從之名著焉。是官之有品，自曹魏始；品之有從，乃自元魏始。及考其初，不特正從也，而每品正從復分上中下

【一】定分爲九品　「分」原作「令」，據學海本、四庫本改。

【二】秩爲萬石　「爲」字原闕，據學海本、知不足本及上下文補。

焉。蓋一品之間，析而六矣。此高祖太和之制也。及二十三年，高祖復次職令，而世宗初班行之。三師、二大乃不入品。其四品以下正從，又分爲上下階，猶析而四也。北齊蓋因之耳。至於魏之列品，顧猶曰第幾品、從幾品，而未目爲正從。齊始别之，逮隋而曰正、曰從，截然而不可紊矣。還攷梁制，品尚寡，故自九而一，乃極於丞相。班尚繁，故自一而十八，亦極於丞相。班止於梁，隨即廢矣。班多者品貴，品少者班尊，二者相爲用，而貴賤等差，於此參見而互明。相混。然禮數之異，率繫一時官守，元未嘗以品秩爲别，此則言官制者之未嘗講明也。然則陳羣之始本非始，言人品者則當設逆待之法，故循而見於魏官品之訛。曹魏之訛亦非訛，定禮秩者固當附設官之目，故參而見於梁班法之用。不考於羣，無以知其名；不考於梁，無以知其意。在今日名訛於魏，意訛於梁，而品不復爲輕重，盍亦反其本哉。唐開元二十五年定制，自正四品至九品，猶有上下階，蓋隋煬暫廢之規，至此復見。本朝乃盡合之也。

散階勳官寄禄功臣檢校試銜

本朝《國史·職官志七》，載叙階之法曰：開府儀同三司至將仕郎爲文散官，驃騎大將軍至陪戎副尉爲武散官，并二十九等如舊。而注其下曰：「太平興國元年，改正議大夫爲正奉大夫，朝議郎爲朝奉郎，承議郎爲承直郎，奉議郎爲奉直郎，宣議郎爲宣奉郎。」又載勳官曰：「自上柱國至武騎尉，凡十二等，如舊制。」又載功臣曰：「功臣者，唐開元中號萬騎曰唐元功臣。代宗時有寶應功臣。德宗時有奉天定難元從功臣之號。僖、昭時將相多加功臣美名。五代寖增其制。皇朝因之，凡宣制而授者多賜焉。參知政事、樞密副使及刺史以上階勳高者，亦或賜之。中書、樞密則有推誠、協謀、同德、佐理之名，親王則崇仁、保運，餘官則推誠、保德、翊戴，掌兵則忠果、雄勇、宣力，外臣則純誠、順化。宰相初加即六字，餘並四字，其罷則加二字。又有守正、忠亮、保順、宣德、忠正、佐運、保節、宣忠、亮節之號，文武迭用焉。中書、樞密所賜名，若罷免，或出鎮則改之。其他若班直將士、禁軍別校，則賜拱衛、翊聖之號。遇恩加，但其名不過兩字。」而注其下曰：「又有保順、忠勇、拱衛、護聖、奉慶、果毅、肅衛之號。」又載檢校官曰：「檢校兼試官之制，檢校官則三師、三公、左右僕射、六尚書、左右散騎常侍、侍太子賓客、國子祭酒、大卿、監、少監、諸行郎中、員外郎，兼官則御史大夫、中丞、侍御史、殿中侍御史、監察御史，試秩則大理司直、評事、秘書監、校書郎。凡武官，内職、軍職及刺史以上皆有檢校官，兼官、内殿崇班。初授則檢校祭酒兼御史大夫，三班及吏職、蕃官、諸軍副都頭加恩，初授檢校太子賓客兼監察御史，自此累加焉。」而注其下曰：「朝軍指揮使止於司徒【三】，軍頭指揮使、忠佐馬步都軍頭止於司空，軍班都虞候、忠佐副都軍頭以上止於左、右僕射，諸軍指揮使止於吏

【三】朝軍指揮使止於司徒　按：宋代無「朝軍指揮使」官名，有「廂軍指揮使」，疑是。

部尚書。其官止，若遇恩則或加階、爵、功臣。」又申之曰：「幕職初授，則試校書郎。再任如至兩使推官，則試大理評事。書記、支使、防禦團練使判官以上試大理司直評事。又加，則兼監察御史，亦有至檢校員外郎以上者。行軍使皆檢校員外郎以上，朝官階、勳高，遇恩亦有加檢校官。郎中則卿監、少監，員外則郎中，太常博士以下則員外郎，並無兼官。其解試大理評事、校書郎、正字、寺監主簿、助教者，謂之試銜。有選集，同出身例。」珂按：如舊制者，蓋謂如唐制也。太平之改官名，蓋以熙陵初即位，未改舊名，因避諱而然也。是時正以職事官爲官名，如吏部尚書，至于職官令、録，皆虛名也，而不得實涖其事。以知、判官爲職事，如判尚書都省，至于權知某州縣，皆實職也，而不關所帶之官。以階爲恩，以勳爲品，以爵邑、功臣爲假寵，以檢校、試官爲帶銜。故咸平四年，左司諫、知制誥楊億轉對上疏，有曰：「勳散之設，名品實繁。朝散、銀青，猶闕命服；護軍、柱國，全是虛名。欲乞自今常參官勳、散俱至五品者，許封贈。官階、勳俱至三品者，許立戟叉。五等之爵，施之于今，雖有啓封之稱，曾無胙土之實。苴茅建社，固不可以遂行。翼子詒孫，亦足稽於舊典。欲乞内外官封至伯、子、男者，許蔭子；至公、侯者，蔭孫；國公者，許嫡子、嫡孫一人襲封。又當今功臣之稱，始於德宗幸奉天，扈蹕將士並加『奉天定難功臣』之號，因一時之賞典，爲萬世之通規。近歲以來，將相大臣加至十餘字者，尤非經據，不可遵行。所宜削除以明憲度。」可以見當時士大夫之厭於虛名者矣。然祖宗承隋、唐末流，襲爲定例，故不見其用，而惟見其冗。若其創始之初，磨鈍之具，不窮於一偏，要亦自有深意，何以言之？自元豐定官制，歸階官於寄禄，還職守於百司，盡削功臣，略餘檢校，試官俱罷，爵邑僅存。繼自政和而來，又捐勳轉之令，則朝廷之上，所以褒功賞能，貤恩馭幸者，惟階職、官守而已。祖宗存此名也，雖以例轉，或以赦遷，而猶間繫服色之重輕，資序之深淺，封蔭之厚薄，初未盡捐之也。且階官至員外郎，則可以任子。庶官帶貼職，則不限隔郊。至於郎曹、寺監、侍從、宰執，截截乎有恩數品秩之異，然則所用者皆實賞也。檢校之略餘者，惟武階有六等，多不盡轉，間又徑自旄鉞陞尉府，亦幾於無。爵邑實封雖不改舊，而惟遇郊霈，有司按格法定封，及宰執初除，循故事，謂之加恩耳，亦不以爲賞也。虚名既偏廢，而吏勞不可不酬；惟其不可不酬，故官賞不得不濫；惟其不得不濫，故貼職不甚貴重，銓選奏補益祥。揆今擘昔，在本朝厭之猶之可也。其在隋、唐，其可以虚名厭之哉？珂又按：階、散、勳官，在前世合於一，至唐則析而爲二。階、勳、功臣、檢校，在唐析於四，而本朝則合於一。其用與不用，實寓見於是。自宋、齊、梁、陳、後魏、北齊以來，諸九品官皆以將軍爲品秩，謂之加戎號。此正如國初軍制，皆以御史爲品秩，謂之加憲銜也。梁制雖親王起家，未加將軍，不開府，不置佐史官，可以見一時以此號爲重。然其實未嘗將屯，亦虚名耳。隋既受命，高祖採後周之制，置上柱國、柱國、上大將軍、大將軍、上開府儀同三司、開府儀同三司、上儀同三司、儀同三司、大都督、帥都督、都督，總十一等，以酬勤勞。又有特進、左右光禄大夫、金紫光禄大夫、銀青光禄大夫、朝議大夫、朝散大夫，並爲散官，以加文武官之德聲者，並不理事。又有翊軍等四十三號將軍，品凡十六等，爲散號將軍，以加檢校。居曹有職務者爲執事官，無職務者爲散官。戎上柱國已下爲散實官，軍爲散號官，諸省及左右衛武候、餘左右監門府爲内官，自餘爲外官。散官之名，肇見於是。還考漢制，光禄大夫、太中大夫、郎、議郎、中郎、侍郎、郎中皆無定員【四】，多至數十人。特進、奉朝請亦皆無職守，優游禄秩，則官之有散，自漢已有之矣。然當時之仕于朝者，不任以事，則置之散。正如今日宫觀設官之比，未有以職爲實，以散爲號，如後世者也。故成都侯王商以特進領城門兵，置幕府，得舉吏，是正如今日兼官不可以官稱爲比。梁制：左右光禄、金紫光禄、太中、中散等大夫並無員，以養老疾。遡而考之魏、晉、宋、齊、元魏，下而考之陳、北齊、後周、隋，亦莫不有之，參見於九品十八班之間。元魏初又嘗置散官五等，其品第五至第九，百官有闕，則取於其中以補之。蓋皆以儲才待須，而亦與諸職事官均其勞佚也。逮隋開皇六年，始置六品以下散□八郎爲正階，八尉爲從階；正六品上爲朝議郎，下爲武騎尉；從六品上爲通議郎，下爲屯騎尉；正七品上爲朝請郎，下爲驍騎尉；從七品上爲朝散郎，下爲游騎尉；正八品上爲給事郎，下爲飛騎尉；從八品上爲承奉郎，下爲旅騎尉；正九品上爲儒林郎，下爲雲騎尉；從九品上爲文林郎，下爲羽騎尉。準前所置散官見於諸品者，上柱國爲從一品，柱國、特進、左右光禄

【四】郎中皆無定員　「定」字原闕，據學海本補。

大夫爲正二品，上大將軍、金紫爲從二品，大將軍、銀青爲正三品，上開府、朝議爲從三品，開府、朝散爲正四品，上儀同爲從四品，儀同爲正五品，大都督爲正六品，帥都督爲從六品，都督爲正七品。通而觀之，則九品之内，皆有散官以酬勞矣。惟正一品虚而不置，所以章其貴也。煬帝嗣位，多所改更，先罷特進，次罷十一等酬勞官，八郎、八尉、四十三號將軍，并省朝議大夫。置九大夫、八尉，自一品至九品别有其制。其九大夫：從一品曰光禄，正二品曰左光禄，從二品曰右光禄，正三品曰金紫，從三品曰銀青，正四品曰正議，從四品曰通議，正五品曰朝請，從五品曰朝散。其八尉：正六品曰建節，從六品曰奮武，正七品曰宣惠，從七品曰綏德，正八品曰懷仁，從八品曰守義，正九品曰奉議，從九品曰立信。繼雖復儒林郎、文林郎，列之七品、八品正，乃隸秘書省。置二十人若三十人，專以明經待問，撰録文史爲職，又若職事官，無與於散階也。尋又置散騎郎二十人，爲從五品；承議、通直郎各三十人，爲正、從六品；宣德、宣義郎各四十人，爲正、從七品；徵事、將仕郎各五十人，爲正、從八品；常從、奉信郎各五十人，爲正、從九品，是爲正員，並得禄當品。又各有散員郎，無禄。隨又改常從爲登仕，奉信爲散從。自散騎而下皆主出使，量事大小，據品以發之。則正如國初，九品京朝官皆在京師，其罷職者，歸本班守本官，其出使者，知某州、轉運某路之制耳。尚書省六曹皆置承務郎一人，同員外郎之職，乃正與今尚書郎等。又非散號，如限員以設散官，使其别有所授，決知其必不復徒帶以爲美觀也。

而唐乃析之郎、大夫之秩，光禄、中散之養疾，儒林、文林之待問，一歸之於文散。散號將軍，參取雜置，益以校尉，一歸之於武散。柱國等號，本以酬勞，武騎諸稱，並同郎位，一歸之於勳官。則階，散也；勳，官也。唐雖因隋，而所用未嘗因隋，有職者改爲虛名，徒名者置在兼秩，是所謂前世合於一，而唐則析爲二。史大奈與高祖興太原飲馬泉之戰，以多授光禄大夫階。李晟以恢復元勳立功【五】，時諸子未官，宰相以聞，即日詔子愿爲上柱國。故事：柱國門列戟，遂父子皆賜。杜淹貞觀中檢校吏部尚書，再加檢校侍中。代宗以射生軍清難，而有寶應之稱，德宗以涇軍煽逆，而有定難之號。後隨事而賜，亦無定名。故唐之有功者，或叙階，或賜勳，或加以檢校，或寵以名號，皆上之人有以寓一時之微權，而初無階升必致之道。四者並用，而又申之以封爵，重之以實封，馭貴馭富，又雜取而輔之。在祖宗朝，若功臣之名，猶有官不當賜而特賜者。如開寶之於王明，太平興國之於杜彦鈞、陳信從、郝正，大中祥符之於王承美，天禧之於向漢通。南渡以後，高皇舉久廢之典，以寵二三大將，其他則不多見也。每一遇郊，官至某，則加功臣若干字，酬勳若干級，進階若干等，徹國若干户，並舉而予之。故世但以爲煩，而不見其用，是所謂唐析於四，而本朝則合於一。既合矣，而不能分，此所以發神宗皇帝之獨斷，一舉而盡去之也。政和罷勳官，徒以太平之世不欲用，議易之而未暇。孝宗淳熙間，廷策多士，發爲清問，有意復之而未能。誠使無並用之術，祖已成之例，一歸之有司，則雖無復可也。因虛以濟實，即名

【五】李晟以恢復元勳立功　「恢復」原作「復復」，據學海本改。

以輔治，一歸之君上，則雖盡復之亦可也。世之議者，多以其名之混淆，未易别白，故表而著之，以俟觀者擇焉。又按光禄在晉，已分左右，魏舒嘗加右光禄大夫。而西漢之初無印綬，秩止比六百石，東漢已秩二千石，法固應銀章青綬。至晉始有加金紫者，李憙、嵇紹、吴隱之輩是也。《憙傳》又載泰始全詔，其因光禄之號，改假金紫，正當是事始。然未嘗入銜，故南齊任遐有乞一片金之請。還考宋初，乃嘗贈臧儁爲金紫光禄，已連稱謂。元魏何時乃亦有之，而又以銀青入銜，遂焕然析爲二官矣。梁制：金紫光禄，次左右光禄，光禄，次金紫。所謂光禄者，蓋銀青如舊制，是以不重出耳。元魏亦叙左右光禄於金紫、銀青之上。齊承魏制，陳因梁法。後周於金紫、銀青又各分左右，皆在左右光禄之下。隋、唐而降，迄于本朝，叙階之法，亦莫不然。唐去光禄左右字，元豐定官制乃隮一階之班于光禄之上，不知何所爲也。其他如朝議，置大夫而廢郎，躐朝請於通直，下宣德於朝散。政和改制，又以登仕、將仕爲未仕之官，列之文林之下。又以郎、大夫爲勇爵，不用將軍、校尉等官，皆與唐制不合云。

卷第八

年號閣名

自唐德宗以貞觀、開元之盛，慨想前烈，改元貞元，庶幾二祖。本朝因之，如近世隆興之用建隆、紹興，淳熙之用淳化、熙寧，紹熙之用紹興、淳熙，慶元之用慶曆、元祐，開禧之用開寶、天禧，皆是也。珂按吕陶《淨德集》記聞曰：「元祐之政，謂元豐之法不便，即復嘉祐之法以救之。然不可盡變，大率新舊二法並用，貴其便於民也。議者乃云『對鈎行法』。朝士善謔，乃云『豈獨法令爲然，至於年號亦對鈎矣』。然詼謔之談亦有味。」珂謂人君法祖，存古之意，最爲盛德。陶言近肆，不可以訓。又按光宗升祔，循故事，將建閣以藏宸章，侍從集議，欲以「大謨」名，當國者以爲不馴。又欲名「天疇」，疑近天章，且天章不入銜矣。乃用「寶謨」。珂謂「寶文」乃仁祖閣名，「顯謨」又神宗閣名，如陶之言，亦對鈎也。方顯謨建閣，時國論尚紹述，哲宗慕丕承之烈，以見善繼。若寶謨則直以禹之書首於三謨而言之，歷代寶之，以爲大訓。本專指墳典，此蓋惟取祕藏之義云。

陞建府鎮

景德三年，詔以宋州爲應天府。大中祥符元年，又建南京，尊建國也。按宋爲藝祖擁旄之地，肇基王迹，遂奄九月，昭揭崇建，以示華夏，理則宜之【一】。然自後列聖潛藩，漸以爲故事。藝祖歷睦州刺史，太宗歷睦州防禦，英宗歷岳州團練、齊州防禦。宣和元年，升睦州爲建德軍，岳州爲岳陽軍。三年，改睦州爲嚴州遂安軍。治平二年，升齊州爲興德軍。政和六年，又升濟南府。此刺史、團練、防禦州升鎮若府之始也。藝祖、神宗歷忠武節度，神宗歷安州觀察。元豐三年，升許州爲潁昌府。宣和元年，升安州爲德安府。此列鎮升府之始也。太宗歷封晉王，仁宗歷封慶國公、壽春郡王，英宗歷封鉅鹿郡公。政和六年，升晉州爲平陽府，壽州爲壽春府。七年，升慶州爲慶陽軍。宣和元年，又升慶陽府，且升邢州爲信德府。此郡國已帶節鎮升府之始也。珂嘗恭攷國史，或陞或否，類出於有司一時之請，迄今尚有不盡舉行者。先後重輕，疑有隆殺，殆不可以弭後世目睫之議也。謹備論之：藝祖歷睦州刺史，永州防禦，定國、義成、忠武、歸德四節度；太宗王晉國，歷睦州防禦，泰寧一節度；真宗王韓、襄、壽，歷尹江陵，荆南、淮南二節度；仁宗公慶國，王壽春郡，昇國，歷尹江寧，忠正、建康二節度；英宗公鉅鹿郡，歷岳州團練，泰州、齊州二防禦；神宗公光國，王淮陽郡、潁國，歷安州觀察，忠武一節度；哲宗公均國，王延安郡，

【一】理則宜之　「宜」原作「有」，據學海本、四庫本、知不足本改。

歷天平、彰武二節度；　徽宗公寧國，王遂寧郡、端國，歷鎮寧、平江、鎮江、昭德、彰信五節度；　欽宗公韓國，王京兆郡、定國，歷山南東道、興德、武昌三節度；　高宗公蜀國，王廣平郡、康國，歷牧桂州、鄭州、亳州、平陽、信德、冀州、定武、鎮海、遂安、慶源、靜江、奉寧、集慶、建雄、安國、安武十節度；　孝宗公建國，王普安郡、建國，歷和州、貴州二防禦，保慶、常德、寧國、鎮南四節度；　光宗王恭國，榮州刺史，鎮洮一節度；　今上公英國，王平陽郡、嘉國，歷明州觀察，安慶、武寧二節度。珂嘗合而詳攷。蓋王之國十有二：晉、韓、襄、壽、昇、潁、端、定、康、建、恭、嘉，而十一備府鎮之名：建雄之爲平陽、山南東道之爲襄陽、忠正之爲壽春、建康之爲建康、順昌之爲順昌、肇慶之爲肇慶、定武之爲中山、永慶之爲德慶、建寧之爲建寧、重慶之爲重慶、嘉慶之爲嘉定是也，獨韓不得與。王之郡八：壽春、淮陽、延安、遂寧、京兆、廣平、普安、平陽，而七備府鎮之名：壽春、平陽之外，鎮安之爲淮寧、彰武之爲延安、武信之爲遂寧、永興之爲京兆、普安之爲隆慶是也，獨洺不得與。公之國八、郡一：慶、光、均、寧、韓、蜀、建、英，鉅鹿，而兼府鎮者四：慶陽、建寧之外，崇慶之爲崇慶、安國之爲信德。列鎮而不爲府者三：光之爲光山、均之爲武當、寧之爲興寧。散府而不爲鎮者一，英之爲英德是也。節度、觀察之府三十有八：定國、義成、忠武、歸德、泰寧、荆南、淮南、忠正、建康、天平、彰武、鎮寧、平江、鎮江、昭德、彰信、山南東道、興德、武昌、定武、鎮海、遂安、慶源、靜江、泰寧、集慶、建雄、安國、安武、保慶、常德、寧國、鎮南、鎮洮、安慶、武寧、安州、明州。而升爲府者二十有六：潁昌、應天、壽春、建康、延安、襄陽、濟南、中山、平陽、信德之外，泰寧之爲襲慶，荆南之爲江陵，天平之爲東平，鎮寧之爲開德，平江之爲平江，鎮江之爲鎮江，昭德之爲隆德，彰信之爲興仁，慶源之爲慶源，靜江之爲靜江，常德之爲常德，寧國之爲寧國，鎮南之爲隆興，安慶之爲安慶，安遠之爲德安，奉國之爲慶元。不升府者十有二：同、滑、楊、鄂、青、嚴、鄭、亳、冀、拱、熙、徐是也。防團刺史之州八：睦、永、岳、泰、齊、和、貴、榮，兼府鎮者惟濟南，列鎮而不爲府者惟睦與岳，不升府鎮者五：永、泰、和、貴、榮是也。尹牧例隨所領節鎮，不復複出。其閒郡國之封，則晉、襄、壽、昇、定五國，已先啓鎮，特以昇府示褒。京兆、平陽二郡已兼府鎮，不復增益節度之號。則江陵、建康、慶源、平陽、信德五鎮，先已建府，又非以潛藩而升者。雖中興以後，職方未盡復，閒有隔王化者。其如嚴、光、均、英、楊、鄂、永、岳、泰、和、貴、榮，則猶不得如故常。嚴蓋三聖流光之地，又爲特盛。惜乎，有司之不建明也。泰雖爲英宗龍躍之祥，當時辭不拜，恐不得與云。

昇定建府

故事，潛邸賜軍額建府，蓋以昭受命之符。珂嘗攷之，亦有爲元嗣之重而升者。天禧二年二月丁卯，仁宗封昇王；四月，升爲江寧府，賜額建康軍。大觀二年正月庚申，欽宗封定王；　政和三年四月，升爲中山府。如天禧之詔有曰：「朕祇畏昊穹，保寧基緒。荷洪禧之總集，佑丕業之緜昌。利建懿藩，實維元嗣。表兹南紀，允謂名區。式示壯猷，特崇巨屏。」綸言如此，則錫羡之意，蓋有在矣。天禧二年八月甲辰，仁宗遂建儲。政和五年二月乙巳，欽宗亦正東宫。蓋聖意欲以爲豫建之端倪也。

鎮國封號

唐太宗爲尚書令，終唐世無敢居其官者。藝祖以殿前都檢點受命，一再除之外，亦復虚員。蓋所以示尊尊之誼也。郡國之爲潛藩者，著令不許封。而丁侍中謂封晉，富文忠弼、宗室仲馨、廣平王楗封韓，廣漢王椿、王黼、白時中、秦檜、張俊封慶，今司封之贈典尚多用之，不復以爲怪。唐親王節度帶大使，本朝無之。列聖皆歷旄鉞，固不容盡避。至於檢校官、使相、環衛、觀察、防禦、團練、刺史，又皆見行官制，有未易易者，特鎮名郡號似不可同。自韓忠獻琦節度淮南，當時偶不之講，自是習爲固常。若祖宗朝，節度使例率赴鎮，猶有其地，不得辭其名。以後皆領遥郡，節制藩閫，固多有之，要少異歷試之稱，斯可已。淳熙閒，王冀公淮封韓，洪文敏邁當制，制詞有「有此冀方，莫如韓樂」之語。删定官馮震武舉真、欽舊封，請貼麻，遂改胙於魯。而文敏著《容齋隨筆》猶以弼爲言，而謂震武不知故事之已有封者。珂竊謂尤而效之，理固不可，震武何訾焉。

詞科宗室二制

紹興壬戌，南宮試宏博科，制題出《皇叔慶遠軍承宣使授昭化軍節度使、封安定郡王、同知大宗正事》。是歲，洪文敏邁【二】、沈大戌介、洪文惠适中選。紹熙庚戌，制題又出《皇叔太尉、定江軍節度使、提舉萬壽觀授武昌軍節度使、開府儀同三司、充醴泉觀使》。是歲，陳紫微晦中選。珂嘗攷典故，祖宗袒免親以上，備環衛冠屬籍，謂之南班。神宗中興百年，藝祖下惟秀邸，太宗下惟濮邸得與，蓋自厚、阜二陵以來，其屬尚親故也。神宗嘗念開創之烈，以藝祖、燕、秦二王後，族系既疏，恩數久殺，於是詔推一人裂地王之，從祀郊廟。韓忠獻琦當軸，以爲疑天下心，不可，遂用近屬封郡王之制以應詔書，是爲安定。南渡後，率取諸燕王宮一族老，不問何官，即爲廉車膺茅土。然則燕邸諸孫，豈復有未襲王爵，而先爲承流稱皇叔者哉？又祖宗朝，太尉爲三公官，班維師下，而位保、傅上，親王不欲兼帝師，故檢校官多至太尉者。政和二年九月癸未，詔改官制，以尉府爲武選一品之名，居節鉞之首，序執政之次。班列既降，又以掌武之嫌，罕復以授宗英。炎、興以還，蓋絕無焉。故每自檢校官即拜視儀，寧以三少序進爲小迁，以代此一階。今制猶如此。則太尉爲宗室制題，尤非也。武昌爲欽宗潛藩，近制醴泉多以授前宰臣，而宗盟率領萬壽，又皆有可疑者焉。

【二】洪文敏邁　「敏」原作「安」，據學海本、知不足本改。

中司論事

李文簡燾《續通鑑長編》，載紹聖三年正月己酉，御史中丞黄履言：「知麟州燕復以納粟復官，年踰七十，耳目昏暗，郡務廢弛。乞下本路體究，果如所聞，即乞罷免。」詔河東經略司體量以聞。珂竊謂以中司論一郡守，年既不可掩，病復不能支，以觜得仕，既至於乘障，亦可謂僥踰矣。而反覆鄭重如此，有以見祖宗忠厚之風，至此猶未泯，慄慄焉惟懼風聞之失實。履雖非清議所與，而能推此心，其亦可嘉也歟！

給舍論駁

唐李藩在瑣闥，以筆塗詔，謂之塗歸。國朝嚴重此制，銀臺既設封駁，三字亦許繳奏。元豐改官名，門下省則有給事中，中書省則有中書舍人。然中興以後，三省合爲一，均爲後省。封還或同銜，則曰「未敢書，讀書行否則析之」，其辭止此而已。珂按典故：元祐四年五月乙酉，權給事中梁燾繳蒲宗孟知虢州及胡宗回、范鍔、孫升、杜天經等放罪罰金旨揮，其駁文皆曰：「所有録黄，謹具封還。伏乞聖慈，特付中書省别賜取旨施行。」語意乃與今異。以時考之，蓋官制既行，分省治事，謹審覆揆議之訓，故其制如此耳。然元祐之初，司馬文正光已嘗乞合三省，則是道揆雖一，職守仍分。至如合二府於一堂，列兩省於同局，則固不必爲是區别，斯亦南渡簡易之制也。

帶節降麻

慶元己未夏，知慶元府鄭興裔告老，詔轉一官致仕。久之，始降麻，授武泰軍節度使。近例，上章掛冠，多已與遺奏同上聞。故因是得節者，不復告廷，止從中書給告。興裔實引年歸故居，京魏公鏜當國，以爲當有以别於奏訃者。遂宣鎖如故事，鄭氏以爲寵。珂按祖宗故事：將相文武之臣，以旄鉞得謝，例换環衛。班高若特恩，則文换東宫官，謂之納節，不降麻。如李繼勳、張耆、楊崇勳、李端愿之類是也。後來寖許帶節致仕，降麻以旌元老。如富弼、文彦博之類是也。紹興十六年春正月戊子，觀文殿學士葉夢得拜崇慶軍節度使致仕。夢得方無恙而不復降麻，殊非舊典，興裔之得復舊制，寵矣。然今之非引年者，元不以爲追褒之典，其制詞中仍有養壽臧介祉福之語，則是尚以爲存。乃頓有内外制之異，又不知其如何也。

納節舊典

帶節致仕而降麻制，近歲惟鄭興裔得之，已具前説。珂嘗再攷《中興會要》【三】，則久矣不宣鎖矣。因取紹興三年正月二十五日翰林學士綦崇禮之奏，而備録焉。崇禮之言

【三】珂嘗再攷中興會要　「會要」原作「要會」，據學海本、四庫本、知不足本乙正。

曰：「近者，楊惟忠、邢焕皆以節度使致仕，即不曾鏁院降麻。緣節度使除拜、移改、加恩之類，並須宣制，豈有見帶節鉞致仕而獨不然，此一時之闕典也。臣嘗記祖宗時，凡節將臣僚得謝，不以文武，並納節，别除一官致仕。如仁宗朝，張耆授太子太師，楊崇勳授太子少保；神宗朝，李端愿授太子少保致仕，皆武臣也。惟熙寧閒富弼以元勳舊相，始令特帶節鉞致仕，弼猶力辭不敢當者久之。其後相繼者，則曾公亮、文彦博也。他人豈可援以爲例耶？近歲以來，致仕不問何人，不復納節换官，亦恐有違舊制。乞令三省、樞密院討論舊典施行。」從之。既而三月二十一日樞密院奏：「檢討典故，慶曆三年五月，特令河陽三城節度使、同中書門下平章事楊崇勳爲左衛上將軍致仕。」初，崇勳判成德軍，而部民行賂其子宗誨【四】，求免所犯罪事，故特令致仕。熙寧元年二月二十八日，以醴泉觀使、定國軍節度使李端愿爲太子少保致仕。端愿以目疾請休退。故事多除上將軍致仕，上命討閱唐制，優加是命。三年，上御集英殿策進士。午漏，上移御需雲便坐，延輔臣賜茶。曾公亮【五】陟降殿陛，足跌仆於地。上遽命左右掖起之。明日，以病告。久之，進司空，以河陽三城節度使兼侍中、集禧觀使，五日一朝。會討夏人，起公亮知永興軍。召還，復爲集禧觀使。納節請老，以太傅兼侍中致仕。詔今後節鉞致仕，令三省、樞密院遵依祖宗典故。自是之後，至九年四月十三日，吕忠穆頤浩復以少傅鎮南之節得謝，蓋所以寵明受之勳。遂至十六年正月，而夢得建旄矣。納節既不舉行，故雖無功者亦得扳援爲比，迄

【四】宗誨　「宗」原作「崇」，據《宋史》卷二九〇《楊崇勳傳》改。

【五】曾公亮　「曾」原作「曹」，據學海本及《宋史》卷一五《神宗紀》改。

於今不復可追正也。崇勳明年十二月實嘗改宫保，崇禮所奏互是。但公亮爲退傅，元不帶節鉞，此爲失之。

彭輅告詞

近歲引年掛冠者不常有，或以疾丐致仕，則必轉官從欲。中書給綸告王言，優撫皆如生存時。蓋猶望其有瘳也。暨遺奏徹宸扆，則又降旨贈官，乃始寓追賁泉穸之意。惟嘉定壬申七月，前主管殿前司公事、果州團練使、主管武夷山冲佑觀彭輅授均州觀察使致仕，制詞有曰：「卧壺頭之疾，方自解於中權；　掛神武之冠，忍遽聞於遺表。可無寵數，憫我藎臣。」又曰：「顧瞻壁壘，方覺精明。小逸宫祠，如何不淑。」又曰：「士志死綏，未得捐軀塗肝腦之地；　朕方推轂，乃成移疾寘股肱之悲。英爽不亡，識予愴悼。」蓋似以致仕合於遺表，以轉官合於贈典。前雖無此比，然於今世致仕者用之，則是得其實也。

卷第九

禮殿坐像

《蘇文忠軾集·私試策問》曰：「古者坐於席，故籩豆之長短，簠簋之高下，適與人均。今土木之像，既已巍然於上，而列器皿於地，使鬼神不享，則不可知。若其享之，則是俯伏匍匐而就也。」珂按今世國學郡縣學禮殿坐像，皆正席南向，顔、孟而下列侍，所措設與前不殊，私切疑之。慶元己未，朱文公熹始作《白鹿禮殿塑像説》，其文曰：「古人之坐者，兩膝著地，因反其蹠而坐於其上，正如今之胡跪者。其爲肅拜，則又拱兩手而下之至地也。其爲頓首，則又以頭頓手上也。其爲稽首，則又卻其手而以頭著地，亦如今之禮拜者，皆因跪而益致其恭也。故《儀禮》曰：『坐取爵曰坐爵。』《禮記》曰『坐而遷之』，曰『一坐再至』，曰『武坐致右軒左』。《老子》曰『坐進此道』之類。凡言坐者，皆謂跪也。漢文帝與賈生語，不覺膝之前於席；管寧坐不箕股，榻當膝處皆穿，皆其明驗。然《記》又云：『授立不跪，授坐不立。』《莊子》又云：『跪坐而進之。』則跪與坐又似有小異處。疑跪有危義，故兩膝著地，伸腰及股而勢危者爲跪；兩膝著地，以尻著蹠而稍安者爲坐

校勘記

也。又《詩》云：『不遑啓居。』而傳以『啓』爲『跪』。《爾雅》以『妥』爲『安』，而疏以爲『安定之坐』。夫以『啓』對『居』，而訓『啓』爲『跪』，則『居』之爲『坐』可見。以妥爲安定之坐，則跪之爲危坐，亦可知。蓋兩事相似，但一危一安，爲小不同耳。至於拜之爲禮，亦無所攷。但杜子春説太祝九拜處解奇拜，皆當齊屈兩膝，如今之禮拜明矣。凡此三事，書傳皆無明文，亦不知其自何時而變，而今人有不察也。頃年，屬錢子言作白鹿禮殿，欲據《開元禮》，不爲塑像，而臨祭設位。子言不以爲然，而必以塑像爲問。予既略攷禮如前之云，又記少時聞之先人云：『嘗至鄭州，謁列子祠，見其塑像席地而坐。』則亦并以告之，以爲必不得已而塑像，則當放此，以免於蘇子俯伏匍匐之譏。子言又不謂然，會予亦辭浙東之節，遂不能强。然至今以爲恨也。其後乃聞成都府學有漢時禮殿諸象，皆席地而跪坐。文翁猶是當時琢石所爲，尤足據信。不知蘇公蜀人，何以不見而云爾也。及楊方子直入蜀帥幕府，因使訪焉，則果如所聞者。且爲寫放文翁石象爲土偶以來，而塑手不精，或者猶意其或爲加趺也。去年又屬蜀漕楊王休子美，今乃并得先聖先師三象。木刻精巧，視其坐後，兩蹠隱然見於帷裳之下。然後審其所以坐者，果爲跪而亡疑也。惜乎白鹿塑象之時，不得此證以曉子言，使東南學者，未得復見古人之象，以革千載之繆，爲之喟然太息，姑記本末，寫寄洞學諸生，使書而揭之廟門之左，以俟來者攷焉。」又注其下曰：「《老子》云『雖有拱璧以先駟馬，不如坐進此道』。蓋坐即跪也，進猶獻也。言以重竇厚禮與人，不如跪而告之以此道也。今説者乃以爲坐禪之意，誤也。然後古意遺像，粲然可攷而知。」珂按《符子》曰：「太公涓釣於隱溪，跽而隱崖，不餌而釣。仰咏俯吟，暮則釋竿，其膝所處石皆若臼，其跗觸崖若路。」此尤足以驗前説。或謂國朝景靈宫設塑之制，亦坐於倚所，不當輕議。珂竊以爲原廟用時王之禮，裀席器皿，皆與今同。則其爲像反不當以泥古矣。珂在朝時，以攝奉常丞奉祠太廟，得立阼階，見室中之用亦不以高几。蓋古今器服，各適其宜，以便於事。是亦求神之義也。

作邑之制

今世選人改官，必實歷知縣三年，謂之親民。雖已爲令，既班見，猶不免作邑。或京秩再任後，須入邑闕一次。惟大理評事出宰，特許成資以二年罷。餘非被朝廷識擢，無不由此塗者。然爲邑有催科撫字之責，有版帳民訟之冗，閒有賦入實窄，鑿空取辦，郡邑不相通融，鮮不受督趣。故士大夫每視爲難，徒以不得已而爲之。議者率謂自南渡後，經、總二使出括羡財，盡民力無遺，故邑計類窘束，士莫敢爲。珂嘗攷之，祖宗承平時，見仕者已不願宰邑，其所由來久矣，非特今日也。元豐元年七月，吕公著言：「臣伏見審官院流内銓，以知縣令闕多，凡選人被舉充職官及轉京官者，例差知縣。已被差者不通舉辟，不許避免。臣竊以爲當國家有道之時，付之以百里之地，有民人社稷之重，則士子所宜願爲。今乃設一切之令，彊所不欲，與坐殿負犯者無異。此殆郡縣法網太密，而勸别之道不明。吏有盡心奉法，治行明白者，未聞有所褒異。一罹微文，則不能自免於譴斥。加以近歲朝廷以更改法度，郡縣之吏或不能奉行。故於常法之外，峻其黜典，經赦去官，多不原免。積累歲月，坐此殿累者益衆。臣愚以爲：長民之官，朝廷所宜寬假，非有贓私顯狀，及罷軟尤不勝任者，雖坐小法無輒替易。仍詔諸路監司牧守，其所屬令長有奉公愛民、治效尤異者，每歲列薦三二人。間或奬拔，待以不次。其次如職事修舉，有舉主令轉京官者，特與依諸州教授例，就任改官，許令再任。如此，則勤廉者得以自保，勞能者有所激勸，中才足以强勉，異效不至滯留。」上深以爲然，即詔中書立法，而法竟不就。觀公著之論，足究致弊之原，豈是時專坐新法之行，爲令者固難之耶？抑不關乎此也。今固習爲畏塗矣，得無愛君憂國如公著者出此言乎，可爲三嘆！

歲降度牒

道釋給牒之制，必先以貲佐大農，而後得緇褐如其教，其佐邦用至矣。開禧邊釁之啓，帑用不繼，給牒頗多。不惟下得輕視，壅積弗售，而不耕之夫，驟增數十萬，最爲今日深蠹。珂嘗讀趙挺之《崇寧邊略》曰：「上每諭蔡京，令近邊多蓄軍糧。又以累歲登稔，欲乘時加糴。京但肆爲詐欺，每奏某處已有若千萬數糴本，其實乃是度牒及東北鹽鈔等。

度牒每歲當出一萬，而今自正月至四月終，已出二萬六千，而邊人買者絶少。」珂按：崇寧開邊，費用無藝，而當時給僧牒尚歲有成數，特京不能守耳。今稍倣此意以節之，則亦庶乎其可也。

宣總公移

開禧丙寅，珂任京口總庾，被旨行兵閒。時諸道建宣臺王人，既有應辦之責，多隨行軍所在。或以使華之任重，不肯詘而用平牒者，幕府輒以不遜怒之。或以宣威之體尊，不願校而用申牘者，它司亦以毀例責之。迄不知故事如何，莫有成説。珂按：總領財賦，置於紹興，則祖宗未嘗命是官，固無可攷按者。李心傳《繫年要録》載紹興十五年十有一月庚申，右中奉大夫、江南東路轉運判官趙不弃，行太府少卿、充四川宣撫司總領官。始趙開嘗總領四川財賦，於宣撫司用申狀，至是不弃言：「昨來張憲成應副韓世忠錢糧，申明與宣司別無統攝，止用公牒行移。乞依憲成已得指揮。」許之。於是改命不弃總領四川宣撫司錢糧。既而不弃將入境，用平牒。宣撫使鄭剛中見之，愕而怒。久之，始悟其不隸己，繇此有隙。此蓋中興以來近例可遵行者。憲成既嘗得命，尤爲有據。不弃因之，然亦卒不免於隙。宜乎開禧二司之紛紜也。

書記支使

銓曹見行之制，凡天下節鎮觀察府書記、支使共職，均爲郡職官。所以設名者，徒以爲有無出身之辨耳。珂嘗攷事之始，乾德元年七月，詔曰：「管記之任，資序頗優。自前藩鎮薦人，多自初官除授。自今歷兩任已上有文學者，即許節度使、觀察留後奏充。」則是元未嘗與支使爲相代之稱，而所謂有文學而後許辟，蓋已漸有别矣。太平興國六年十月，詔：「諸道節度州，依舊置觀察支使一員，資考俸料，並同掌書記。自今吏部除擬，以經學及諸色入仕無出身人充。凡書記、支使不得並置。」此蓋今制之所繇始，詔語昭然。遡而攷之《會要》：太平興國五年閏三月十一日，京兆府户曹參軍顔明遠、徐州節度推官劉昌言、洛州雞澤縣主簿張觀、德州將陵縣主簿樂史，並應進士，舉殿試合格。帝惜科第不與，乃除明遠忠正軍、昌言歸德軍、觀忠武軍，並爲節度掌書記。則是前乎一年，其制猶未定也。後至淳化三年，則距六年之詔已十有一年，其制疑久定矣。而是年四月五日，滁州軍事判官鮑淵、鄧州録事參軍楊令問、滁州清流縣尉胡咸秩，並鏁廳應舉，各賜及第。以淵爲忠武軍節度掌書記，令問爲本州觀察支使，咸秩爲楚州山陽縣令。則似二官尚不分左右，與初詔若不相符。味淵與令問科甲先後之序，豈非猶於賜第之時有所輕重耶？蓋是時作福之柄，例皆一時出於君上。不如今侍左銓，著爲成式，特有司奉行之，故容有此。然初詔之意，迄於今不可變也。

樞密稱呼

洪文敏邁《容齋三筆》曰：「樞密使之名起於唐，本以宦者爲之，蓋内諸司之貴者耳。五代始以士大夫居其職，遂與宰相等。自此接於本朝，又有副使、知院事、同知院事、簽書、同簽書之别，雖品秩有高下，然均稱爲樞密。明道中，王沂公自故相召爲檢校太師、樞密使。李文定公爲集賢相，以書迎之於國門，稱曰『樞密太師相公』。予家藏此帖。紹興五年，高宗車駕幸平江，過秀州，執政從行者四人，在前者傳呼『宰相』，趙忠簡也；次呼『樞密』，張魏公也，時爲知院事；次呼『參政』，沈必先也；最後又呼『樞密』，則簽書權朝美云。予爲檢詳時，葉審言、黄繼道爲長貳，亦同一稱。而二三十年以來，遂有知院、同知之目。初出於典謁、街卒之口，久而朝士亦然。名不雅古，莫此爲甚。」珂按：此名自南渡前已有之。李文簡燾《續通鑑長編》載政和元年九月，臺劾起居舍人章綡，謂其偕起居郎王孝迪訪張商英，有「鹿死誰手」之語。詔下孝迪具析。孝迪奏：「臣契勘八月中，綡嘗謂臣欲同去見宰執如何？臣曰『老兄請假往蘇州，不欲獨見執政。今日同往甚好。』遂同到知樞密院吴居厚客位内，管勾賓客人云『知院不見客』。臨上馬時，拉臣同往見張商英。臣曰：『正炒鬧著，甚來由？』綡曰：『去來去來，未知鹿死誰手。』臣見其言語狂悖乖繆，不勝憤懣。」以此攷之，其於出典謁、街卒之口舊矣，非二三十年閒事也。

國忌日斷刑

今世國忌日，百僚行香。在京則雙忌賜假，隻忌視事，坐曹如故。外郡皆如平日，笞決無禁。珂按洪文敏邁《容齋隨筆》曰：「《刑統》載唐大和七年勑：『準令，國忌日唯禁飲酒、舉樂，至於科罰人吏，都無明文。但緣其日不合釐務，官曹即不得決斷刑獄，其小小笞責，在禮律固無所妨。起今以後，縱有此類，臺府更不要舉奏。』《舊唐書》載此事，因御史臺奏均王傅王堪男國忌日於私第科決作人，故降此詔。蓋唐世國忌休務，正與私忌義等。故雖刑獄亦不決斷，謂之不合釐務者此也。元微之詩云：『傳遺推囚名御史，狼籍囚徒滿田地，明日不推緣國忌。』」則唐世禁笞繫甚明。本朝乾興元年七月壬辰，始用知泗州楊居簡之請，詔國忌日聽決杖罪，蓋祖唐大和之遺意。不知何時遂併徒流不禁，今遂沿襲，不復可考矣。

官品不分别

本朝雜壓之制，雜流伎術等官皆入品下。而寺監之吏，凡未出官而先給告者，亦通謂之入品。但以所居官爲品之高下，不復有分别，珂按高峻《小史·劉昶傳》，元魏高祖臨光極堂大選，高祖曰：「當今之世，仰祖質朴，清濁同流，混齊一等。君子、小人，名品無別，此殊爲不可。我今八族以上，士人品第有九品。九品之外，小人之官復有七等。若有人可起家三公，恐賢才難得，不可止爲一人，渾我典制。」昶對曰：「陛下刊正九流，爲不朽之法，豈惟髣髴唐、虞，固以有光二代。」此雖爲門第而言，然九品之官，不混它品，亦一時之制。與今士夫、皂隸、閹豎、伎術混爲一區爲不同也。

金年號

范參預成大《攬轡録》曰：「金本無年號，自阿骨打始有天輔之稱，今四十八年矣。小本曆通具百二十歲，相屬某年生。而四十八歲以前，金無號，乃撰造以足之：重熙四年，清寧、咸雍、太康、太安各十年，壽昌六年，乾統十年，大慶四年，收國二年，以接天輔。」珂按：此年號皆遼故名，女真世奉遼正朔，又滅遼而代之，以其紀年爲曆，固其所也。豈范未之見耶？

場屋編類之書

自國家取士場屋，世以決科之學爲先。故凡編類條目，撮載綱要之書，稍可以便檢閲者，今充棟汗牛矣。建陽書肆，方日輯月刊，時異而歲不同，以冀速售。而四方轉致傳習，率擕以入棘闈，務以眩有司，謂之懷挾，視爲故常。珂嘗攷承平時事，蓋已嘗有禁。政和四年六月十九日，權發遣提舉利州路學事黄潛善奏：「仰惟陛下追崇先志，凡非先聖賢之書，若元祐學術政事害於教者，悉毋習。士宜彊學待問，以承休德。而比年以來，於時文中採摭陳言，區別事類，編次成集，便於剽竊，謂之決科機要。媮惰之士，往往記誦以欺有司。讀之則似是，究之則不根，於經術本源之學，爲害不細。臣愚欲望聖斷，特行禁毁。庶使人知自勵，以實學待選。」詔：「立賞錢壹百貫告捉，仍拘版毁棄。在京仰開封府，限半月；州縣限一月。」潛善素非公議所歸，其説徒狥時好，固不足道。特先朝盛時，多士輻集，而此風已見於議者之口，馴至今日，固無怪也。今此等書徧天下，百倍經史著録，蓋有不勝其禁且毁者，要亦何能混才學之淺深。潛善之請，隘矣。

卷第十

人品明證

官品名意之訛，珂嘗書之。然以九品爲人品之别，而非官品，則未有的據也。及攷之《晉書·衛瓘、鄧攸二傳》，事特較明。蓋當時去魏未遠，名未大訛，意猶可識耳，故涔書之以終前論焉。瓘之傳曰：「瓘以魏立九品，是權時之制，非經通之道，宜復古鄉舉里選，與太尉、汝南王亮等上疏曰：『昔聖王崇賢，舉善而教，用使朝廷德讓，野無邪行。誠以閭伍之政，足以相檢，詢事攷言，必得其善。人知名不可虚求，故還脩其身，是以崇賢而俗益穆，黜惡而行彌篤。斯則鄉舉里選者，先王之令典也。自兹以降，此法凌遲。魏氏承顛覆之運，起喪亂之後，人士流移，攷詳無地，故立九品之制，粗具一時選用之本耳。其始造也，鄉邑清議【一】，不拘爵位，褒貶所加，足爲勸勵，猶有鄉論餘風。中閒漸染，遂計資定品，使天下觀望，唯以居位爲貴。人弃德而忽道業，爭多少於錐刀之末，傷損風俗，其弊不細。今九域同規，大化方始，臣等以爲宜皆蕩除末法，一擬古制，以土斷定，自公卿以下，皆以所居爲正，無復懸客遠屬異土者。如此，則同鄉鄰伍皆爲邑里，郡縣之宰即以居

校勘記

【一】鄉邑清議　「清」原作「請」，據學海本、四庫本、知不足本改。

長。盡除中正九品之制，使舉善進才，各由鄉論。然則下敬其上，人安其教，俗與政俱清，化與法並濟。人知善否之教，不在交游，即華競自息，各求於己矣。今除九品，則宜準古制，使朝臣各相舉任，於出才之路既博，且可以厲進賢之公心，覈在位之明闇，誠令典也。』武帝善之，而卒不能改。」考其言，始也清議，不拘爵位，褒貶足爲勸勵。中閒計資定品，惟以居位爲貴，則品之爲制，乃逆設以待某品之人，其斷可知也。然猶未有見於遷陟表表可驗者。還攷攸之傳曰：「攸舉灼然二品，爲吴王文學，歷太子洗馬，次歷東海王參軍，爲世子文學、吏部郎、東中郎將長史、河東太守。」珂按杜佑《通典》及沈約《宋書》，具列品制，惟世子文學無之。如王國文學，六品也。洗馬、王國參軍，皆七品也。吏部郎，六品也。中郎長史，七品也。太守，五品也。皆不合二品之目。《宋書·志》所載九品，明指言晉江右所定。攸先爲六品，一轉之爲洗馬，反在第七。則攸雖舉二品，其遷陟則隨時繫乎上命，尤顯顯矣。所謂二品者，蓋言其人才灼然，合在此品。定於郡中正之口，以俟上之採擇而已。又《南史·陳暄傳》曰：「暄以落魄，不爲中正所品，久不得調。」陳去魏逾遠矣，官品久訛矣，而《暄傳》若此，是其制猶未泯，豈不益大可信歟？

改易職事官名稱

近制，職事官或犯所授者家諱，每得改它官，皆一時制宜。參用舊官制，閒有特免入銜者。珂嘗攷《會要》，頗似不然。熙寧十年十月十三日，新知荆南府、提舉本路兵馬巡檢公事吴中復言：「銜内舉字犯先諱，乞改提轄。」中書奏請，批依。神宗忽降奎札曰：「朝廷官稱，避守臣私諱，於義未安，宜不行。」其後宣和四年九月二十五日，臣寮言：「近者馬向爲開封府工曹掾，自陳父名開乞避。而本府乃奏乞銜内不書府名，有違熙寧親札指揮。」詔别與差遣。即二事而觀之，則典故初未之許也。及博考《國史》，吴廷祚爲樞密使，慕容延釗爲殿前都點檢，當拜同平章事，並以父諱改同二品。國初雖存此官制，僅止一再見，幾於特創。徐處仁爲資政殿學士、知青州，以祖諱改除端明。它如此比者不一。蓋開國勳臣，上所優禮，不容以常法論。而避高就下，不易官稱，令甲所許，又與前制不同云。

李文簡奏藁

避諱贈官之制，改易官稱之令，珂屢書之。及得李文簡燾《巽巖集》，其載當時《乞用元豐以前官制加贈奏藁》，於故事特詳，備用劄録，以參所聞。燾之奏云：「臣聞事君猶事父也，心有所懷而不敢盡言，則爲隱。蓋臣子之大戒，莫重於隱。言之可聽與否，實惟君父所擇，雖不應言而言，固獲罪矣，不猶愈於匿情以犯大戒乎？臣用是輒冒昧一言。恭惟祖宗因前代之制而增脩之，凡大禮既成，官自升朝以上，皆得追榮其父母，此國家之彌文至恩也。臣父某，故贈左朝奉大夫。緣臣誤通朝籍，再贈官至左朝議大夫。今次大禮，又當贈中奉大夫。寒儒門户得此，固足以賁飾泉壤，誇嫮鄉邑，其榮多矣，而又奚言。獨臣私義有所不安，不得不自言者，所贈父官，適同父諱。儻拜君賜，若固有之，則恐於冒榮之律，疑若相犯。兼晉江統嘗論身與官職同名，當改選。故事簡册具存，勢不容默，須至呈露。乞朝廷特賜參酌處分，雖以不應言而獲罪，亦所甘心也。據《律》：『諸府號官稱犯祖父名冒榮居之者，徒一年。』雍熙二年，有詔凡除官内有家諱者，三省御史臺五品、文班四品以上，許用式奏改，餘皆不許。及嘉祐六年，翰林學士賈黯知審官院。時大理寺丞雷宋臣除太子中舍，以父名顯忠乞避，朝廷許之。黯謂宋臣不當避嫌名，朝廷既許宋臣，若後有如此而不避，則可坐以冒榮之律。因言自雍熙以來，或小官許改，或大臣不許，或雖二名嫌名而許避，或正犯單諱而不許。前後許與不許，繫於臨時。蓋由未嘗稽詳禮律，立爲永制。請約雍熙詔書【二】：『自某品以上，凡除官若犯父祖名諱，有奏陳者，先下有司，定若當避，則聽改，餘不在此限。』於是下太常禮院、大理寺同議。禮院、大理寺言：『父祖之名，子孫所不忍道，不繫官品之高下，並當回避。』乃詔凡府號、官稱犯祖父名，而非嫌名及二名者，不以官品高下，並聽回避。其後韓絳除樞密副使，自言樞字與祖名下一字同，乞避免而不許，事在治平四年。蓋遵嘉祐之詔也。熙寧八年，宋敏求提舉萬壽觀。敏求父名綬，自言壽字犯父嫌名，詔改醴泉觀。則嘉祐之詔復不行矣。及吴中復

【二】請約雍熙詔書 「請」字原闕，據《續資治通鑑長編》卷一九三嘉祐六年五月庚戌補。

知荆南兼提舉荆湖北路兵馬，中復父名舉，乞改稱提轄，詔以朝廷官稱不當避守臣私諱，遂不許。自熙寧以來，訖于近年，亦有許改者。既許改，則不繫官品之高下。嘉祐詔書，理宜講明，以崇孝治。然臣前所陳者，皆指身所居官犯父祖諱，初不及贈父祖官與父祖諱同者，蓋偶無其事，諸儒未暇討論，故闕如也。臣今敢援晉江統所議，乞下禮官議之。按《晉書》及《通典》載江統言，臺選統叔父春爲宜春令，與縣同名。故事，父祖與職同名，皆得改選，而未有身與官職同名改選之例。統以爲凡改選者，蓋爲臣子開地，不爲父祖之身，而身名所加，亦施於臣子。凡佐史朝夕必稱厥官，儻指實而語，則觸尊者諱，違背禮經，或詭詞回避，則以私廢公，干繫成憲。若受寵朝廷，出身宰牧，而佐史不得表其官稱，子孫不得言其位號，上嚴君父，下爲臣子，體例不通。苟易私名以避官職，則又非《春秋》不奪人親之義。統以爲身名與官職同者，宜與斥父祖名爲比。體例既通，義斯允當。武帝許之。臣今所言，實與此相類。且身名與官職同者，猶許改授，若贈父官職乃觸父諱，比江統所謂佐史不得表其官稱，子孫不得言其位號者，不愈重乎？今一命以上，身所授官有觸父祖諱者，於法皆許寄理，但授以次官；父祖當贈官，而所贈官有觸父祖之諱者，亦准此法。然寄理之法，施於贈官，則已似不通。蓋所謂寄理者，特不稱呼耳，雖辭其名，猶享其實。今贈官專以位號爲榮，顧使其家人不得稱呼，豈朝廷加惠臣子、崇奬孝治之意乎？況法所謂贈官觸父祖諱者，實指受所贈官之父母，非謂身贈父官，自觸父諱者也。

蓋贈父祖官，觸父祖之父祖諱，其當得贈官之父祖，宜有所避，順死者孝心，雖寄理可也。身贈父官，自觸父諱，父何所避？亦使寄理。凡禮固起於義，緣是起禮於義，滋亦不通。兼詳朝廷創法，特許寄理，初不爲身贈父官自觸父諱者設也。身贈父官自觸父諱，則江統所云爲臣子開地之論，因旁搜類長，曲而通之。有難臣者曰：『諱非古也，爰自周始。當時作《詩》、《書》者，亦未嘗以昌、發爲諱，人君猶然，況人臣乎？』臣謹答之曰：『事固當師古。古未始有而今則有之，其可不酌古之道以御今之有。且名諱之式，上下通行，非一世矣。獨於身贈父官，而自觸父諱，偶未涉歷，故莫有以爲言。臣實自履兹事，其可不表而出之，使知禮者攷求其説，因以備國家之彌文，廣祖宗之至恩乎？』難臣者又曰：『如是，則使朝廷曷爲而可？』臣謹答之曰：『臣所以敢昧死自言者，政有望於朝廷，使知禮者攷求其説也。其敢必乎？然臣有區區之愚，不自知其僭，妄敢私布之。』臣謹按：今朝請大夫在未改官制以前，實爲前行郎中。吏部司封、司勳、攷功、職方、駕部，皆前行也。據《職官志》，前行郎中有出身，則轉太常少卿，無出身，則轉司農少卿。既改官制，太常、光禄、衛尉、司農少卿，皆爲朝議大夫。據《職官志》，太常少卿舊轉光禄卿，既改官制，則光禄實中散大夫。元祐三年，中散大夫分左右，有出身人轉左中散大夫。大觀二年，除去左右字，特贈中奉大夫以代左中散大夫。今中奉大夫其實未改官制以前光禄卿也。中奉大夫，今轉中大夫。中大夫，未改官制以前，實爲秘書監。秘書監，舊轉左、右諫議大夫，今爲太中大夫。竊伏自念，臣不肖，苟未先狗馬填溝壑，且免于罪疾，常獲備官。使幸而遇天子有事於郊、明堂之歲，錫福遍九地之下，則臣父始得贈官。以祖宗故事言之，凡三歲一舉大禮，自中奉大夫至太中大夫累三官，率九歲乃得之。幸得之，而位號卒不可以稱呼，雖朝廷之彌文至恩，不容以臣一人之故輒議損益，而臣私義誠有所不安。惟明主盡人之情，亦所宜憐也。自改官制，卿、監、諫議皆爲職事官，固不當以爲贈官。然天下郡邑，薦紳門户，固有以舊官制爲稱呼，未嘗改者。蓋事匪前代，命由列聖，於職制禄秩，初無與焉，特借其名耳。傳所謂『道並行而不相悖』者，蓋指此類。故臣愚以爲若朝廷特推異恩，不限官品高下，令有司於新舊官制稍加斟酌，使天下當贈官者，苟觸父祖本諱，亦聽改授。如晉王舒除鄶稽内史，及建隆初，慕容延釗除中書門下二品體例。或取今寄理字，加舊官制上，暫聽稱呼，以極人子孝敬之義。自我作古，昭示無窮，顧不美歟？是臣所願也，非臣所敢望也。不應言而言，罪當萬死。惟陛下裁察。貼黄曰：『檢准《尚書司封令》：諸應封贈與祖父名相犯者，即贈以次官。契勘上條，止爲所合封贈父母妻官稱，犯父母妻之父祖名，即與身贈父官所贈官自犯父名不同，難以准上條施行，須至陳乞參酌。』」珂按《晉書》、《通典》江統之言，專以佐史朝夕之稱爲疑，要非贈典之比。雍熙、嘉祐之制，雖在珂所書吴中復事之前，然熙寧實衝改前詔，宣和馬向之命，又申之也。雖或行或尼，而續無明文，若夫加寄理字，則參預壁蓋以爲非故常矣。今司封定制，以天下之大，豈無名諱犯官稱者，迄不知其何所據依，而爲之折衷也。

同二品

國初，吴廷祚、慕容延釗以父諱章，當爲使相，不帶平章事，並拜同中書門下二品。珂前於改易職事官名稱中見之。按《唐會要》，是名始於李勣。貞觀十七年正月，勣除太子詹事，爲同中書門下三品。則名之緣起，必因於唐，而二品之號，則復加一等矣，似非故事也。考之蘇氏駁，有曰：「同中書門下三品，是李勣除太子詹事，創有此號。原夫立號之意，以侍中、中書令是中書、門下正三品官，而令同者，以本官品卑，恐位望及雜壓不等，故立此號與之同等也。勣至二十三年七月遷開府儀同三司，八月又改尚書左僕射，並同中書門下三品。且開府是從一品，僕射是從二品，又令同者，豈不與立號之意乖乎？謹按後漢殤帝以鄧隲爲車騎將軍、儀同三司。觀其創置之意，亦以上企三公也，可以爲證矣。永隆二年閏七月，崔知温、薛元超除中書令，並云同中書門下三品，又大乖也。」詳蘇氏之意，則本朝所以進爲二品，當不爲無意。及觀《五代會要》，長興四年九月，勑：「馮贇有經邦之茂業，宜進位於公台，但緣平章事犯其父名，不欲斥其家諱，可改同平章事爲同中書門下二品。」則二品之名，肇見於此。國朝蓋襲而用之，爲無疑矣。然宰相稱謂以一人之私而易之，後唐之典章不幾於輕。明宗長興迄於是年，繼之者一用此官名，或惟改贇官稱，皆不可攷。歐陽文忠脩《本紀》，至十月庚申，始書贇爲樞密使，無二品事。《唐書》勳初除在四月己丑，拜儀同在六月癸巳，僕射在九月乙卯，皆與《會要》不同，特以其可與他官稱改易者，互見而參取，故詳著之。

旌節

《唐六典》門下省符寶郎之掌，五曰旌節，注引《周禮·掌節》職曰：「凡邦國之使節，山國用獸節，土國用人節，澤國用龍節，皆金也。」又云：「道路用旌節。」注云：「今漢使所擁是也。」《漢書》曰：戾太子遭巫蠱事，懼不自明，取使節發兵，與丞相劉屈氂戰。初，漢節純赤。以太子持赤節，故更爲黄旄，加以相别。蘇武在匈奴，持漢節毛落，並其事也。珂按《三朝國旌節之制，命大將帥及遣使於四方，則請而假之。旌以專賞，節以專殺。珂按《三朝國史·輿服志》曰：「旌節，唐天寶中置，節度使受命日賜之，得以專制軍事，行即建節，府樹六纛。皇朝凡命節度使，有司給門旗二、龍虎旗一、節一、麾槍二、豹尾二。凡製旗以紅繒九幅，髹漆杠，緋纛。旌用塗金銅龍頭，髹漆杠，綢以紅繒畫白虎，設髹漆木盤於上。節亦用髹漆杠，飾以金塗銅葉，凡三盤，爲二層，以紅絲爲旄，並綢以紫綾複囊，又加碧絹囊。麾槍、豹尾亦髹漆杠。麾槍設髹漆木盤，綢以紫繒複囊，又綢以碧油。豹尾制以赤黄布畫豹尾文。」然則今制有節無旌，又與唐制爲不同也。珂在中都，屢見文思程工率以上諸匠監，而後放下，其制度頗草草。諸建庬者，率爲屋數楹，置香几於前，月祭以俎肉卮酒，而命一二使臣者視其扃鑰，號爲節堂。蓋徒以爲觀美云。

慈德宫

紹聖元年閏四月十八日，詔改隆祐宫曰慈德宫，前殿曰「慈德」，中殿曰「仁明」，後殿曰「壽昌」。是時，欽聖憲肅后在東朝，改上兹號。珂按《會要》，景祐三年十一月二十一日，詔：「章惠皇太后來年二月影座於右掖門，入景暉門，赴慈德殿。」然則亦複名也。

寺觀勅差住持

中興以後，駐驊浙右。大剎如徑山、淨慈、靈隱、天竺，宫觀如太一、開元、佑聖，皆降勅劄差主首。至於遐陬禪席，如雪峯、南華之屬，亦多用黄牒選補。珂按李文簡燾《續長編》：「熙寧八年八月戊申，詔内外宫觀寺院主者及僧道正，舊降宣勅差補者，自今尚書祠部給帖。」神祖之意，凡以爲不足辱制旨而已。其制不知更於何時，要鄰於瀆也。

卷第十一

制舉科目

制科之設，自漢有之矣。至唐而其名特多，猶止於御試策而已。國初置三科，一曰賢良方正能直言極諫，二曰經學優深可爲師法，三曰詳閑吏理達於教化。並州府解送吏部，試論三道，共三千字以上，當日内取成文理優長，人物爽秀者中選。而設科之後，竟無試者。乾德元年正月十五日，始詔：「不限内外職官，前資見任，黄衣布衣，並許直詣閤門進奏請應。朕當親試，以進時賢。」下詔之七十五日，而前博州軍事判官潁贄首應詔自薦。臨軒召試賢良科，稱旨，遂拜秘書省著作郎。其四年，賢良科則又有姜涉，經學科則有郝益出焉。五月二十七日，藝祖御紫雲樓策試，而陶穀、竇儀、王著、盧多遜、王祐、尹拙、姚恕、馮英並命參校，涉等皆以踈略賜罷，猶賜酒食以遣之。定陵右文，益篤斯志。林陶應制舉，試學士院，不及格，猶賜同進士出身。見於咸平三年四月十五日之詔，其市駿骨之意，灼然可見矣。然乾德紫雲之試，距今三十有四年，元無一人嗣膺此選，不知中閒何時遂增學士院一試也。明年四月十三日，始以賢良科試查道、陳越、王曉，而李邈、魯驤不入等。其八月十日，又試何亮、孫暨、孫僅、丁遜，皆入第四等及第四次等。攷官宋白、梁周翰、師頏、李宗諤、趙安仁、薛映、楊億。殊不聞前有別試，亦無學士院考定之文。至景德二年之七月十八日，詔復置賢良方正能直言極諫、博通墳典達於教化、材識兼茂明於體用、武足安邊、軍謀宏遠、材任邊寄等科。詔書有曰：「宜委中書門下先加程試，如器業可觀，具名聞奏，朕將臨軒親試。」則未御試之前，再加一試，疑自此始。然賢良方正之舉，得人僅在四年之前，而詔乃明言復置此科，殊不見罷科之日，爲不可曉也。明年七月二十九日，以考定官晁迥，重考官吕文仲、吕祐之、戚綸、陳彭年，所考當應制舉人所納文卷，付中書詳較。《會要》書其事，以爲真皇之意，蓋恐遺才，當是所考有不中格者，而復加詳審爾。此僅與今進卷策論付侍從後省看詳者同，而非試也。八月二十二日，詔趙宗古、陳絳、令狐頌、陳漸、陳貫，令依例付中書試。蓋即前詳較不中者之姓名。然中書所試，亦未詳以何等文字。九月十七日，御崇政殿策試，乃錢易、石待問二人，又與前名不同。攷之《登科記》，則言二年之詔，已有委中書試論六首之旨，是年乃不紀論題。又明年，中書門下考試陳絳、夏竦，乃肇見六論：一曰定四時，別九州，聖功孰大；二曰考定明堂制度；三曰光武二十八將功業先後；四曰九功九法，爲國何先；五曰舜無爲【一】，禹勤事，功業孰優；六曰曾參何以不列四科。此蓋試論之始，而絳又去年所召，至今乃中者也。自是而後，曠歲無之。仁宗天聖七年閏二月二十三日，復詔置六科，惟增

【一】舜無爲　「無」原作「典」，據學海本、知不足本改。

詳明吏理可使從政，餘皆如景德之詔。是科元未嘗罷，而再稱復置，尤不可曉。詔書又曰：「今復置賢良方正能直言極諫、博達墳典明於教化、才識兼茂明於體用、詳明吏理可使從政、識洞韜略運籌決勝、軍謀宏遠材任邊寄六科。應内外京朝官不帶臺省館閣職事，不曾犯贓及私罪情輕者，並許少卿監已上奏舉，或自進狀，乞應上件科目。仍先進所業策論五十首詣閤門，或附遞投進，委兩制看詳。如詞理優長，具名聞奏。當降朝旨，召赴闕，差官試論六首，以三千字以上爲合格，即與御試。又置高蹈丘園、沉淪草澤、茂才異等三科，應草澤及貢舉人非工商雜類者，並許本路轉運、逐處長貳奏舉，或自於本貫投狀，乞應上件科目。州縣體量，實有行止別無玷犯者，即令納所業策論五十首，本州看詳；委實詞理優長，即上轉運使覆，更審訪鄉里名譽，選有文學佐官看詳；委實文行可稱者，即以文卷送尚書禮部，委判官看詳。選擇文理優長者，具名聞奏。當降朝旨，召赴闕，差官試論六首，以三千字以上爲合格，即與御試。又置書判拔萃科武舉，其逐處看詳官，不得以詞理平常者一例取旨，如違必行朝典。仍限至十月終已前，具姓名申奏到闕。更有合行事件，委逐司條例以聞。」其制加詳矣。明年六月十六日，命盛度、韓億就秘閣考試賢良科何詠、茂才科富弼，論各六首，蓋始就閤試。《登科記》明言茂才科六論，與賢良同。詠既有官，弼爲進士，當如詔書，以賢良方正而下六科爲有官者之試，高蹈丘園而下三科爲未仕者之試，其名不同，而實一耳。景祐元年六月二十一日，始於才識兼茂科得吴育，而張方平以進士中茂才。寶元元年七月二十七日，方平又以秘書省校書郎再對賢良方正之策，則是制科人有再試再中者矣。至皇祐元年八月二日，上封者言：「伏見國家每設制科，以收賢材，中選之後，多至大用。以此知不獨取於刀筆，蓋將觀其器能也。舊制，秘閣先試六論，合格者，然後御試策一道。先論者，蓋欲探其博學；後策者，又欲觀其才用。近來御前所試策題，其中多問典籍名數及細碎經義，乃是又重欲探其博學，竟不能觀其才用。豈朝廷求賢才之意耶？欲乞將來御試策題中，止令問事關治亂，體繫安危，用之則明昌，捨之則微弱，往古之已試，當今之可行者十餘條，限三千字以上成。所對人若文理優長，識慮深遠，其言真可行於世，其論果有補於時者，即爲優等。若是文意平常，別無可采者，即爲末等，量與恩澤。所有名數及細碎經義，更不詳問。如此則不爲空言，可得實效。」詔：「撰策題官，先問治亂安危大體，其餘所問經史名數，自依舊制。」則其制益加詳焉。至熙寧七年五月十四日，以御試舉人既有策，從中書門下之言，並罷此舉。時呂惠卿力主之，馮京力爭而不能得。元祐元年閏二月二日，用侍御史劉贄之言，復賢良茂才科。明年九月二十四日，首得布衣謝悰。未仕而中賢良科，肇見於此。紹聖元年九月十二日，哲宗用章惇、李清臣、鄭雍之議，又詔罷制科。高宗中興，紹興元年正月一日，德音首詔復置賢良一科，且令講求典故。於是儀曹之奏曰：「舊制：科場年春降詔，九月赴詔。命尚書、兩省、諫議大夫以上、御史中丞、學士、待制各舉一人，不拘已未仕；命官不拘有無出身，仍以不曾犯贓私罪充。各具辭業，策論五十篇，分爲十卷繳進，入舉詞送兩省侍從參考。分爲三等：文理優長爲上等，次優爲中等，平常爲下等。考試繳奏，次優以上召赴閣試。今詳天聖七年復置六科詔書，首云『皆考士節之無瑕，采鄉評之共許。』嘉祐二年，詔舉九科，亦令采察文行，若不如所舉，並坐舉者四年。旌德縣尉汪輔之已試六論，過閣及殿試，亦考入第四等，而言者以無士行罷之。故蘇文忠軾有云：『凡預言書之詔命，已爲天下之選人。然猶使御史得以求其疵，諫官得以攷其素。一陷清議，輒爲廢人。』蓋國家自昔制科取人，中選之後，多至大用。其攷察之嚴，不得不爾。令乞今後遇有應者【二】，並須尚書、兩省、諫議大夫以上、御史中丞、學士、待制三人奏舉。先攷其素行，無愧於清議，然後詔試。舉非其人者坐之。其閣試舊制，一場論六首，每篇限五百字以上。題目於九經、十七史、七書、《國語》、《荀子》、《揚子》、《管子》、《文中子》正文及注疏内出，内一篇暗數，一篇明數。如紹聖元年，閣試《舜得萬國之驩心論》，出《史記·樂書》『舜彈五絃之琴，歌南風之詩，而天下治』。夫南風之詩者，生長之音也。舜樂好之，樂與天地同意，得萬國之驩心，故天下治也。此謂暗數。《謹事成六德論》，出《毛詩·皇皇者華》箋注，此謂明數。四通以上爲合格，仍分五等，入四等以上，召赴殿試。論引上下文不全，上下文有度數及事類暗數引不盡，並爲粗差。翰林學士、兩省官考試于秘閣，御史臺官監試。及差封彌、謄録官攷訖，以合格試卷繳奏御前拆號。竊詳舊制，兼注疏内出

【二】令乞今後遇有應者　「令」，學海本作「合」。

題。今復科之初，欲權罷疏義，餘依舊制。」詔疏義出題，臨時取旨。珂嘗攷之，所謂舊制，蓋祖宗之制也。自賢良以至邊寄謂之六，增高蹈等三科謂之九，此則甚明。特所舉官之名稱，前乎元豐，則不能詳。所出題之詳略，因乎元祐而不能舉，遂使外臺參薦之制，尼不復見。而臨時取旨之詔，高宗猶意其更祖宗之已行，益有以啓上心之疑，而未之亟許焉。明年正月二日，遂下詔令後科場復置賢良科，舉官、繳詞業，一如儀曹之奏，不復許在外之明敭者。其後至四年三月十一日、七年二月九日、十年三月二十三日、十四年三月二十八日、十七年四月二日、二十年五月四日、二十三年五月一日、二十六年四月三日、二十九年三月十九日、三十二年三月二十八日，凡十一詔，而迄無應者【三】。孝宗即位，詔令郡國，皆聽薦舉。乾道五年十一月四日，始得李垕復就中書試焉。爾後李塾、鄭建德、莊治、姜凱、滕宬、杜旟之流，時不乏人。或試而不合，或召而不試，或薦而不召，寥寥絶響，迄未復振，良以此也。按薦舉之制，咸平四年二月二十五日，詔令學士、兩省、御史臺五品以上、尚書省諸司四品以上，於内外京官、幕職、州縣官及草澤中，舉賢良方正之士各一人。三月十九日，詔所舉賢良方正，應已貼館職及任轉運使者，不在舉限。天聖七年六月二十一日，屯田員外郎劉夔請應制科，翰林學士宋綬言其已任尚書六品官，罷之。景祐元年二月四日，詔：「六科今後應京朝官、幕職、州官不犯贓罪，及私罪情輕者，並許應。京朝官須是太常博士已下，不得帶省府推判官、館閣職事，并發運、轉運、提點刑獄差任者。

【三】而迄無應者　「者」原作「書」，據學海本改。

其幕職、州縣官，須經三考以上，其見任合該移入沿邊不般家地分，及川、廣、福建等處者，不得候廻日，許應高蹈丘園、沉淪草莽、茂科異等三科，及武舉應進士諸科取解不獲者，不得應。」慶曆六年六月十八日，詔：「自今制科並隨貢舉爲定制，須近臣論薦，無得自舉。」嘉祐二年六月十九日，詔：「自今太常博士而下，不充臺省館閣職及提點刑獄以上差任，選人不限有無考第，并草澤人，並聽待制以上舉，即不得自陳。內草澤人，並許本路轉運使採察文行，保明奏舉。如程文荒淺不中選，才行不如所舉者，坐之。」出題之制：景祐四年閏五月四日，命兩制各上策問，參以經義。元祐七年五月十一日，詔：「秘閣試制論科，於九經兼經、正史、《孟》、《揚》、《荀》、《國語》及注內出題，其正義毋出。」又，國初以宰相撰題。紹聖元年，命翰林學士林希撰題。乾道七年九月，命宰相葉衡撰題。是皆國家科目沿革之制，先後互攷，尤可見其變也。初，熙寧變更，王荆公用事，惡人議己欲撼成制。二年十二月九日，始詔削制科恩數，迄於罷舉。紹聖章惇奏對，遂有復科無補，謝悰、王當、司馬槱等皆極踈謬之説，是不足論。而皇祐五年八月，試者十八人。時宰相密諭考官，只放一人過閣，惟太祝趙彦若與選，及對策，又黜之。則深可爲治朝惜。若嘉祐八年六月十七日，詔：「制科十七人，趙禼等權罷將來科場，便赴秘閣就試。」蓋一時有所不暇，非故事也。然天聖、嘉祐之詔，紹興之議，攷之素行，又爲取人之要云。

追册后

國初追册后，始於孝惠。建隆三年四月，追册爲皇后。乾德二年三月，謚曰「孝惠」。太常上議，攝太尉、皇弟開封尹奉册。繼之者，淑德、懿德、章懷、章穆、温成、明達、明節、成穆，凡八行焉。母后又不與也。惟明道二年十月三十日，追册美人張氏爲皇后。十一月三十日，詔：「追册皇后，官告焚黄進入内。」是時郭后正位中宫，仁宗追念遺徽，特崇位號，故不盡用后制。然以儷體宸極，乃舍册用告，下儕妃嬪。雖曰欲從殺禮，然予名揖實，訂禮者要失所據矣。其後，温成卒，奉册孫威敏沔以樞密副使力爭，不肯行事，亦可見當時之公議焉。

后陵名樂舞

國朝陵名，自昌、熙而下皆聯「永」字，定於宰臣。皇后皆袝葬，或從姑，未嘗獨製陵名。上謚皆繇太常，樂舞製於學士。如《大安之樂》，雖定於皇祐三年七月丁巳，然自開國之初，建隆元年四月癸酉，固已以十二安易周十二順矣。惟章懷后追册，以至道三年六月十三日降制，而七月二十四日，直秘閣朱昂請上謚。八月三日，昂又上陵曰「保泰」，舞曰「永和」。遡攷是時諸后在清祐，孝明曰「惠安」，孝惠曰「奉安」，孝章曰「懿安」，懿德曰「順安」，淑德曰「嘉安」，章穆曰「理安」，又皆有樂曲名。獨此爲不然，殆不可曉。且以直秘閣而議典禮、上廟謚、製陵名、定樂舞，以后廟而特起陵名，且用二字，皆典故所無也。

上后謚官

建隆二年六月二十三日，太常少卿馮吉上昭憲皇后初謚曰「明憲」，自後以爲故事。惟孝章以翰林學士承旨宋白，元德以秘閣校理舒雅，章懿則命翰林學士馮元，如孝惠則闕上議之官，温成則有賜謚之詔，它皆以判太常寺貳卿之議而行之。自慈聖光獻以母儀四朝，始用翰林學士章惇，仍如受成於祖宗之廟【四】。以後乃歸之翰苑，以爲常制。章穆之爲莊穆，仍有吏部尚書張齊賢等覆謚，又不同云。

告謚祖廟

受后謚于祖廟，自國初已有此議，已而莫之能行。昭憲之謚，建隆二年七月八日，太常禮院言：「準詔議定皇太后謚。按唐憲宗母王太后崩，有司集議，以百官謚狀讀於太廟，然後上之，取受成於祖宗之義也。周宣懿皇后謚號，即有司撰定奏聞，未嘗集議。制下之日，亦不告郊廟，修謚册畢，始告廟，還讀於靈座前。」詔從周制。是初有請而未從也。孝明之謚，乾德二年正月七日，太常禮院言：「按《唐會要》，元和十一年，順宗皇后

【四】仍如受成於祖宗之廟　「如」原作「始」，據學海本改。

王氏崩，謚曰『莊憲』。初，太常少卿韋纁進謚議，公卿集定，欲告天地、宗廟。禮官奏議曰：『按《曾子問》：賤不誄貴，幼不誄長，禮也。古者，皇后之謚則讀於廟。《江都集禮》引《白虎通》曰：皇后何謚，謚之於廟。又曰：皇后無外事，無爲於郊。所以必謚於廟者，謚宜受成於祖宗，故皇后謚成於廟。請準禮，集百官連書謚狀訖，讀於太廟，然後上謚於兩儀殿。』今孝明皇后上謚，望如舊禮。」詔令尚書省集官議定以聞。是又惟從其集議而已。迨于神宗追孝仁祖爲天下得人之德，慈聖光獻凡禮皆異於前。于是用翰林學士章惇之議，始集中書、樞密院、侍從官、御史臺五品、尚書省四品、諸司三品、宗室正任團練使以上赴太廟，行請謚之禮。遂詔作册寶告于天地、宗廟、社稷，讀於慶壽殿。時元豐二年十一月十三日也。以後又有母后中闈之别，蓋有唐已定之制，有司屢請，迄六世而後克從。以是知議禮聚訟，豈不難哉。

校勘記

卷第十二

文武服帶之制

國朝服帶之制：乘輿、東宫以玉，大臣以金，親王勳舊間賜以玉，其次則犀、則角，此不易之制。考之典故，玉帶乘輿以排方，東宫不佩魚，親王佩玉魚，大臣勳舊佩金魚。金帶有六種：毬路、御仙花、荔枝、師蠻、海捷、寶藏。金塗帶有九種：天王、八仙、犀牛、寶缾、師蠻、海捷、雙鹿、行虎、窪面。金束帶有八種：荔枝、師蠻、戲童、海捷、犀牛、胡荽、鳳子、寶相花。金塗束帶有四種：犀牛、雙鹿、野馬、胡荽。犀帶有二種，以牯、牸爲别。自金帶而下，凡爲種二十有七，朝章之辨，盡於此矣。祖宗時，凡新除恩慶，宰臣、樞密使、知樞密院事、參知政事、樞密副使、同知樞密院、簽書、同簽書樞密院事，賜金笏頭二十五兩帶，副以魚袋。武臣御仙花帶，無魚袋。使相、節度使、宫觀使、觀文殿大學士曾任宰相者，即賜金笏頭二十五兩帶，副以魚袋。餘只賜御仙花帶，無魚袋。三司使、權及權使公事同。觀文殿學士、資政殿大學士、翰林學士承旨、翰林學士，資政殿、端明殿翰林侍讀、侍講，龍圖、天章、寶文閣樞密直學士，龍圖、天章、寶文閣直學士，御史中丞，兼守並同。並賜金御仙花二十兩帶。知制誥賜牯犀帶，副以金魚。凡出使，見任中書、樞密使，曾任宰相并使相、節度使，賜金御仙花二十五兩束帶。宣徽使、曾任中書、樞密院充諸路都總管、安撫使賜金御仙花二十兩束帶。節度觀察留後、觀察使賜金御仙花二十兩束帶。正任防禦使至刺史、內客省使至閤門使、延福宮使至昭宣使充諸路路分一州總管、鈐轄、沿邊知州軍、安撫賜金御仙花二十兩束帶，諸司使充者十五兩。客省、引進、閤門副使，諸司副使，內侍省內侍押班，充諸路沿邊路分鈐轄賜金御仙花十五兩束帶。文臣換武臣，並賜塗金銀寶鉼十五兩帶。御前軍班換前班，並賜塗金銀帶。諸司使，寶鉼二十兩；副使至崇班，寶鉼十五兩。供奉官至殿直，荔枝十兩。奉職、借職雙鹿八兩。堂後官新除，賜塗金銀寶鉼十五兩。帶仗術官雖服紫綠，皆給銀帶。元豐改官制，五年正月二十九日，詔：「三師、三公、宰相、執政官、開府儀同三司、節度使嘗任宰相者、觀文殿學士以上，金毬文方團帶，佩魚。觀文殿學士至寶文閣直學士、節度使、御史大夫、中丞、六曹尚書、侍郎、散騎常侍，御仙花帶。內御史大夫、六曹尚書、翰林學士以上，及資政殿學士、特班翰林學士上者，仍佩魚。」大觀二年五月十七日，詔：「中書舍人、諫議大夫、待制、殿中少監，許繫紅鞓犀帶，更不佩魚。」迄于中興，乾道九年十二月五日，詔：「中書舍人、左右諫議大夫，龍圖、天章、寶文、顯謨、徽猷、敷文閣待制，權侍郎，許服紅鞓排方黑犀帶，仍佩魚。」於是其制始定。然考之初制，亦頗有不盡同者。按太平興國七年正月九日，翰林學士承旨李昉言：「準詔詳定車服制度，其荔枝帶本是内出，以賜將相，在於庶僚豈合僭服。望非恩賜者，官至三品乃得服。」詔可。則是荔枝帶其初固嘗以賜將相矣，而今則惟武臣用之也。慶曆八年十一月二十九日，彰信軍節度使兼侍中李用和言：「伏見張耆授兼侍中日，特賜笏頭金帶，以爲榮異。欲望正謝日，準例特賜。」詔如耆例。王貽永見任樞密使、同平章事，亦令閤門就賜。則是笏頭帶，其初雖武臣爲見任樞密使若使相者，皆未嘗得賜矣，而今則凡使相皆通服也。熙寧十年十二月八日，崇信軍節度使、同中書門下平章事宗旦、集慶軍節度使、同中書門下平章事宗諤，以郊禮加恩告謝，特賜金笏頭腰帶，加魚袋。自是宗室帶同平章事者，著爲例。則是宗室使相，初亦不服其帶，至此而始更其制。紹興六年八月十四日，三省行首司言：「宰執秦檜昨係資政殿大學士，今來除觀文殿學士，到闕朝見。閤門稱不合繫笏頭毬文帶。」詔許服繫舊賜帶。則是前任宰執，初亦不服其帶，至此而始許其服。蔡絛《鐵圍山叢談》曰：「太宗時，得巧匠，因親督視於紫雲樓下，造金帶，得三十條，匠者爲之神耗而死。於是獨以一賜曹武穆彬，其一太宗自御之，後隨入熙陵，而曹武穆所賜帶，即莫測何往也。餘二十八條，特命貯之庫，號鎮庫帶焉。後人第徒傳其名，而宗戚、羣璫，間一有服金帶異花精緻者，人往往輒指目此紫雲樓帶，其實非也。故吾迄不得一識之。自貯庫帶後，塵歷百五十年所，及虜騎犯闕，太上皇狩丹陽，因盡挈鎮庫帶以往。而一時從行者，有若童貫、伯氏諸貴，遂皆賜紫雲樓金帶矣。後事甫平，太上皇歸宫闕，於是靖康皇帝復命追還之庫。吾在萬里外，獨嘗聞諸，然又不得一識也。中興之十三祀，有客自來海外，忽出紫雲樓帶，上以四胯出視吾。蓋虜騎再入，適紛紜時所追還弗及者。其金紫磨也，光豔溢目，異常金。又其文作醉拂菻，人皆突起，長不及寸，眉目宛若生動，雖吴道子畫所弗及。若其華紋，則又六七級，層層爲之，鏤篆之精，其微細之像，殆入於鬼神而不可名。且往時諸帶方胯不若此帶，廼獨大至十二稻。是在往時爲窮極巨寶，不覺爲之再拜太息。我祖宗規模，雖一帶猶貽厥後世，必無以加也。」則是金帶諸種之外，乘輿大臣又有通服拂菻帶之制。紹興三年正月二十八日，詔：「宗室外正任依舊許繫金帶，已賜花犀帶及見繫花犀帶，臣僚除宗室依條外，餘不許服。」則是犀帶牯、犊之外，宗室又有通服花犀帶之文。珂嘗詳考所由，參之典故，亦各自有其説。端拱中，詔作瑞草地毬路文方團胯帶，副以金魚，賜中書、樞密院文臣。是太平興國初，猶未定制也，故荔枝亦通用焉。端拱之賜，止及文臣，故武臣之賜笏頭始於慶曆，而宗室之賜笏頭亦始於熙寧。《會要》所載，宗室許服工夫金帶、通犀、牯犀等帶，故紫雲之帶，熙陵所以寓其親厚元勳之意，而宗室花犀亦得著令通服之。要之五者皆有所據，獨秦檜所服一事，頗背典章。按元豐之制，觀文殿學士服御仙花，而元祐五年十一月十日，詔臣僚曾賜金帶，後至不該繫者，在外許繫。以理考之，檜當時在外，因其舊繫所服笏頭而許繫焉，是矣，到闕則合服御仙花矣，一時特許服繫舊賜帶，固出上恩。而《中興會要》

乃繫之曰：「宰執因降黜不帶職，並同庶官，後復職者，恩數並合依舊。以閤門誤認法意，有司申明，故降是命。」如此則元祐之詔不復行，元豐之制不可用矣。是書雖進於孝宗朝，而書館積舊事彙爲一編，蓋沿檜舊文云。

非宰執賜笏頭帶

服帶之制，凡非中書、樞密院若使相，無賜笏頭帶者。惟元豐元年十一月乙亥，宣徽南院使、西太一宫使王拱辰辭賜方團金帶。珂按：爲宣徽使而特賜者有三，張方平、郭逵皆嘗爲執政，非拱辰比。是時之詔，以拱辰歷事三朝，累經内外清要繁劇，特從其請，不得爲例。又許依二府賜墳寺度僧，其異數舄奕。見于劉忠肅摯所作行狀，蓋無前比云。

開禧復泗州赦

開禧二年六月十七日，都省劄子：「泗州官吏軍民耆壽等眷言，泗上實屏淮堧，自汙腥羶，多歷年所。境土雖隣於王化，版圖未入於職方。中夜以興，曷副望霓之意；當饋而歎，敢忘嘗膽之憂。爲爾遺黎，鞠我征旅。貔貅奮勵，虵豕震驚。金鼓一臨，城池自潰。載念耄倪之衆，久罹塗炭之菑。淫刑動極於參夷，重賦殆逾於箕斂。可無恩霈，用慰瘡殘。應泗州見禁罪人，除犯刼謀、故鬬已殺依法，餘雜犯死罪以下並放。應本州民間合納租税，可與放免三年。應本州民户，並待與賑給一次，合用錢米，申宣撫司支破。應本州居民屋宇曾經焚毁者，官爲日下修蓋；内無己屋人，那撥官舍，應副安泊，毋令暴露。應本州居民遺下屋業田土，限一季，許元主召保識指實給還；限滿無人識認，仰本州出榜召人承佃勘會。今來本州歸正歸附等人，曾授僞命賫到付身，並令有司依格换給，更與轉官；已换給者，與添差差遣；若人材卓異，委堪任使，即仰守臣具名實來上，當議旌擢。應本州屯守官兵等人，並特與犒設一次。應本州父老，令長吏致問，優給錢酒；年九十以上者，給賜束帛；百歲以上，特與官封；婦人與封號。應本州神祠感應者，仰守臣日下契勘具靈驗事跡，申宣撫司，備申三省、樞密院，特與初封；已封爵者，更與加封；内廟宇損壞，如法修葺，仍嚴潔致祭。應本州内忠臣義士，並與表式墳墓。於戲，天地之德曰生，肆亟覃於仁澤；室家之民相慶，幸復見於華風。尚肩忠義之誠，庸迓安居之樂。故兹詔示，想宜知悉。」珂謹按：祖宗朝，每有武功恢拓之事，必曲赦其境，罪無輕重，咸除之。如乾德三年正月二十四日，平西川之制是也。降德音，徧減天下死刑，釋餘罪。如建隆元年六月二十三日平潞州之制是也。雖降德音，止于其境，罪無輕重，咸如大赦之例。如太平興國三年五月一日，復泉州之制是也。降德音于江西、湖南兩路，除十惡、四殺、放火、造僞、犯贓外，雜死罪降流，餘遞減等，釋徒罪。如皇祐五年二月十六日，平儂智高之制是也。降大赦于天下，罪無輕重咸除之。如宣和六年八月十八日，收復燕雲之制是也。雖降曲赦于一境，猶除十惡、四殺、放火、造僞、犯贓外，鬬殺，情輕減等，餘並釋之。如崇寧二年正月二十五日，平荆湖南北路傜賊之諭是也。紹興復海州，降赦用乾德之例，隆興平廣西，德音同皇祐之法，或釋徒，或釋杖，要無大異。開禧三年三月二十六日，逆曦底戮，亦用曲赦。惟此年之制不以赦，不以德音，首尾如赦文，而惟用都省劄子，後仍以詔示結尾詞，又自雜犯死罪已下並放。古今無此式也。

宫禁進見

漢時宫禁，與外間無大别異。樊噲排闥而入，吕后跪謝周昌，袁盎卻謹夫人之坐【一】，皆以爲常。至唐亦然，「户外昭容紫袖垂，雙瞻御坐引朝儀」之句，見於杜甫之詩，韓偓《金鑾密記》亦得見趙夫人之屬，蓋習見如此。國朝家法最爲嚴備，羣臣雖肺腑，無得進見宫禁者。珂嘗攷王稱《東都事略·曹佾傳》曰：「神宗一日敕中使召佾見於便殿，與同至慶壽宫。慈聖愕然，遽止之曰：『外戚自來未有輒入禁掖者，安可以我開其端。』神宗曰：『聊以慰骨肉之情，他人固不可也。』時左右已預辦宴具，神宗親捧觴，慈聖自酌酒以授佾，佾跪飲之。次則鈞天盛奏，丙夜酩酊而罷，以御前紅燭送歸。佾愛姬慧夫人者，迎門謂曰：『王何所之，而遲留至此耶？』佾曰：『吾到天上來耳。』慈聖崩，既免喪，佾請郡。神宗曰：『時見舅如面慶壽宫，奈何欲遠朕，得非待遇有不至乎？』神宗嘗謂人

【一】袁盎卻謹夫人之坐　「謹」，避宋孝宗趙眘諱。

臣曰：『曹王雖以近親貴，然端謹寡過，善自保，實人臣也。』」是時蓋慶壽享天下養，神宗先意承志，極其順事，而後有此。自崇、觀以後，頗不然。雖曰親親，要非故事也。

刊進書載表卷首

今世進書，如勑局史館每一修進，必載表文于卷帙之首。士夫家有著述進御，亦如之。珂嘗攷其制，蓋自元魏時已有此比。按高峻《小史·崔鴻傳》曰：「鴻弱冠便有著述之志。見晉、魏前史，皆成一家，無所措意。以劉淵、石勒、慕容儁、苻健、慕容垂、姚萇、慕容德、赫連勃勃【二】、張軌、李雄、吕光、乞伏國仁、秃髮烏孤、李暠、沮渠蒙遜、馮跋等，並因世故，跨僭一方，各有國書，未有統一。鴻乃撰爲《十六國春秋》，勒成一百二十卷，因其舊記，時有增損褒貶焉。鴻二世仕江左，故不録僭晉、劉、蕭之書。又恐識者責之，未敢出行於外。世宗聞其撰録，遣散騎常侍趙邕詔鴻曰：『聞卿撰定諸史，甚有條貫，便可隨成者送呈。朕當於機事之暇覽之。』鴻以其書有與國初相涉，言多失體，且既未就，乞不奏聞。鴻後典起居，乃妄載其表於卷首。正光以前，不敢顯行其書。自後以其伯光貴重當朝，知時人未能發明其事，乃頗相傳續，亦以光故，執事者遂不論之。」然則其來尚矣。

【二】赫連勃勃　下「勃」字原闕，據學海本補。

金銀牌

洪文敏邁《容齋三筆》曰：「金國每遣使出外，貴者佩金牌，次者佩銀牌，俗呼爲金牌、銀牌郎君。北人以爲契丹時如此，牌上若篆字六七，或云阿骨打花押也。殊不知此本中國之制，五代以來，庶事草創，凡乘置奉使於外，但給樞密院牒。國朝太平興國三年，因李飛雄矯乘廐馬，詐稱使者，欲作亂，既捕誅之，乃詔自今乘驛者，皆給銀牌。《國史》云：『始復舊制。』然則非起於虜也。端拱二年復詔：『先是，馳驛使臣給篆書銀牌，自今宜罷之，復給樞密院牒。』」珂按《三朝國史·輿服志》曰：「銀牌，唐制，差發驛遣使，則門下省給傳符，以通天下之信。皇朝符券，皆樞密院主之。舊有銀牌以給乘驛者，闊一寸半，長五寸，面刻隸字，曰『勑走馬銀牌』，凡五字，首爲竅，貫以韋帶。其後罷之，樞密院給券，謂之頭子。太平興國三年，李飛雄詐乘驛謀亂，伏誅。罷樞密院券，別制新牌，闊二寸半，長六寸，易以分書，上鈒二飛鳳，下鈒二麒麟，兩邊年月，貫以紅絲絛。端拱中，使臣護邊兵多遺失之者，又罷銀牌，復給樞密院頭子。」然則所謂舊制者，唐制也。考之《唐六典》，門下省符寶郎之掌二，曰傳符，所以給郵驛、通制命。而注其下曰：「兩京留守及諸州若行軍所，並給傳符。諸應給魚符及傳符者，皆長官執。其長官若被告謀反大逆，其魚符付以次官；無次官，付受告之司。」而傳符之制，太子監國曰「雙龍之符」，左右各十；

京都留守曰「麟符」，左二十，其右一十有九；東方曰「青龍之符」，西方曰「騶虞之符」，南方曰「朱雀之符」，北方曰「玄武之符」，左四、右三。又注其下曰：「左者進内，右者付外。應執符人，其兩京留守符並進内，若車駕巡幸，留右符付留守人。」歷考其事，皆無以銀爲牌之制。豈沿襲至季世，不復分左右符，以從簡便耶？鳳、麟之象，是亦雙龍、四獸之遺規也。蔡絛《鐵圍山叢談》曰：「政和以後，道家者流始盛。羣羽士因援江南故事，林靈素等多賜號金門羽客，道士居上者，必賜以塗金銀牌，上有天篆，咸使佩之，以爲外飾，被寵異則又得金牌焉。及後女真亂華，羣酋長皆佩金牌爲號，始寤前兆之不祥。」蓋此又一時崇尚異教之制，非前比云。

古今祠厲

古有七祀，於前帝王、諸侯、卿大夫之無後者皆致祭焉，謂之泰厲、公厲、族厲。今絶無舉行者，故此等無依之厲，勢或出於依附淫祠，殆無足怪。《禮記・祭法》鄭氏注：「漢時民家皆秋祠厲。」蓋此祀又達於民也，於古加嚴矣。鄭注又云：「民祠厲而託之曰山。蓋惡言厲，巫祝取厲山氏之名，去厲爲山。」且引《春秋》良霄事，謂厲山有子曰柱，證時巫之謬。珂按：巫誠謬矣。然謂厲爲山，要非如此大訛，意必祀山氏，特去一字不馴者耳。巫祝下流，去古未遠，尚知有厲山氏。今世謂夏禹爲行雨之神，謂小孤爲婦人之神，皆安行而不以爲誤，是巫又烏知厲山。

卷第十三

指南記里鼓車

國朝大駕之制，指南車，一曰司南車。赤質，兩箱畫青龍白虎，四面畫花鳥。重臺勾欄鏤拱，四角垂香囊，上有仙人，車雖轉而手常南指。一轅鳳首，駕四馬，駕士舊十八人，雍熙四年增爲三十人，服繡孔雀。記地鼓車，一名大章車。赤質，四面畫花鳥，重臺勾欄鏤拱。行一里，則上層木人擊鼓，十里則次層木人擊鐲【二】。一轅鳳首，駕四馬，駕士舊十八人，雍熙四年增爲三十人，服繡對鵝。珂按二車，指南則始於天聖五年十一月壬寅，定王府記室參軍、工部郎中、直昭文館燕肅創意，始上其制。其車用獨轅，車箱外籠上有重□，高宗廟諱。立木仙人於上，引臂南指。用大小輪九隻，合齒百二十。脚輪二隻，高六尺，圍一丈八尺。附脚立子輪二隻，徑二尺四寸，圍七尺二寸，出齒各二十四，齒間相去三寸。轅端横木下，立小輪二隻，徑三寸，鐵軸貫之。左小平輪一隻，徑一尺二寸，出齒十二。右小平輪一隻，徑一尺二寸，出齒十二。中心大平輪一隻，徑四尺八寸，圍一丈四尺四寸，出齒四十八，齒間相去三寸。中立貫心軸一條，高八尺，徑三寸，上戴木仙人，其車

校勘記

【二】十里則次層木人擊鐲　「鐲」原作「鍋」，據學海本、知不足本改。

行，木人南指。若折而東，推轅右旋，附右脚子輪順轉十二齒，擊右小平輪一匝，觸中心大平輪右旋四分之一，轉十二齒，車東行，木人交而南指。若折而西，推輪左旋，附左脚子輪隨輪順轉十二齒，擊左小平輪一匝，觸中心大平輪四分之一，轉十二齒，車正西行，木人交而南指。若欲北行【二】，或東西轉，亦如之。是時入内内侍省内侍殿頭盧道隆亦上記里鼓之制。其車亦獨轅雙輪，箱上爲兩層，各安木人，手執木槌。脚輪各徑六尺，圍一丈八尺。脚輪一周而行地三步。古法六尺爲步，三百步爲里；今法五尺爲步，三百六十步爲里。立輪一隻，附於左脚，徑一尺三寸三分，圍四尺一寸四分，出齒十八，齒間相去二寸三分。下平輪一隻，徑四尺一寸四分，圍一丈二尺四寸二分，出齒五十四，齒間相去與附立輪同。立貫心軸一條，上安銅旋風輪一枚，出齒三，齒間相去一寸二分。中立平輪一隻，徑四尺，圍一丈二尺，出齒百，齒間相去與旋風等。次安小平輪一隻，徑三寸少半寸，圍一尺，出齒十，齒間相去一寸。平輪一隻，徑三尺少半尺，圍一丈，出齒百，齒間相去與小平輪同。其中平輪轉一周，車行一里，下一層木人擊鼓。上平輪轉一周，車行十里，上層木人擊鐲。都用大小輪八隻，共二百八十五齒，遞相鈎鏁，犬牙相制，周而復始。詔皆以其法下有司製之。如是，則皆有其制度藏之有司矣。祐陵稽古，大觀元年，内侍吴德隆又獻二車之制。其指南車身一丈一尺一寸五分，闊九尺五寸，深一丈九寸，車輪直徑五尺七寸，車轅一丈五寸。車箱上下爲兩層，中設屏風，上安仙人一，執杖，左右龜鶴各一，童子

【二】若欲北行　「北」原作「比」，據學海本改。

四，各執纓立四角上。設關棙臥輪一十三，各徑一尺八寸五分，圍五尺五寸五分，出齒三十二，齒間相去一寸八分。中心輪軸隨屏風貫下，下有輪一十三。中至大平輪，其輪徑三尺八寸，圍一丈一尺四寸，出齒一百，齒間相去一寸二分五釐。通上左右起落，二小平輪各有鐵墜子一，皆徑一尺一寸，圍三尺三寸，出齒一十七，齒間相去一寸九分。又左右附輪各一，徑一尺五寸五分，圍四尺六寸五分，出齒二十四，齒間相去二寸一分。左右疊輪各二。下輪各徑三尺一寸，圍六尺三寸，出齒三十二，齒間相去二寸一分。上輪各徑一尺二寸，圍三尺六寸，出齒三十二，齒間相去一寸一分。左右車脚上各立輪一，徑二尺二寸，圍六尺六寸，出齒三十二，齒間相去二寸二分五釐。左右後轅各小輪一，無齒，繫竹簟，并索在左右軸上。遇右轉，使右轅小軸觸落右輪；若左轉，使左轅小輪觸落左輪。行，仙童交而指南車成。記里鼓車，車箱上下爲兩層。上安木人二身，各手執木槌，輪軸共四。內左壁車脚上立輪一，安車箱內，徑二尺二寸五分，圍六尺七寸五分，二十齒，齒間相去三寸三分五釐。又平輪一，徑四尺六寸五分，圍一丈三尺九寸五分，出齒六十，齒間相去二寸四分。上大平輪一，通軸貫上，徑三尺八寸，圍一丈一尺，出齒一百，齒間相去一寸二分。立軸一，徑二寸二分，圍六寸六分，出齒三，齒間相去二寸二分。外大平輪軸上，有鐵撥子二。又木横軸上，關棙撥子各一。其車脚轉一百遭，通輪軸轉周，木人各一俱在手擊鉦鼓。造二車成，其年宗祀始用之，然則又與燕肅、盧道隆之法不同。《仁宗實録》載肅之表曰：「黄帝與蚩尤戰于涿鹿之野，蚩尤起大霧，將士不知所向，帝遂作指南車。又周成王時，越裳氏重譯來獻，使者或失道，周公賜輧車以指南。其後法俱亡，漢張衡、魏馬鈞繼作之，屬世亂離，其器不存。宋武帝平長安，嘗爲此車，而制不精。祖冲之亦復造之。後魏太武帝使郭善明造，彌年不就。又命扶風馬岳造，垂成而爲善明鴆死，其法遂絶。唐元和中，典作官金公立，以其車及記里鼓上之，憲宗閲於麟德殿，以備法駕。歷五代至國朝，不聞得其制者，今創意成之。然則古今之爲此者，亦艱矣。今二法具在，要當參取試造，而後見其孰精。」顧中興以來，未皇禮文，猶在弗議，重可惜已。肅表不詳冲之之所用。考之《南史》，宋武平關中，蓋嘗得姚興指南車，有外形而無機杼，每行，使人於内轉之。昇明中，齊高帝輔政，使冲之追脩古法，乃改造銅機，圓轉不窮，而司方如一，史謂馬鈞以來未之有也。詳稽前制，鼓之記里，容可以輪輻度數計，指南則内外泮然，不相爲謀。肅之所爲，或須人力；德隆以鐵爲墜，似復稍精。銅機以圓，恐但可施之平陸，黄序創物，蓋用之軍旅，殆未必如此也。

京師木工

今世郡縣官府營繕創締，募匠庀役，凡木工率計，在市之樸斲規矩者，雖居楔之技無能逃。平日皆籍其姓名，鱗差以俟命，謂之當行。間有幸而脱，則其儕相與訟挽之不置，蓋不出不止也，謂之糾差。其入役也，苟簡鈍拙，務闒其技巧，使人之不己知；務夸其工料，使人之不願爲，而亟其斥，且畢謂之官作。珂嘗疑祖宗承平時，愛民惠工以阜都邑，當未必如此。及考之典故，有意存而可見者，於是始有以信臆度之不誣，表之以示陳古風今之義焉。李文簡燾《續通鑑長編》：「元祐七年正月辛卯，禮部侍郎范祖禹言：『工部乞遷開封府於舊南省。夫土木之功，使匠人度之，無不言費省而易可了，及其作之，便見費大。臣恐枉勞人力，虚費國用。』」珂謂此乃今私家通患，而官府則反是。味此奏之言，則知當時雇直優厚無刊除，而後致匠者之樂役，方且隱欺以求用之不暇，其不假滕口以蔓引推托也決矣。先朝官吏律己之廉，持論之厚，又於此乎見之。故不以其事之微而遂略之也。

國忌設齋

祖宗以景靈爲原廟，每國忌用時王禮，集緇黄以薦時思焉。珂簿正大農，日嘗隨班行香。清晨，宰執率百官入班，定緇黄鍾磬螺鈸如法，僧職宣疏，齋僧道各二十五員，以爲常制。珂按《續通典》，在唐已有之。高祖五月六日忌，勝業、會昌各設五百齋。太穆皇后竇氏五月二十一日忌，興福寺、興唐觀各二百五十人齋。太宗五月二十一日忌，青龍、經行寺各五百人齋。文德皇后長孫氏六月二十一日忌，慈恩、温國寺各二百五十人齋。睿宗六月二十日忌，安國、西明寺各三百人齋。昭成皇后竇氏十一月二日忌，慈恩寺、昭成觀各三百人齋。玄宗四月五日忌，千福寺、開元觀各設三百人齋。元獻皇后楊氏三月二十三日忌，資聖、化度寺各二百人齋。肅宗四月十八日忌，崇聖寺、昊天觀各設三百人齋。章敬皇后吴氏正月二十二日忌，章敬寺、玄都觀各設三百人齋。代宗五月二十一日忌，聖興、惠日寺各設五百人齋。睿真皇后沈氏十月二日忌，總持寺、肅明觀各設二百五十人齋。德宗正月二十三日忌，莊嚴寺、光天觀各設五百人齋。昭德皇后王氏十一月十一日忌，福壽寺、玄真觀各設五百人齋。然則唐制固甚侈，今幾止二十之一。祖宗威神在天，要無取乎此，姑惟示存羊之意可也。然祝唄之詞，頌臺每付之常程，不復刊定。如文武官僚禄位常居等語，要於宗廟非所宜言，亦鄰於俚云。

皇祐差牒

今世中臺給黄牒之制，前必曰尚書省牒某官，而右語則曰差充某職，替某官成資闕。珂嘗得皇祐五年十二月勑牒一，其詞曰：「中書門下牒光禄寺丞錢中立。牒奉勑，宜差知虔州贑縣事，替阮士龍過滿闕。候到交割，縣務諸般公事，一一點檢，依例施行。牒至准勑故牒。」珂謹按祖宗朝，造命之地，本曰中書門下，制勑院在焉。自元豐分三省，中書取旨，門下省審，尚書奉行，而其職始分。故熙寧以前，士大夫所被受堂帖，多是中書省劄子，而官制後始歸之尚書，非沿襲之誤也。如候到交割、點檢數語，祖宗之重民事，謹職守，不厭於詳且複，蓋於此有稽焉。

紹興儲議

大父鄂王飛，紹興十年出師北征，密疏建儲議。高宗賜御札有曰：「覽卿親書奏，深用歎嘉，非忱誠忠讜，則言不及此。」今宸章藏于家，可考而見。一時張戒作《默記》，誤載於七年，而有衝風吹紙之謗。珂所上《籲天辨誣》一書，固首辨之矣。然或者以爲動舊握兵在外，不當與大計，故足以致媢忌。珂謂不然。謹按漢武帝三王之封，霍去病實發其議。《史記》載其奏疏曰：「陛下過聽，使臣去病待罪行間。宜專邊塞之思慮，暴骸中野無以報，乃敢惟他議以干用事者。誠見陛下憂勞天下，哀憐百姓以自忘，虧膳貶樂，損郎員。皇子賴天能勝衣趨拜，至今無號位、師傅官。陛下恭讓，不卹羣臣私望，不敢越職而言。臣竊不勝犬馬，昧死，願陛下詔有司，因盛夏吉時，定皇子位。唯願陛下幸察。」制曰：「下御史。」唐李晟在鳳翔亦嘗曰：「魏證以直言【三】，致太宗堯、舜上，真忠臣也。」行軍司馬李叔度曰：「彼搢紳儒者事，公勳德何希是。」晟曰：「君失辭。晟幸得備將相，苟容身不言，豈可謂有犯無隱耶？是非惟上所擇爾。」叔度慙。此最明證。去病是時蓋爲驃騎將軍，以功益置大司馬，與大將軍衛青並爲之。晟節度鳳翔、隴右、涇原軍，兼行營副元帥，皆正握兵云。

【三】魏證以直言　「證」字係避宋仁宗趙禎諱。

遂國記誤

王明清《揮麈後録》曰：「官制未改時，知制誥今之中書舍人，但演詞而已，不聞繳駁也。康定二年，富文忠爲知制誥。先是，昭陵聘后，蜀中有王氏女，姿色冠世，入京備選。章獻一見，以爲妖豔太甚，恐不利於少主，乃以嫁其姪從德，而擇郭后位中宫。上終不樂之。王氏之父蒙正，由劉氏姻黨，屢典名藩。未幾，從德卒。至是中批王氏封遂國夫人，許入禁中。文忠適當草制，封還抗章甚力，遂併寢其旨。外制繳詞頭，蓋自此始。」珂按《國朝會要》：「景祐四年二月七日，洪州別駕王蒙正特除名，廣南編管，永不叙用。蒙正女，劉從德妻，今後不令入内。兒女見與皇族爲婚者，除已成結，更不得爲親。」如明清之言，遂國者固上所屬意，蒙正所坐，止以私通父婢，前任受楊澄吉金，故入温嗣良流罪。作福之柄，容有所未減也，當時司理劉涣、簿郭照爲從，各勒停衝替。雷霆之威嚴如此，乃有是哉。景祐在康定之前，王氏已有不令入内之旨，蒙正官止別駕，未聞典藩。明清所記恐或有誤。《國史·富文忠弼傳》初無此一節，奏議亦不編此疏。蘇文忠軾所作墓誌又不書。惟李文簡燾《通鑑長編》載其事，引《別志》爲據，又不得其時。考明清所刻《李賢良扈帖》，嘗欲明清注龍山稅官與史事，其得之明清無疑。《別志》雖未詳，或緣歲月久，復封邑之故而封還，遂致傳疑云。表之以章昭陵之聖德。

武定軍

嘉定戊辰，詔改雄淮軍爲武定。珂按此名有二不可。《五代史》晉開運元年三月癸巳，籍民爲武定軍。是嘗爲複名，不可一也。真宗廟謚曰「武定」，僞蜀嘗以洋州爲武定軍節度。景祐四年四月，詔以犯廟謚，改爲武康軍矣，不可二也。立軍經武，爲一代之制，而襲季世之號，瀆宗廟之制，在今日所當亟正焉。

金版

今郊祀天地祖宗，正配位皆有金版書神位，以金飾木爲之，如匣之制稍高博，且表以青字。珂按典故，政和六年六月甲戌，宣和殿學士、禮制局詳議官蔡攸言：「臣昨受睿旨，討論位版之制。退考太史局所掌，見用位版皆無所稽據。謹按《周官》有鬼神示之居，則知凡祀未嘗無位；旅上帝供金版，則知凡位未嘗無版，唯長短廣狹厚薄之數不見於書。恭考禮文，傅以經誼，伏請昊天上帝位版長三尺，取參天之數；厚九寸，取乾元用九之數；廣一尺二寸，取天之備數；書徽號以蒼色，取蒼璧之義。皇地祇位版長二尺，取兩地之數；厚六寸，取坤元用六之數；廣一尺，取地之成數；書徽號以黄色，取黄琮之義。仍取《周官》之制，皆以金爲之飾。又案《春秋公羊》，周之郊祭社稷，王者必立祖配也。自内出者，無匹不行，自外至者，無主不止。而何休以謂「匹，合也。無所會合，則不行。得主人乃止。蓋郊所以明天之道也，而天道未易明，宜推人道以接之。《詩序》所以謂尊祖后稷，故推以配天者如此。其配位位版，在冬祀則宜與昊天上帝同制，在夏祭則宜與皇地祇同制，以稱尊祖，以配天地之義」。詔從之。攸之議固無取，然觀政和禮制，似與今不同。稽經諏律，必有所折衷，而後可也。

薦饗太廟

南北郊祈穀、雩祀神州禖祠，以宰執充，密院官亦輪攝事。宗廟四時薦饗，以宗室使相充，否則以正任，蓋中興以來定制。珂按李文簡燾《續通鑑長編》，景祐四年四月乙丑，新知樞密院事盛度言：「奉敕孟夏薦饗太廟，已受戒誓，而有除命。故事，樞密不差攝行祠事。」詔以后廟攝太尉趙賀代之。夫以密院則不與祭，以宗廟則差外姓官，皆與今日異【四】，而不復考所以然，何也？

冷端甲

楊大監簡在戎監，嘗得諸李尉府顯忠之族子，謂甲不經火，冷砧則勁可禦矢，謂之冷端。遂言于朝，乞下軍器所製造。時顯忠之子師尹爲知閤門事，寔領是官，力辨其不然。

【四】皆與今日異　「今」字原闕，據學海本、知不足本補。

文移互往復，其實工人憚勞費耳。時雖知其强辨，而無以折之。珂按李文簡燾《續通鑑長編》，慶曆元年五月甲戌，太常丞、直集賢院、簽書陝西經略安撫判官田况，上兵策十四事，其十二曰：「工作器用，中國之所長，非夷狄可及。今賊甲皆冷鍛而成，堅滑光瑩，非勁弩可入。自京齎去衣甲，皆軟不足當矢石。以朝廷之事力，中國之伎巧，乃不如一小羌乎？由彼專而精，我漫而略故也。今請下逐處，悉令工匠冷砧打造純剛甲，旋發赴緣邊，先用八九斗力弓試射，以觀透箭深淺而賞罰之。聞太祖朝舊甲絶爲精好，但歲久斷綻，乞且穿貫三五萬聯，均給四路，亦足以禦敵也。」然則此甲在祖宗朝已有之。時珂以憂去國，恨不以所聞佐其説，故迄今猶不能革其制焉。

卷第十四

九閣

熙陵篤意右文，篇章翰墨，敻出前代帝王之右。真皇繼統，首闢龍圖閣，以嚴毖藏，此本朝西清列閣之權輿也。閣在會慶殿西偏，北連禁中，閣東曰資政殿，西曰述古殿。閣上藏太宗御製御書及典籍圖畫寶瑞之物，内侍三人掌之。太宗御製御書文集總五千一百一十五卷軸册，又有御書紈扇數十。其下列六閣：經典閣，三千三百四十一卷；史傳閣，七千二百五十八卷；子書閣，八千四百八十九卷；文集閣，七千一百八卷；天文閣，二千五百六十一卷，圖畫總七百三軸卷册；瑞總閣，奇瑞二十三，瑞木十六，衆瑞百一十三，雜寶百九十五。觀其初制，既列經史，又儲奇物，亦非專以奉奎畫。然犧河觀瑞，圖書爲首，命名之意，概可理推矣。閣初建既無歲月，咸平四年十一月，始御是閣，召近臣觀太宗御書及古今名畫，閣之名始見于《國史》。自是多召羣公觀書，嘗語近臣曰："先帝留意詞翰，朕孜孜綴緝，片幅寸紙，不敢失墜。因念古今圖籍多所散逸，購求甚難，朕在東宫時，惟以聚書爲急，多方購求，亦甚有所得。王繼英備見其事。今已類成正本，除三館秘閣所藏外，又於後苑及龍圖閣並留正本，各及三萬餘卷。朕以深資政理，莫如經術，故機務之暇，惟以觀書爲樂焉。」原其初制，未嘗下詔建名如今日也。景德元年十月，以虞部郎中、直秘閣杜鎬爲都官郎中，太常丞、秘閣校理戚綸右正言，並依舊充職，充龍圖閣待制。四年八月，以司封郎中、直秘閣、龍圖閣待制杜鎬爲右諫議大夫、龍圖閣學士。因詔直學士班在樞密直學士之下，仍少退待制在知制誥之下，並赴内殿起居。三年七月，以龍圖閣直學士杜鎬爲本閣學士，班在樞密直學士之上，俸給如之。九年十月，以大理評事、崇文院檢討馮元爲太子中允、直龍圖閣，賜金紫，令預内殿起居，班在本官之首。是先置待制，次置直學士，又其次置學士，末乃置直閣，未嘗並建官稱如今日也。天禧四年，真皇尚御天下，十一月甲戌，作天章閣。五年三月戊戌，天章閣成。令兩街僧道具威儀，教坊作樂，奉御集御書，自玉清昭應宫安于天章閣。四月，召近臣館閣、三司、京府官觀御書、御集於閣下，遂宴于羣玉殿。是時，輔臣集御製三百卷、《玉京集》三十卷、《授時要録》二十四卷，又取至道元年四月訖大中祥符歲，中書、樞密院《時政記》、史館《日曆》、《起居注》善美之事，録爲《聖政記》，凡一百五十卷，並命工鏤板。又以御書石本爲九十編，命中使岑守素等主其事。至是畢藏于閣。竊意神筆聖文，在當時既富籤縢，臣下歸美，誼應毖嚴，昭回之光，不厭輝映。故隨時建閣，既無文謨並列之嫌，又不失尊崇之制，所以真宗雖謙抑屢卻，亦終聽之。仁宗寶文閣，舊名壽昌，亦自慶曆初已新厥號。雖未即正名，而毖藏嚴奉之意，灼然可考。又未嘗必竢因山之後，方與陵名、樂舞同時製稱，謂存一朝故事如今日也。天章閣在會慶殿西，龍圖閣之北，藏真宗御製。閣東曰羣玉殿，西曰蘂珠殿，北曰壽昌殿，東曰嘉德殿，西曰延康殿。内以桃花文石爲流杯之所。寶文閣在天章閣東，西序羣玉、蘂珠殿次之。北顯謨閣，位置雖不見於書，而元符元年二月十八日，知樞密院事曾布言：「恭惟神宗皇帝，聖學高明，出於天縱。中外之議，謂宜卜日相地，建延閣爲一代圖書之府。」又權發遣提舉河東路常平等事鄧洵仁言：「伏見祖宗朝置龍圖、天章、寶文閣，以藏列聖御製述作。況自陛下紹隆丕烈，遹明先志，而寶宇未新，徽名未揭。伏望明詔有司，祇循舊章，亟加營建。」詔令翰林學士、中書舍人，每員撰閣名五以聞。考其所陳，如所謂卜日相地，如所謂亟加營建，要必有其所。崇寧三年六月一日，詔：「熙寧、元豐功臣，圖形顯謨閣。」既設繪事，尤足以章邃宇之高明。徽猷設層宇在大觀間，是時百度鼎新，必非虚名。詔書亦明言建閣之意，是皆有是書有是閣，書必有閣，閣必有地。亦未嘗止揭名稱，以循祖宗之舊，備一代典禮，如今日也。還考天聖八年十月，詔特置天章閣待制，是先已有閣，因設官而下詔。嘉祐八年八月十二日，詔以仁宗御書藏寶文閣，命翰林學士王珪撰記立石，是先已有閣因藏書而下詔。惟大觀二年二月十三日，詔哲宗皇帝御書建閣，以徽猷爲名，此正下詔建名之始。治平之建寶文，置官止於學士、直學士、待制；政和六年九月十七日，始詔增置直閣。大觀之建徽猷，置官亦止於學士、直學士、待制，亦以政和六年九月十七日始詔增置直閣。惟紹興十年五月十一日，詔徽宗皇帝御書建閣，以敷文爲名。乃備四官於一時，詔書著于令，此正並建官稱之始。寶文以前，皆先建閣，後藏書。神宗因山於元豐之八年，歷十有三年，至元符元年四月十八日，而顯謨之閣始建。哲宗因山於元符三年，歷八年至大觀二年二月十三日，而徽猷閣始建。徽宗訃報於紹興七年，歷三年，至紹興十年五月十一日，而敷文閣始建。惟高宗以淳熙十五年十月八日上仙，而是年十一月九日，即詔建焕章閣，備官制。故華文、寶謨遂皆以爲故常。祖宗建閣，皆有其所，可考而見。惟建炎中興，稽古未皇，宫殿之制，皆存簡朴，故西清諸閣所存者名耳。《炎興日曆》：紹興二十四年九月乙亥，禮部狀：「准勑令，討論天章閣制度。尋將《國朝會要》檢照得，即不該載外，緣目今天章等閣止是諸殿，今欲乞置天章等閣一所，將諸閣御書、御集、圖籍等，分作諸閣安奉。候旨揮下日，從本部關報都大主管所修内司、天章閣官、同禮部太常寺，前去本閣内，隨宜相度修建去處并制度，申取朝廷旨揮。」有旨依禮部所申，令臨安府修内司同共修蓋。蓋是時已有龍圖而下六閣，未能備禮，姑即一所，以寓不忘。故迨今九閣，遂皆以爲定比。然則是四者，要非祖宗初制，隨時損益，至于今而大備。然當萬壽時，不得崇奉奎章，且有名無閣，姑以備官稱，未詳而本未舉，名繁而實不稱，亦沿襲之失也。按天章閣又有侍講一官，景祐四年三月甲戌詔初置，以崇政殿説書賈昌朝、王宗道、趙希言並爲之。比直龍圖閣，預内殿起居，班本官上。以後不常置，它閣亦不復以爲故事云。

天章閣侍講班次

天章閣侍講既不再置，今世考典故者，多疑其在待制之次，而非直閣之比。以珂考之，則不然。按《會要》，慶曆四年三月，以尚書金部員外郎、天章閣侍講楊安國爲直龍圖閣，賜三品服；宗正丞、崇文院檢討、崇政殿説書趙師民爲天章閣侍講，賜五品服。皇祐三年八月十二日，知制誥兼侍講王洙言：「景祐中詔置天章閣侍講，在本官之上，内朝班著與直龍圖閣相次，其職儀恩例並與帶職官同。臣昨與盧士宗並充天章閣侍講日，臣以兼直龍圖閣，即得與館閣臣僚同例。其盧士宗唯赴講筵供職外，其餘三九園苑賜筵，及非時宣召、頒賜並不霑預，只同不帶職人例。此蓋有司從初失於申明，恐非朝廷優待經術之意。乞自今天章閣侍講官，如不兼帶館閣職名者，並許依直龍圖閣例，赴秘閣供職宿直。所冀設官典職，事體一均。」詔天章閣侍講並依館閣臣僚例宣詔頒賜。祖宗之意，惟其以尊祖爲先，故不以官名，而惟繫之於閣之次叙，其制蓋可想。自是而後，學士而下，各以其班列位，而不以閣爲重輕。推是而觀，要亦非初意焉。

天章閣

中興而後，惟建天章一閣，以藏祖宗諸閣御書。見於《炎興日曆》紹興二十四年之詔，珂固記之矣。今行宫大内之後，萬松嶺有地名舊天章閣，蓋六龍南渡之初，便有此閣，寓於是間。《日曆》又載紹興十九年正月壬子，從義郎趙子嶔投進太祖御容一軸，赴天章閣收奉訖，詔令户部賜絹三十匹。蓋先此五年，抑又可見。故是年之詔，所以專降旨討論此一閣典故，意承平時必已有所重輕矣。及考典故，慶曆三年九月三日，召輔臣天章閣朝拜太祖、太宗御容及觀瑞物。熙寧五年九月辛亥，編排三司帳案所言：「太宗尹開封日，移牒三司，有御筆見存。」詔送天章閣。元豐四年十一月二十七日，中書言：「録事孟述古編排諸房文字，得英宗藩邸轉官六件文字。」詔送天章閣。元豐八年六月十三日，詔延安郡王閤旌節擇日移置天章閣。崇寧元年三月丁巳，自天章閣遷哲宗神御于景靈西宫寶慶殿，又更其殿曰重光。宣和四年四月二十二日，詔：「天章閣崇奉祖宗神御，諸色人並不許抽差。」夫西清列閣，均以奉祖宗，而天章正居其次。太宗御筆當藏龍圖，英皇告勑當附寶文，凡皆置之於是閣，神御之在禁中，自有欽先孝思殿。縱復爲原廟，亦當在首閣。瑞物已藏龍圖，而今天章亦有之。哲宗初嗣位，藏奉藩邸旌節。當是時，已有三閣，而摘取其中一閣而特藏焉。殆皆不容俄測，豈創建有後先，制度有崇庳，特取其高明伉爽，層屋連楹之多者而即安，不復計其名耶？皆未可知也。前乎此，對羣臣率在龍圖，自慶曆而後，多開天章，仁宗之問邊事、神宗之議官制，皆在焉。高宗在東都，以諸王日侍九重，故應常見此制。一時旨揮，如諸色人既不許抽差，必亦備官設衛，非它閣比。扈蹕而南，隨寓奉安，固即其已然之舊而因之，非有它也。珂叨與班綴時，間自和寧門入趍外朝，則過其下，金榜焜燿，嘗獲瞻敬。每欲以慶曆而來，聖意之所特屬於是閣者，請益博聞之士，而未能焉。其它如《日曆》，紹興二十四年九月戊辰，常朝宰執進呈禮部太常寺狀：「檢會《國朝會要》，真宗皇帝御集，於天禧五年三月戊戌，自玉清昭應宫安于天章閣。今來《實録》編次徽宗皇帝御集，欲乞於天章閣安奉。候指揮下日，關牒都大主管所前，期於本閣内排辦安設施行。」上曰：「可權安奉於天章閣，候修閣畢日，奏告行禮。」蓋又不知天章本真皇閣名，安奉正得其所。若徽宗自有閣名，要不可以此爲比也。

天章閣官名

祖宗諸閣，有其官而無其閣，今天下侍從庶官列職者，咸具焉。天章閣雖巋然存，而乃獨無爲學士等官者。按周文忠必大《二老堂雜誌》曰：「西清閣名，皆主於宸文，所謂天章閣，祖宗朝從官，人人歷學士待制之類。紹興以前，何嘗不除授，如章誼等是也。孝宗一日宣諭，奉使借官令稍新，即擬天章閣學士。同僚堅執謂非臣下稱呼，予謂龍圖、寶文亦豈臣子事，堅不從而止。」珂嘗考章誼雖不曾居是官，見於行狀所載。然炎、興以前，是官實無時不除，蓋不可以枚舉。及詳考後來所以避而不名之意，殆皆無説。珂因及讀《中興會要》【一】，而後知事始於秦堪，乳臭小子，輕紊聖制，祖孫相蒙，襲以臆决妄議，而改百餘年之典章，深可太息。紹興二十一年三月二十七日，右宣教郎、新授直天章閣、提點佑神觀秦堪狀：「近蒙恩除前件職，欲乞敷奏，依寄理體例，以直寶文閣繫銜，庶於稱呼安便。」詔改直龍圖閣。且列閣所以尊祖宗，揆之以理，止當以其職稱，今即而稱其名，已非朝廷之制。使如堪説，則龍圖固堪之所安耶？時檜方尸位耄昏，百僚畏威，廷中要豈無知禮者？腹非而不敢議，遂使累朝官制，名公鉅儒累爲之不疑者，一旦廢而不可復，重可歎也。嘉泰甲子，黄文昌由自寶謨閣學士以臺劾降兩職，法當得天章直學士，徑降爲寶文，蓋爲職三等矣。是又沿堪之誤云。

敷文閣

紹興十年五月十一日，内降詔曰：「恭惟徽宗皇帝，躬天縱之睿資，輔以日就之聖學，因而制治。修禮樂，恢學校，發揮典墳，緝熙治具。宸章奎畫，發爲號令，著在簡編者，焕乎若三辰之文。麗天垂光，賁飾羣物，所以詒謀立教，作則萬世，殆與《詩》、《書》相表裏。將加裒輯，崇建層閣，以嚴寶藏，用傳示於永久。其閣恭以敷文爲名，祗遹舊章；宜

【一】珂因及讀中興會要　「珂」原作「可」，據學海本、知不足本改。

置學士、直學士、待制、直閣，以次列職，備西清之咨訪，爲儒學之華寵。其著于令。」珂謹按典故，凡建閣降詔，必著閣之所以名。龍圖、天章、寶文，乃太宗、真宗、仁宗在御時所建，固無詔書可考。而天聖八年十月，天章置待制之詔，有曰：「真宗皇帝燀赫景炎，丕隆寶□。高宗廟諱。凡資禮樂之用，積成辰象之文，俯近禁楹，創崇層閣。」治平四年五月二十八日，寶文建官之詔，亦曰：「仁祖升遐，先皇纂御，首命近列，論次遺文。鈿軸寶函，未終緢録，白雲紫氣，遽遂上賓。今告畢工，甫將安奉。」則天章寶文四字，具見于詔文矣。建中靖國元年二月九日，改顯謨爲熙明閣，詔曰：「神宗皇帝，神心經緯，聖學緝熙。百度惟新，備矣有周之庶事；四方其訓，巍乎堯帝之成功。言則爲文，昭如雲漢；寶之垂世，炳若丹青。」則熙明之意已章。大觀二年二月十三日，建徽猷閣，詔曰：「哲宗皇帝，英文睿武，沉潛無方。事天治人，彰善癉惡。訓迪在位，攘卻四夷。號令指麾，若揭日月。蓋自親覽庶政，一話一言，罔不儀式刑神考之典故。緝熙紹復，著在簡編，與熙寧、元豐之所行相爲始終。在《詩》有之，『君子有徽猷』，其哲宗閣以徽猷爲名。」則徽猷之義尤著。自是而下，如煥章建閣，淳熙十五年十一月九日之詔，有曰：「載稽帝世之隆，無越堯章之煥。」華文建閣，慶元二年五月十五日之詔，有曰：「華協堯章之煥，文光舜哲之明。」寶謨建閣，嘉泰元年十一月十二日之詔，有曰：「寶列羲圖之秘，謨新禹命之承。」蔽之一言，皆可即見。坦明之制，固應如此。還考敷文，則皆隱其義而無其辭，固已疑一時詞臣述作之末工。及考趙彦衛《雲麓漫抄》曰：「徽宗書閣曰敷文，取『帝乃誕敷文德，舞干羽于兩階，七旬有苗格』，以寓譏誚。其刻薄不遜如此。」是時秦檜當國，正與珂前所書五字定制者同一意。反覆互考，其無君之心，蓋尤不可不誅焉。

直省官

直省官爲諸府賓贊，蓋不可闕，然頗多猥釀濫竽者。珂嘗考典故，亦有其制。元祐六年八月癸巳，詔直省官宰臣廳以八人，執政廳以六人爲額，不得額外增置。夷考是時，百度修飭，示儉一意，端自朝廷。一傳而崇、觀，何翅倍蓰。在今日百司率以爲仰給之地，在上者亦憐而不之汰，遂不可復裁抑矣。

藩邸旌節

光宗即位，淳熙十六年十二月三十日，詔東宫旌節一副，降付天章閣安奉。今上即位，紹熙五年閏十月九日，天章等閣狀：「將來安奉今上皇帝藩邸旌節，兩浙轉運司合行雅飾修换物件，并合用朱漆青地金字牌二面。一面上題寫『太上皇帝藩邸旌節』，一面上題寫『今上皇帝藩邸旌節』。所有牌様製大小，乞令兩浙轉運司委官赴閣，計會合行换造物件，候畢日，同時安掛。」從之。此蓋襲用元豐延安故事，然所以奉安之制，亦於此有考焉。

卷第十五

外戚贈王爵

國朝循漢非劉氏不王之制，開基而後，至於贈典，亦不輕用。昭憲以文母基命，躬享天下之養，中念外家，雖深霜露之感，而在東朝之日淺，猶未及褒表。藝祖追惟罔極，孝篤因親。開寶七年四月六日，詔贈曾祖杜蘊太保，祖遠太傅，父爽太師；追封三世祖妣劉氏、趙氏、范氏爲衛、燕、齊國夫人。當時雖欲行册命，竟亦不果。又閱再世，至于景德，乃復議加贈。三年正月十七日，詔贈蘊太傅、遠太尉、爽中書令，三夫人改封安、魏、晉三國而已。惟皇舅贈太保、寧國軍節度使審瓊贈太尉，而次舅贈中書令審進始贈京兆郡王。是秋，審瓊改葬陪陵，特贈太師、中書令，又加贈審進爲尚書令。考其贈典，每加審瓊一等，殆是以其存日之官品爲次叙。非□□□杜氏恩數止於此耳。元德皇后配食熙陵【一】，是生真祖。其父乾州防禦使李英，母王氏，雖奉册之後，亦未攽邺制。逮大中祥符元年五月二十一日，始詔贈英爲檢校太尉、安德軍節度使，追封常山郡王。王氏爲魏國太夫人，蓋以帝母之貴，非常制也。然贈止一代，封止郡王。若夫正位中宫，初贈三代，則

校勘記

【一】元德皇后配食熙陵　「食」字原闕，據學海本、知不足本補。

自孝明而下皆無聞。惟章獻明肅，肇建坤儀，早隆上眷。大中祥符六年六月十一日，詔贈曾祖劉維嶽忠正軍節度使、檢校太傅，祖右驍衛將軍延慶彰德軍節度使、檢校太尉，父贈定國軍節度使兼侍中通永興軍節度使兼中書。曾祖母宋氏吴國、祖母元氏許國、母龐氏徐國，並太夫人。此蓋儷極之優恩，亦無徑封王之制。通之已有贈官，蓋章獻爲美人、德妃時，已循常封贈而致，自祖以上則未有爵邑，然則是時妃嬪亦無贈二代之制也。仁宗嗣位，章獻臨朝，乾興元年三月十一日，詔維嶽移鎮寧節，加侍中；延慶移建雄節，加中書令；通追封彭城郡王；宋、元、龐改封陳、衛、鄆三國。章惠以保毓上躬，尊爲皇太妃，同時贈祖楊瑫爲安州觀察使，父知儼忠義軍節度使兼侍中，祖母王氏河南郡君，母張氏鄭國太夫人。蓋雖太妃亦止及祖考焉。天聖三年正月二十六日，又詔加贈維嶽彰信節兼尚書令，延慶鎮安節兼尚書令，通爲鄭王；宋、元、龐又改封楚、韓、魏三國，而外戚追封一字王之制，始見于此。夷考其時，仁宗以母事章獻，孝聞天下，慶節則朝北面，饗廟則冠儀天，皆非平時之禮。而通之名又頒之四海，上書奏事，科舉程文，避之如宗廟，改通判爲同判，州郡之名如通利軍之類，亦莫不改，尊之至矣。則以命珪荒鄭履要豈後日之所可援。六年正月二十六日，又詔加贈維嶽天平節兼尚書令，延慶彰化節、許國公，通開府、魏王，宋、元、龐爲安、齊、晉三國。是徹國爲公之始也。八年十一月二十四日，又詔加贈維嶽燕國公，延慶開府，通兼中書令，宋、元、龐爲魯、越、秦三國。是終章獻垂衣之世，二代止於國公，祖妣止於國夫人。郭后爲仁宗嫡后，受册之初，正卺饋盥薦之禮。所謂贈曾祖中書令郭崇爲尚書令兼中書令，贈祖左千牛衛大將軍守璘爲寧國軍節度使、太尉，贈父崇儀副使允恭爲安國軍節度使、太傅，三世妣鄭、李、杜爲燕、岐、安國太夫人。見於天聖三年正月二十八日之詔者，此嫡后受册之典故也。章懿爲仁宗之母，追册之後，因李用和有言，《玉牒》取索而後加贈。所謂贈曾祖太子少傅李應已爲太傅，贈祖太子少師延嗣爲太師，贈父泰寧軍節度使兼中書令仁德爲尚書令兼中書令，三世妣沈、汪、董爲蔡、徐、陳國太夫人。繼見於景祐三年七月五日之詔者，此母后追册之典故也。惟慈聖光獻以元勳之門，來嬪帝室，景祐初元十一月二十二日，初贈祖尚書令、冀武惠王曹彬爲魯王。蓋其先自以佐命拓國，已啓茅土之封，所以示寵者，易地升國而已。其他如贈曾祖太師、尚書令、萊國公芸爲安國公，贈父虞部員外郎玘爲特進、太傅兼侍中。曾祖妣張韓國，祖妣高、唐、劉秦國、舒國、燕國，母馮徐國，亦無異數。温成席寵，父堯封欲開王封，仁宗頫慰公議，至和元年六月十三日，追封皇后父玘爲東海郡王，堯封爲清河郡王。此后父贈王爵之始也，而亦止於郡。神宗篤慶壽擁佑之恩，治平四年初紹大統，二月十三日亟詔加贈太皇太后曾祖芸、祖彬、父玘皆爲太師、尚書令兼中書令，王鄧、唐、韓三國。此祖后三代封王之始也。慶壽在御既久，歲時貤恩，加荒大國。宣仁聖烈后之曾祖高烈武瓊，固太平、景德勳臣，功在彝鼎，與曹武惠彬相伯仲。神宗不得獨異，熙寧元年，初封瓊爲大寧郡王，而祖繼勳、父遵甫仍未得封。四年九月二十一日，又進瓊爲崇王。馴至十年十二月十一日，又偕曹氏褒贈而瓊封魯，繼勳封許，遵甫封衛。此母后三代封王之始也。是時欽聖憲肅以故相向文簡敏中之家伣天作合，三宫皆國朝元勳名相，事體略同，而是年同日放詔曾祖敏中贈秦國公，祖傳亮兼尚書令，惟父經得封河間郡王，猶循用至和故事，不敢少越。哲宗襲尊號，宣仁垂簾，欽聖遂視寶慈舊比，敏中王文安郡，傳亮公韓國，經王益國。敏中之所以先傳亮而得王，正以勳德比曹高，非以它也。元祐四年，敏中遂王定，傳亮王衛，經王秦，三代始皆得封。雖歷崇、觀、政、宣之世，封爵稍過差，而昭慈、聖獻、昭懷、顯恭、顯肅諸后家，皆無此制。建炎中興，憲節從狩漠北，高宗以元妃之重，已正椒塗。紹興元年，后母熊氏上遺表【二】，陳請皇后受册當時未曾加恩。上諭輔臣曰：「朕於外戚，不敢有所私也，况待遇后家，又不敢與宣和皇后家等。前此官邢氏中外親，已減於韋氏矣。今祈請不已。」於是詔特贈后父慶遠軍節度使、開府儀同三司邢焕爲少師，追封嘉國公。聖慮深微，可法萬世。還考宣和母后之家，是爲顯仁后，自紹興十年九月十日，詔皇太后曾祖郊社齋郎、贈太師、岐國公韋舜臣追封雍國公，曾祖母唐國夫人段氏贈楚國夫人，祖贈太師、追封新平郡王，子華追封安康郡王，祖母漢國夫人杜氏贈魏國夫人，父贈太師、追封豫王安禮追封魯王，母益國夫人宋氏贈秦國夫人。至十二年四月五日，又詔皇太后曾祖韋舜臣追封惠王，祖子華追封德王，而三世始畢王矣。猶自正號之後，歷十有五年而叙進，歷郡若國，

【二】后母熊氏上遺表　「熊」原作「能」，據學海本、四庫本改。

自公而王，不少躐等。秦檜當國，掩建炎聖謨之懿，十三年四月二日立后。五月十六日初詔封憲節后曾祖右監門衛將軍、贈太傅邢允迪爲恭王，祖中奉大夫、贈太師宗賢爲永王，父慶遠軍節度使、醴泉觀使、贈太師、楚國公焕爲安王。至二十七日，遂詔封皇后故曾祖贈太子太保吴文誠恭王，祖贈太子太傅從亨和王，父武翼郎、贈太子太師近榮王。后族以初受册恩，不竢褒贈極品，三代即正王爵，至是始見之。憲節追褒，蓋示肇端，檜之意可考矣。成穆在孝宗朝，追册曾祖西京左藏庫副使、贈開府儀同三司郭若節，祖奉直大夫、贈金紫光禄大夫直卿，同贈東宫保、傅。成恭登配，曾祖儒林郎、吉州吉水縣主簿、贈太子少保夏令吉，祖贈太子少傅穀，父贈太子少師協，同贈三少。見於隆興二年正月二十一日、二年二月十七日之詔者，亦不皆得王封也。成肅以淳熙三年十月二十三日立，而十一月十六日遂封曾祖贈太保謝忠正爲永王，祖贈太傅慶祖爲和王，父贈太師寧爲惠王，即用紹興近制。紹熙慈懿、慶元恭淑兩家初受册，贈典止於循進，踰年乃王，然亦徧三代矣。如新興郡王吴蓋、大寧郡王吴益，於憲聖屬爲昆弟，亦得正一字之封，蓋又特恩云。

贈官不改國

封國以小大加進，或乞不改封，則仍舊。惟淳熙十六年十二月九日，詔皇太后曾祖贈太師、追封秦王吴文誠特追封秦王，曾祖母秦魏國夫人王氏特贈秦魏國夫人；祖贈太師、追封秦王吴從亨特追封秦王，祖母秦魏國夫人劉氏特贈秦魏國夫人；　父贈太師、追封秦王吴近特追封秦王，母秦魏國夫人張氏特贈秦魏國夫人。三代國名皆不少更，而亦以爲贈典，前無此比也。吴氏在高宗朝，紹興十九年十二月三十日，嘗詔皇后曾祖母、祖母、母並已贈吴國夫人，本家乞不改贈，俾仍故封。二十二年十二月二十八日，又詔皇后故曾祖贈太師、追封恭王吴文誠追封慶王，祖贈太師、追封華王從亨追封吴王，父已追封吴王，本家乞不改封。二十五年十二月二十五日，詔慶王吴文誠追封吴王。蓋歷三封不改，於是三代皆吴國矣，與今追封之意，蓋同出一家世爵之願，非常典也。

鎖小殿子

周文忠必大《玉堂雜紀》曰：「中興後，凡除拜節鉞以上，多由中書進熟狀。院吏云鎖中左者，文臣也；　右選者，武臣也。逐房臨時呼院吏取索，是以知之。惟草后妃、太子、宰相麻，則不容知。快行數十輩來宣召云：『鎖小殿子。』既至便殿，上服帽帶，諭以除授之意。御前列金器，如硯匣、壓尺、筆格、糊版、水滴之屬，幾二百兩，既書除目，隨以賜之。隆興初猶用此例，乾道以後，止設常筆硯而已，退則有旨，打造不及，例賜牌子金百兩，立后升儲倍之。」珂按此制非中興後，在承平時已有之。蔡絛《鐵圍山叢談》曰：「國朝之制，立后、建儲、命相，於是天子親御内東門小殿，召見翰林學士，面諭旨意，迺鎖院草制，付外施行。其他除拜，但廟堂僉議進呈，事得允，然後中書入熟第，使御藥院内侍一員，持中書熟狀内降，封出宣押，當直學士入，鎖院竟，迺以内降付之，俾草制而已。故相位有闕，則中外側耳聳聽，一報供張小殿子，必知天子御内殿者，迺命相矣。太上自即位已來，尤深考□。孝宗廟諱。雖九禁至密，亦不得預知，獨自語學士以姓名而命之也。及晚歲，雖倦萬幾，然每命相，猶自擇日，在宣和殿札其姓名于小幅紙，緘封垂于玉柱斧子上，俾小璫持之，導駕于前，自内中出至小殿子，見學士始啓封焉。」然則小殿子又當在内東門，今所紀惟於便殿，則南渡草創，蓋惟存其名意而已，不必盡合舊制也。

國初宮禁節料錢

内藏有取會之禁，宫禁好賜之制，外廷莫得而知。凡今歲時，士庶家以錢分遺家人輩，目曰「節料」；或歲正、冬節，縱之呼博，目曰「則劇」【三】。習尚已久，亦不究所由始。珂嘗讀蔡絛《鐵圍山叢談》，而後知國初蓋已有之。藝祖艱難造邦，示儉一意，雖千萬世，猶可拜而仰也，謹備録焉。絛之言曰：「副車弟嘗得太祖賜名詔一以藏之。詔曰：『朕親提六師，問罪上黨。』末又曰：『今七夕節在近，錢三貫與娘娘充則劇錢。千五與皇后，七百與妗子充節料。』」問罪上黨者，國初征李筠時也。娘娘即昭憲杜皇后也，皇后即孝明王皇后也。副車蓋絛謂其弟鞗，尚徽宗女茂德帝姬云。

【三】目曰則劇　「則」，學海本作「雜」，《鐵圍山叢談》卷一作「作」，下文同。

赦宥之數

藝祖在位十九年，大赦一，郊赦四，曲赦三，德音六。太宗在位二十七年，大赦一，郊及耕籍、星變、册皇太子之赦凡九，德音十四。真宗在位二十五年，大赦及封禪、祀汾陰、聖祖降、恭謝上聖號之赦凡六，郊及罷兵、得雨、上聖祖號、册皇太子、御樓泛赦凡十二，常赦九，德音十四。仁宗在位四十一年，大赦一，郊及恭謝明堂、籍田、祫享、母后不豫、星變之赦凡十七，常赦七，德音十二。英宗在位四年，大赦一，郊及册皇太子之赦二，德音三。神宗在位十八年，大赦一，郊及明堂、星變、神御殿成、年穀屢豐、册皇太子之赦凡十，曲赦二，德音十七。哲宗在位十五年，大赦一，郊及明堂、祖后不豫、星變之赦凡七，德音十。徽宗在位二十五年，大赦一，兩郊、明堂、受寶圭、定鼎、謁原廟、皇子生、復熙豐制度、收復燕雲之赦凡二十五，常赦十四，德音二十七。欽宗在位一年，大赦及講和之赦二，德音一。高宗在位三十六年，大赦一，郊及明堂、皇太子生、復辟、星變、復河南、母后不豫、梓宫來歸之赦十九，常赦四，德音十七。孝宗在位二十七年，大赦一，郊及明堂、册皇太子、慶壽之赦十四，德音二。光宗在位五年，大赦一，郊及聖父不豫之赦凡二。略計建隆庚申以及紹熙甲寅，凡二百三十有四年，凡三百有一赦，實肇於趙韓王普其仁如天之對，其一言興邦之比歟。

祖宗朝田米直

承平時，錢重物輕，本業具舉。故粒米狼戾之價，與今率不侔，而田之直亦隨以翔庳。珂按李文簡燾《續通鑑長編》，熙寧二年十一月壬午，御邇英閣。進讀《通鑑》畢，賜坐。司馬光、吕惠卿議青苗事，司馬光曰：「太宗平河東，輕民租税，而戍兵甚衆，命和糴糧草以給之。當是時，人稀物賤，米一斗十餘錢，草一圍八錢，民樂與官爲市。其後人益衆，物益貴，而轉運司常守舊價，不肯復增，或更折以茶布，或復支移折變。歲飢，租税皆免，而和糴不免，至今爲膏肓之疾。」又熙寧八年八月戊午，中書進呈户房乞下兩浙提舉水利，及轉運司各差官，定驗兩浙興修水利不當事。吕惠卿曰：「臣等有田在蘇州，一貫錢典得一畝田，歲收米四五六斗。然常有拖欠，僅如兩歲一收。上田得米三斗，斗五十錢，不過直百五十錢。而今修堤岸，所率每畝二百錢，有千畝田即出二百千，如何擠得。」觀太平興國至熙寧止百餘年，熙寧至今亦止百餘年，田價米價乃十百倍蓰如此。今蘇、湖間，上田每歲收主租一石，折糙而計，亦止得八斗。如江鄉田，上色可收穀四石，却可得主租二石，春而爲米，亦止一石。而四石之田，固不多見也，税尤重，計所得猶不及五六斗耳。尋常一縣丞下鄉點視陂塘，已不翅畝費二百，而當時已歎其重，今乃反以爲輕耶，可爲永慨。

潛藩節鎮

紹興八年十月甲戌，左僕射趙鼎罷爲忠武節度、知紹興府。議者謂故事當帶檢校官，且忠武乃神宗皇帝潛藩，乃貼麻授檢校少傅、奉國軍節度使，徙知泉州。珂按南渡以後，除節鎮犯潛邸名者，不可縷數。近世李儀同孝友建奉寧節，亦同高宗舊鎮。蓋失於辭，於理固不可用也。

官稱不避曹司

凡今世避家諱者，不避嫌名，雖著于令，而初無官曹、官稱之别。珂按《唐書・賈曾傳》，父名言忠，睿宗時擢中書舍人，以父嫌名不拜。開元初，復拜中書舍人，曾固辭。議者謂中書乃曹司，非官稱，嫌名在禮不諱，乃就職。然則中書者，曹司也；舍人者，官稱也。又有差别輕重。唐人最重諱，而所言乃如此，與今制尤不同云。

後序

郯，猶國也，夫子之所辱問焉。取而名編，摭其意而已，不直一愧也。嘗試考之，士君子之爲學，恥一物之不知，等千百載而上，倚相所未讀，序書所弗紀，歷歷如一日焉。顧於古乎何有，而廼立人之朝。當今之世，於其目擊而身履者，疑弗問，問弗辨，辨弗篤，曾猶可以愧瀆而謂郯云乎哉，郯云乎哉。李衛公，唐人第一流也，其立言以厲世，蓋不苟然矣。公之言曰：「臺閣典章，本公卿子弟之責，亦惟以其所習聞者而諉之也。」諉斯恕之矣，幸生文明化成之代，未能奮己所學，策勳觚鉛，碌碌以爲世禄羞。人以其習而諉之，世即其諉而取之，略於遠而問之以邇，舍夫古而責之以今，非恕何居。而且俛而受之，又從而文之以辭。盍知夫逆求其可承，從容丈席間，誼國君臣，跫然相顧，起不期之歎。失官之恥，徧中國無能自逭於聖人之譏，則郯固未易企，而亦未易以愧言也。愧其所不當愧，附其所不容附，吾名贅矣。然猶有願言者，謂志於愧，不若志於慕；愧於恕，不若愧於聒。請書衛語，併勉方來。是歲後三月望，珂後序。

黄跋

此宋刻《愧郯録》八册，計十五卷。雖其間抄者七十五葉，空白者十葉，然以意揣之，抄者必非無據，空白者亦是闕疑，仍不失爲古書之舊。頃從杭州書友處寄來，易白金一觔而去。余取知不足齋所刻本相勘，行款正同，空白亦合，當是此刻所翻，則此誠祖本矣。卷中有楊夢羽圖章，知爲吴郡故物。今復得弓玉之還，不亦快哉。嘉慶己未冬十月既望，書於紅椒山館。蕘圃黄丕烈。

張跋

蕘圃謂原書空白十葉，與知不足齋刊本相合，定爲祖本，且謂抄者必非無據。余嘗見同式後印者二部，及曹溶《學海類編》印本亦均無此十葉。明代有岳元聲刊本，余未之見。按岳爲浙江嘉興縣人，萬曆癸未進士。曹爲秀水縣人，崇禎丁丑進士，先後相距僅五十五年。曹輯是書，不知所據何本，然與岳生既同地，而時又相近，倦圃藏書甲於東南，不容不見岳本，度亦必同闕矣。友人周君越然購得祁氏澹生堂鈔本半部，余聞之往假，開卷則此十葉者宛然具在，因迻録之。倩人依原書款式，寫補各葉，前後適相銜接，雖卷五之第九至十二葉仍有闕文。是本卷二《淳熙南衙》一則闕七字，卷四《魚袋》一則闕八字，卷六《仙釋異教之禁》一則共闕七字，祁本亦無可補，然大致要已具足。明清鼎革，忠敏遭難，藏書散盡，世極罕見閲三百年。於有人覆印之時，而是書忽出，且亡其半，而有此十葉之半部獨不亡，不可謂非異事矣。書此以識吾友通假之惠，並爲是書慶幸焉。民國紀元二十三年元月，海鹽張元濟。

佚文

打子

吴仁傑《鹽石新論》甲編曰：「程氏《演蕃露》：『今衛士扈駕清道者，名爲等子。誤矣。《東方朔傳》，夏育爲鼎官。顔師古云：鼎官，今殿前舉鼎者，然則當爲鼎子也。』仁傑按《魏·典韋傳》，謂等人曰：『虜來十步，乃白之等人曰十步矣。』洪翰林云：『等人猶候人，蓋軍制也。』等子之名疑起於此。今郡縣虞候、聽子之名亦起於軍制。李衛公《兵法》曰：『諸軍營各量置虞候子，使排比行軍次第。』又曰：『至夜，每陣前百步外，各著聽子五人，一更一替，以聽不虞。』今令文聽字加广，非也。」珂嘗讀歐陽文忠脩《歸田録》，今世俗言語之訛，而舉世君子小人皆同其繆者，惟打字爾。闕。《四庫》本《愧郯録》卷一〇。

桯史

⊙岳珂 撰

許沛藻 姚銘 整理

點校説明

《桯史》十五卷，岳珂撰。珂生平已見《愧郯録》點校説明。

本書以「桯史」爲名，《四庫提要》稱其不甚可解。而其自序云：「每從搢紳間聞聞見見歸，輒記其上，編已則命小史録藏去。」「桯，《説文》「牀前几」，則知「《桯史》者，猶言柱記也」（《直齋書録解題》），謂几案間之私史。是書記兩宋軼史、雜事，共一百四十條，關乎北宋者不足四十條，餘皆爲南宋時期的時事，不少係親歷親聞，如開禧北伐、泗州塔院、二將失律、慶元公議、淮陰廟等條，有可補史書之詳者。雖記事偶有失誤，如宣和御畫條誤以康與之爲詩作者，已爲張端義《貴耳集》所駁正，然總體言之，不失爲宋代史料筆記的上乘之作。

《桯史》現存版本主要有：北圖藏舊刻殘存一至七卷本，鐵琴銅劍樓藏元刊十五卷本，其空格、諱字、款式悉依宋本，是此後諸本之源，並經明雲間陳璧文東批點，《四部叢刊》續編所收即系此本。還有明成化本、嘉靖本（增加附録一卷）、《稗海》本、《津逮秘書》本、《四庫全書》本、《學津討原》本和影印《津逮秘書》的《叢書集成》本等。

此次整理，即以《四部叢刊》續編本爲底本，校以《稗海》本（簡稱稗海本）、《津逮秘書》

本（簡稱津逮本）、文淵閣《四庫全書》本（簡稱四庫本）、《學津討原》本（簡稱學津本）及相關史籍，對於陳氏批點文字，擇善采入校記。

自序

亦齋有桯焉，介几間，髹表可書，余或從搢紳間聞見歸，倦理鉛槧，輒記其上，編已則命小史録藏去，月率三五以爲常。每竊自恕，以謂公是公非，古之人莫之廢也，見睫者不若身歷，滕口者不若目擊，史之不可已也審矣。彼狥時者持謏以售其身，或張夸以爲窿，或溢厭以爲洿，言則書，書則疑，疑則久，久而亂真，天下誰將質之，兹非稗官氏之辱乎！況戲笑近謔，辭章近雅，辨論近縱，諷議近約，若是而不屑書，殆括囊者。夫金匱石室之藏，蕘夫野人之記，名雖不同，而行之者一也，於是稍裒積爲編。載筆者聞而譏之曰：「嘻！今朝廷設官盈三館，大概皆汗青事，詳覈備記，裁以三長，含毫閣筆，猶孫其難而莫之敢議也。彼齊東者何爲哉？子幸生天下無事時，亹竊粟縣官，進不得策名蘭臺以垂信，退不得隱几全其忘言之真，呫呫徒取棟牛累於世，無毫髮益，而猶時四顧出啄木畫，誠可笑抵。」余無以復，則指其桯曰：「汝將多言日朘，如五達之交午乎！汝將嘿嘿養元，如老聃之柱下乎！人言勿衃，汝姑謂汝將奚擇？」桯嗒然不應。予笑曰：「此真良史也。」遂以爲序。嘉定焉逢淹茂歲圉如既望珂序。

目録

卷第一

張紫微原芝

高宗覽婁陟明寅亮。之議，垂意祖烈，詔擇秦支，並建二王邸，恩禮未有隆殺也。會連歲芝生太宮，百執事多進頌詩，張紫微孝祥。時在館，獨獻文曰《原芝》。既二年，芝復生其處，校書郎臣張孝祥作《原芝》曰：「非天私我有宋，我祖宗在天篤丕祐于子孫，明告之符，於惟欽哉！在昔仁祖登三咸五，以天下爲公，授我英宗，以永我基祚，於惟欽哉！我聖天子躬濟大業，既平既治，上恰下嬉。惟大本未立，社稷宗廟之靈，亦靡克寧饗，有燁兹芝，胡爲乎來？天維顯思，命不易哉，和氣致祥，敢曰不然。曷不于他？乃廟産旃。曷不于他？于二宗之室。曷不于他？再歲再出。於惟欽哉！天意則然，我祖宗之意則然，於惟欽哉！小臣敢告我聖天子，告我聖天子承天之意，承祖宗之意，早定大計，惟一無貳。紛以貳起，辛伯有言，惟貳惟一，治忽所原，匪弗圖之，憂惟貳之懼。敢告聖天子爲萬世利，蠢爾小臣，越職罪死。弗罪以思，惟我聖天子，言有一得，以裨吾國，萬死奚恤，渠敢愛死而畏越厥職。」上得之喜，即擢爲南宮郎。於是内廷始漸有所別，迄于建儲云。

藝祖禁讖書

唐李淳風作《推背圖》。五季之亂，王侯崛起，人有倖心，故其學益熾。開口張弓之讖【一】，吴越至以偏名其子，而不知兆昭武基命之烈也。宋興受命之符，尤爲著明。藝祖即位，始詔禁讖書，懼其惑民志以繁刑辟。然圖傳已數百年，民間多有藏本，不復可收拾，有司患之。一日，趙韓王以開封具獄奏，因言犯者至衆，不可勝誅。上曰：「不必多禁，正當混之耳。」乃命取舊本，自已驗之外，皆紊其次而雜書之，凡爲百本，使與存者並行。於是傳者懵其先後，莫知其孰譌，間有存者，不復驗，亦棄弗藏矣。《國朝會要》太平興國元年十一月，諸州解到習天文人，以能者補靈臺，謬者悉黥流海島，蓋亦障其流，不得不然也。

徐鉉入聘

國初，三徐名著江左，皆以博洽聞中朝，而騎省鉉又其白眉者也。會修述職之貢，騎省寔來，及竟，例差官押伴。朝臣皆以辭令不及爲憚，宰相亦難其選，請于藝祖。玉音曰：「姑退朝，朕自擇之。」有頃，左璫傳宣殿前司，具殿侍中不識字者十人，以名入。宸

【一】開口張弓之讖　「開口」，津逮本、四庫本、學津本皆作「閉口」。

筆點其中一人，曰：「此人可。」在廷皆驚，中書不敢請，趣使行，殿侍者慌不知所繇，薄弗獲已，竟往渡江。始燕，騎省詞鋒如雲，旁觀駭愕。其人不能答，徒唯唯。騎省叵測，强聒而與之言。居數日，既無與之醻復者，亦勌且默矣。余按當時陶、竇諸名儒，端委在朝，若使角辯騁詞，庸詎不若鉉？藝祖正以大國之體，不當如此耳，其亦不戰屈人兵之上策歟【二】！其後王師征包茅于煜，騎省復將命請緩師，其言累數千言，上諭之曰：「不須多言，江南亦何罪？但天下一家，卧榻之側，豈容他人鼾睡耶！」大哉聖言，其視騎省之辯，正猶螢爝之擬羲舒也。騎省名甚著，三徐者，近世或概爲昆弟。余嘉定辛未在故府，樓宣獻鑰。嘗出手編《辨鸞岡三墓》，余謝不前考。後讀周文忠必大。《游山録》，有衛尉卿延休、騎省鉉、内史鍇，蓋父子甚明。而余已去國，不復得請益云。

【二】兵之上策歟　「上策」原作「土苴」，據稗海本、津逮本、四庫本改。

石城堡寨

六朝建國江左，臺城爲天闕，復築石頭城于右，宿師以守，蓋如古人連營之制。然古今議攻守者，多疑以爲分兵力而無用。東陽陳同父亮。嘗上書乞移都建康，謂古臺城當在今鍾山，而大司馬門在馬軍新營之側，今城乃江南李氏所築耳。使六朝因今城以守，則不費侯景輩數日力，何以歷年如彼其久乎。因言曹武惠登長干，兀术上雨花臺，城中秋毫不能遯。余嘗親歷其地，其説皆是，第指古臺城所在，要未有明據，亦出臆度。自清涼寺而上，皆古石頭頽墉，猶可識其址，皆依山而高，然則六朝非不知備也。楊文節萬里。持漕節，嘗有詩曰：「已守臺城更石城，不知併力或分營。六師只合環天闕，一壘真成借寇兵。向者王、蘇俱解此，寃哉隗協可憐生。若言虎踞渾堪倚，萬歲千秋無戰爭。」其旨明矣。淳熙乙未，郭棣帥淮東，築維揚城，又旁築一城曰堡寨，地皆砥平，相去餘數里。雖牽制之勢亦不相及，竟不曉何謂，猶不若石城之得失相半也。

湯岐公罷相

湯岐公思退。相高宗，紹興三十一年，以煩言罷。洪文安遵。在翰苑當直【三】，例作平語，諫官隨而擊之，以祠去。孝宗朝再相【四】，隆興二年復罷。文安之兄文惠适。適視草焉，又作平語，侍御史晁公武。亦擊之，文惠請外，上曰：「公武言卿黨思退，朕謂平詞出朕意。」固卻其章，仍徙戶侍矣。蓋其相兩朝，再罷相，乃累洪氏二兄弟，先後若出一轍，可笑如此。岐公中詞科時，與文敏邁。實同年云。

南陔脱帽

神宗朝，王襄敏韶。在京師，會元夕張燈，金吾弛夜，家人皆步出將帷觀焉。幼子寀。第十三，方能言，珠帽襐服，馮肩以從。至宣德門，上方御樓，薌雲綵鼇，簫吹雷動，士女仰

【三】洪文安遵在翰苑當直　「苑」字原闕，據津逮本、四庫本補。

【四】孝宗朝再相　「朝再」二字原闕，據稗海本、學津本補。又「朝」字津逮本、四庫本作「初」字。

視，喧擁闐咽，轉眄已失所在，騶馭皆恇擾不知所爲。家人不復至帷次，狼狽歸，未敢白請捕。襄敏訝其反之亟，問知其爲南陔也，曰：「他子當遂訪，若吾十三，必能自歸。」怡然不復求。咸叵測。居旬日，内出犢車至第，有中大人下宣旨，抱南陔以出諸車，家人驚喜，迎拜天語。既定，問南陔以所之。乃知是夕也，姦人利其服裝，自襄敏第中已竊跡其後。既負而趨，南陔覺負己者之異也，亟納珠帽于懷。適内家車數乘將入東華，南陔過之，攀幰呼焉。中大人悦其韶秀，抱寘之膝。翌早，擁至上閤，以爲宜男之祥。上問以誰氏，竦然對曰：「兒乃韶之幼子也。」具道所以，上顧以占對不凡，且歎其早惠，曰：「是有子矣。」令暫留欽聖鞠視，密詔開封捕賊以聞，既獲，盡戮之。乃命載以歸，且以具獄示襄敏，賜壓驚金犀錢果，直鉅萬。其機警見於幼年者，已如此。南陔，寀自號，政和間有文聲，敢爲不詘，充其幼者也。余在南徐，與其孫遇。游，傳其事。

張元吳昊

景祐末，有二狂生曰張曰吳，皆華州人。薄游塞上，覘覽山川風俗，慨然有志於經略。耻於自售，放意詩酒，語皆絶豪嶮驚人，而邊帥豢安，皆莫之知。悵無所適，聞夏酋有意窺中國，遂叛而往。二人自念，不力出奇，無以動其聽。乃自更其名，即其都門之酒家，劇飲終日，引筆書壁曰：「張元、吳昊，來飲此樓。」邏者見之，知非其國人也，迹其所憩，執之。

夏酋詰以入國問諱之義。二人大言曰：「姓尚不理會，乃理會名耶！」時曩霄未更名，且用中國賜姓也，於是竦然異之，日尊寵用事。寶元西事蓋始此。其事國史不書，詩文雜見于《田承君集》、沈存中《筆談》、洪文敏《容齋三筆》，其爲人概可想見。文敏謂二人名，偶與酋同，寔不詳其所以更之意云。

王義豐詩

王阮。者，德安人，仕至撫州守，嘗從張紫微學詩。紫微罷荆州，侍緫得翁以歸，偕之游廬山。暇日，出詩卷相與商榷，自謂有得。山南有萬杉寺，本仁皇所建，奎章在焉。紫微大書二章，其一曰：「老榦參天一萬株，廬山佳處著浮圖。祇因買斷山中景，破費神龍百斛珠。」其二曰：「莊田本是昭陵賜，更著官船載御書。今日山僧無飯喫，卻催官欠意何如？」阮得此詩，獨憮然不滿意，曰：「先生氣吞虹蜺，今獨少卑之，何也？」紫微不復言，送之江津。別去纔兩旬，而得湖陰之訃矣。紫微蓋於此絶筆。阮是時亦自有二十八字，曰：「昭陵龍去奎文在，萬歲靈杉守百神。四十二年真雨露，山川草木至今春。」紫微大擊節，自以爲不及。既而復過是寺，又題其碑陰曰：「碧紗籠底墨纔乾，白玉樓中骨已寒。淚盡當時聯騎客，黄花時節獨來看。」亦紆徐有味云【五】。阮所作詩號《義豐集》，刻江泮，其出於藍者蓋鮮，校官馮椅。爲之序。

【五】亦紆徐有味云　「徐」原作「餘」，據稗海本、津逮本、四庫本、學津本改。

琵琶亭術者

淳熙己酉，哲文倦勤，詔以北宫爲重華宫。光宗既登極，羣臣奉表，請以誕聖日爲重明節，如故事。時先君召還省闈，過鄉邦，維舟琵琶亭。新暑初袢，小憩亭上，有術者以拆字自名，過焉。因漫呼問家人字蹟，多奇中，命飲之酒，忽作而曰：「近得邸報乎？重華、重明非佳名也。其文皆『二千日』，兆在是矣。」先君掩耳起，亟以數鐶謝遣之。既而甲寅之事，果如其言，此與太平興國「一人六十」之讖無異。豈天道證應，固有數乎？抑符合之偶然也。

汴京故城

開寶戊辰，藝祖初脩汴京，大其城址，曲而宛，如蚓詘焉。耆老相傳，謂趙中令鳩工奏圖，初取方直，四面皆有門，坊市經緯其間，井井繩列。上覽而怒，自取筆塗之，命以幅紙作大圈，紆曲縱斜，旁注云：「依此修築。」故城即當時遺迹也。時人咸罔測，多病其不宜於觀美。熙寧乙卯，神宗在位，遂欲改作，鑒苑中牧豚及内作坊之事，卒不敢更，第增陴而已。及政和間，蔡京擅國，亟奏廣其規，以便宫室苑囿之奉，命宦侍董其役。凡周旋數十里，一撤而方之如矩，墉堞樓櫓，雖甚藻飾，而蕩然無曩時之堅樸矣。一時迄功第賞，侈其事，至以表記兩命詞科之題，概可想見其張皇也。靖康胡馬南牧，粘罕、斡離不揚鞭城下，有得色，曰：「是易攻下。」令植砲四隅，隨方而擊之。城既引直，一砲所望，一壁皆不可立，竟以此失守。沉幾遠睹，至是始驗。宸筆所定圖，承平時藏秘閣，今不復存。

施宜生

施宜生，福人也。少游鄉校，有僧過焉，與之言，引之鱣堂下，風簷杲日，援手周視，曰：「余善風鑒，子有奇相，故欲驗予術耳。歸，它日當語子。」又數年，遇諸塗，宜生方躓場屋，不勝困，欲投筆，漫徵前説，以所向扣之。僧出酒一壺，與之藉草飲，復援其手曰：「面有權骨，可公可卿，而視子身之毛，皆逆上，且覆腕，然則必有以合乎此，而後可貴也。」時范汝爲訌建、劒，宜生心欲以嚴莊、尚讓自期，而未脱諸口，聞其言大喜，杖策徑謁，干以秘策。汝爲恨得之晚，亟尊用之。亡何而汝爲敗，變服爲傭，渡江至泰。有大姓吴翁者，家僮數千指，擅魚鹽之饒。宜生傭其間三年，人莫之覺也。翁獨心識之，一日，屏人問曰：「天下方亂，英雄鏟跡，亦理之常。我視汝非傭，必以實告，不然且捕汝于官。」宜生不服，曰：「我服傭事惟恭，主人乃爾寘疑，請辭而已。」翁固詰之，則請其故。翁曰：「汝動作皆傭，而微有未盡同者。余日者燕客，執事咸餕【六】，而汝獨孫諸儕，撤器有噫聲，若歆然不怡，此魚服而角也。我固將全汝，而何以文爲？」宜生驚汗，亟拜曰：「主

【六】執事咸餕　「餕」原作「駿」，據津逮本、四庫本、學津本改。

寔生我，不敢匿。」遂告之繇。翁曰：「官購方急，圖形遍城野，汝安所逃？龜山有僧可託以心，余交之舊矣。介以入北，策之良也。」從之，翁贐之金，隱之衲，至寺，服緇童之服以求納。主僧者出，儼然鄉校之所見也，啓緘而留之。餘數旬，持橈夜濟宜生于淮，曰：「大丈夫富貴命耳！予無求報心，天實命汝，知復如何，必得志毋忘中國，逆而順，天所祐也。」虜法無驗不可行，遂殺一人于道，而奪其符，以至于燕。上書自言，道國虛實，不見用，縻而致之黃龍。會赦得釋，因以教授自業。虜有附試畔歸之士，謂之歸義，試連捷。逆亮時有意南牧，校獵國中，一日而獲熊三十六，廷試多士，遂以命題，蓋用唐體。宜生奏賦曰：「聖天子講武功，雲屯八百萬騎，日射三十六熊。」亮覽而喜，擢爲第一。不數年，仕至禮部尚書。紹興三十年，虜來賀正旦，宜生以翰林侍講學士爲之使。朝廷聞之，命張忠定燾。以吏部尚書侍讀，館之都亭。時戎盟方堅，國備大弛，而諜者傳造舟調兵之事無虛日，上意不深信。館者因以首丘風之，至天竺，微問其的。宜生顧其介不在旁，忽廋語曰：「今日北風甚勁。」又取几間筆扣之，曰：「筆來！筆來！」於是始大警。及高景山告覺，而我粗有備矣，宜生寔先漏師焉。歸爲介所告，烹而死。宜生方顯時，龜山僧至其國，言于亮而尊顯之，俾乘驛至京，東視海舟，號「天使國師」，不知所終。僧蹤跡有異，淮人能言之，出入兩境如跳河，輕財結客，又有至術，髡而俠者也。逆而顯，順而戮，豈其相然耶！椎埋於先，一折枝而贖其惡，固神理之所不容也。國史逸其事，余聞之淮士臧子西如此。

晉盆杅

余居負山，在溢城之中。先君未卜築時，嘗爲戎帥皇甫斌宅，斌歸于袁，虚其室。山有堅土，凡市之塗塈版築，咸得而畚致之。無孰何者，遂罄其半，獨餘一面壁立。余家既來，始厲其禁，而山已不支。慶元元年五月，大雨隤其巔，古冢出焉。初僅數甓流下，其上有刻如瑞草，旁著字曰：「晉永寧元年五月造。」又有匠者姓名，曰張某，下有文如押字。隸或得之以獻，莫知所從來。居數日而山隤，塈周半墮，骨髮棺槨皆無存矣。兩旁列瓦盌二十餘，左壁有一燈，尚熒熒，取之即滅，猶有油如膏，見風凝結不可抉。盌中有甘蔗節，它皆已化。有小甆缾，如硯滴，竅其背爲蝦蟇形，製甚朴。足下有一瓦盆，如褻器。有銅帶數銙，鬆合餘者一片傅木，如鐵。有半鏡。一銅盆絶類今洗羅，殊無古制度，中有雙魚，盆底有四鐶附著，不測其所以用。一銅杅，穴底，與市井庖人汁器同制。每甓著年月、姓名，如先獲者，環塈皆是。碣曰：「晉征虜將軍墓。」余既哀而揜之，既數日復雨，山無址，竟埋焉。余考《晉書》，永寧蓋惠帝年號，距今九百餘載。是時蓋未有城郭，征虜之名，漢雖有之，在晉以此官顯者，不著於史，又無名氏可見。甓範必有字，古人作事，如此不苟。押字之制，世以爲起於唐韋陟五朵雲，而不知晉已有之。余固疑其似而非，又不可强識，亦可異也。凡物皆腐，而燈獨尚明，驪山人魚之説，固容有之。蕭統《文選·吊冥漠君文》亦有蔗，意其殽核之所重云。陶器以再隤皆碎裂，餘或爲親識間持去。盆杅僅在，而余侍親如閩，留于家。丙辰歲，詔禁挾銅者。州家大索，以輸嚴之神泉監。家人懼，杅復偕送官，獨盆偶櫝它所，今乃巋然存。其出其毁，要必有時，亦重可嘆也。因志于此，以俟博識。

卷第二

行都南北内

行都之山，肇自天目，清淑扶輿之氣，鍾而爲吴，儲精發祥，肇應宅緯。負山之址，有門曰朝天，南循其陘爲太宫，又南爲相府，斗拔起數峰，爲萬松八盤嶺，下爲鈞天九重之居，右爲複嶺，設周廬之衛止焉。舊傳讖記曰：「天目山垂兩乳長，龍翥鳳舞到錢塘。山明水秀無人會，五百年間出帝王。」錢氏有國，世臣事中朝，不欲其語之聞，因更其末章三字曰「異姓王」，以遷就之，讖實不然也。東坡作《表忠觀碑》，特表出其事，而讖始章。建炎元二之災，六龍南巡，四朝奠都，帝王之真，於是乎驗。朝天之東，有橋曰望仙，仰眺吴山，如卓馬立顧。紹興間，望氣者以爲有鬱葱之符，秦檜顓國，心利之，請以爲賜第。其東偏即檜家廟，而西則一德格天閣之故基也。非望挺凶，鬼瞰其室，檜薨于位，熺猶戀戀不能决去，請以其姪常州通判烜爲光禄丞，留涖家廟，以爲復居之萌芽。言者風聞，遂請罷烜，併遷廟主于建康，遂空其居。高宗將倦勤，詔即其所築新宫，賜名德壽居之，以膺天下之養者二十有七年。清蹕躬朝，歲時燀奕，重華繼御，更慈福、壽慈，凡四侈鴻名，宫室實皆無所更。稍北連甍，爲今佑聖觀，蓋普安故邸。莊文、魏王、光宗皇帝，寔生是間，今上亦於此開甲觀之祥。益知天瑞地靈，章明有待，斗筲負乘，固莫得而妄據云。

犇麤字説

王荆公在熙寧中，作《字説》行之天下。東坡在舘，一日因見而及之，曰：「丞相賾微窅窮制作，某不敢知，獨恐每每牽附，學者承風，有不勝其鑿者。姑以犇、麤二字言之，牛之體壯於鹿，鹿之行速於牛，今積三爲字，而其義皆反之，何也？」荆公無以答，迄不爲變。黨伐之論，於是浸闓，黄岡之貶，蓋不特坐詩禍也。

李順吴曦名讖

淳化四年十二月，蜀寇王小波死，李順繼之。明年正月己巳，即蜀王位。五月丁巳，兩川招安使王繼恩克成都，順就擒。開禧三年正月【一】，大將吴曦叛蜀，歸款于虜，甲午即蜀王位，丁酉受虜册。二月乙亥，隨軍轉運安丙。奉密詔梟曦于興州。説者析「順」字，謂「居川之傍一百八日」；折「曦」字，謂「三十八日我乃被戈」。較其即位、受册之日，不差毫髮，又俱終始于蜀。嘻！亦異矣。

【一】開禧三年正月　「三年」原作「二年」，據《宋史》卷三八《寧宗紀》改。

隆興按鞠

隆興初，孝宗鋭志復古，戒燕安之鴆，躬御鞍馬，以習勞事，倣陶侃運甓之意。時召諸將擊鞠殿中，雖風雨亦張油帟，布沙除地。羣臣以宗廟之重，不宜乘危，交章進諫，弗聽。一日，上親按鞠，折旋稍久，馬不勝勩，逸入廡間，簷甚低，觸于楣。俠陛驚噱失色，亟奔湊，馬已馳而過。上手擁楣垂立，扶而下，神采不動，顧指馬所往，使逐之。殿下皆稱萬歲。蓋與藝祖抵城挽鬃事，若合符節，英武天縱，固宜有神助也。

東坡屬對

承平時，國家與遼歡盟，文禁甚寬，輅客者往來，率以談謔詩文相娛樂。元祐間，東坡實膺是選。遼使素聞其名，思以奇困之。其國舊有一對曰「三光日月星」，凡以數言者，必犯其上一字，於是徧國中無能屬者。首以請于坡，坡唯唯謂其介曰：「我能而君不能，亦非所以全大國之體。『四詩風雅頌』，天生對也，盍先以此復之。」介如言，方共歎愕。坡徐曰：「某亦有一對，曰『四德元亨利』。」使睢盱，欲起辨，坡曰：「而謂我忘其一耶？謹閟而舌，兩朝兄弟邦，卿爲外臣，此固仁祖之廟諱也。」使出不意，大駭服。既又有所談，輒爲坡逆敓，使自愧弗及。迄白溝，往反齚舌，不敢復言他。

富翁五賊

東陽陳同父資高學奇，跌宕不羈。常與客言，昔有一士，鄰于富家，貧而屢空，每羡其鄰之樂。旦日，衣冠謁而請焉。富翁告之曰：「致富不易也。子歸，齋三日，而後予告子以其故。」如言復謁，乃命待于屏間，設高几，納師資之贄，揖而進之，曰：「大凡致富之道，當先去其五賊。五賊不除，富不可致。」請問其目，曰：「即世之所謂仁、義、禮、智、信是也。」士盧胡而退。同父每言及此，輒掀髯曰：「吾儒不爲五賊所制，當成何等人耶！」既魁癸丑多士，一命而卒。先一年，嘗以詿誤繫大理，光宗知其名，特詔赦之。是歲臚傳，有因廷策指時政之失而及其事者，名亦在鼎甲，聯轆入團司。同父見之不悦，終期集如始見云。

太學祭齋碑

國學以古者五祀之義，凡列齋扁榜，至除夕必相率祭之。遂以爲爐亭守歲之酌，祝辭惟祈速化而已。羣儒執事者，帽而不帶，以緇代之，謂之叨冒。爵中皆有數鴨脚，每獻則以酒沃之，謂之僥倖。凡今世之登科級者，人或竊以此目之，則怫然而怒。孰知堂堂成均，乃有願而不獲者乎！余謂不然，蜡狂之戲，以弛張觀之可也。余里士柳三聘肄業立禮齋，嘗爲余言如此。

泉江三地名

余外家居泉之石龜，其傍有天聖間皇城使蘇某者墓，後壟中斷，田其間，曰「狗骨洋」。九江陶氏有驍衛將軍鑑墓於石龍山之原，山折而南，溝而絶之，曰「掘斷嶺」。石門澗有支阜，下至落拖山，據其支之腰皆田，田中有大畦焉，砥平而高，可播種石餘，曰「銅釘坵」。傳者謂其地有休符，太史嘗占之，以聞于朝，有詔夷鏟。洋故有神工，每欲成，輒役萬鬼而填之，役夫不得休。有宿其傍者，聞鬼言，以爲所畏者犬厭耳。遂烹羣犬而寘骨焉，釘以銅，爲書符篆以絶地脈。或曰殺童男女瘞其下爲厭勝，是爲童丁。説皆不根誕謾。然余嘗親歷其地，坵乃一平疇，在大畈中，支阜之下猶十餘里，所止處初無冢穴，莫知其所以用。洋與嶺俱隱然有鋤治故跡，耕者或謂得骨於故處。考之業主之質劑，則地名皆信然，殊不可曉。清臺考驗，近世罕有精者。妄一男子，謂某所有某氣，輒隨而發之，戕人用牲，勞民以夷堙，詰應於恍惚，固清朝之所不爲也。他所如此名者，比比而是，要皆山有偶然低窪，相襲而益訛。考之載籍，皆無所見。惟《續皇王寶運録》有唐金州刺史崔堯封，用太白山人之説，掘牛山黄巢谷金桶水一事，不書於唐史，蓋不經之説。而余所書崇寧鑿阜城王氣，僅雜見於野史云。

牧牛亭

金陵牧牛亭，秦氏之丘壟在焉。有移忠、旌忠寺，相去五里，金碧相照。楊誠齋嘗乘軺過之，題詩壁間，曰：「函關只有一穰侯，瀛舘寧無再帝丘。天極八重心未死，台星三點拆方休。只看壁後新亭策，恐作移中屬國羞。今日牛羊上丘壟，不知丞相更嗔不」，復自注其下云：「秦暮年起大獄，必殺張德遠、胡邦衡等五十餘人，不知諸公殺盡，將欲何爲？奏垂上而卒，故有『新亭』之句，然初節似蘇子卿，而晚謬。」余嘗過其地，二刹正爲其家不檢子孫所撓，主僧相繼而逃去。有一支位者主之，以寺歸之官，刻大碑于門，不許其家人之與其事，始稍復振。檜墓前隊碑【二】，宸奎在焉，有其額而無其辭，卧一石草間，曰：「當時將以求文，而莫之肯爲，今已矣！」檜在虜，不久即逃歸，撻辣實縱之，不知何以似子卿也。

【二】檜墓前隊碑　「墓」原作「暮」，據稗海本、津逮本、四庫本、學津本改。

黠鬼醖夢

清漳楊汝南，少年時以鄉貢試臨安，待捷旅邸，夜夢有人以油沃其首，驚而寤。牓既出，輒不利，如是者三，竊怪之。紹興乙丑，復與計偕，懼其復夢也，榜揭之夕，招同邸者告以故，益市酒殽，明燭張博具，相與劇飲，期以達旦。夜向闌，四壁咸寂，有僕曰劉五，卧西牖下，呻呼如魘。亟振而呼之醒，乃具言：「初以執炙之勤，視博方酣，幸主之不呼，竊就枕。忽有二人者，扛油鼎自樓而登，倉皇若有所訪，顧見主之在坐也，執而注之，我怒而爭，是以魘。」汝南聞之大慟，曰：「二千里遠役，今復已矣！」同邸亦相與嘆咤，爲之罷博。及明，漫强之觀榜，而其名儼然中焉。視榜陳于地，黯若有迹，振衣拂之，油漬其上，蓋御史泣書淡墨，以夜倉猝覆燈盌，吏不敢以告也。宛陵吴勝之，柔勝。淳熙辛丑得雋于南宫，將赴廷對，去家數十里，有地名曰朱唐，舟行之所必經。里之士夜夢有語之者曰：「吴勝之入都，至朱唐而反矣。」起而告諸人，時吴有親在，垂白，意其或尼於行也，私憂之，既而無他。集英賜第，乃在第三甲，上曰朱，端常。聯之者曰唐，廣【三】。始悟所夢。里士怒曰：「吴勝之登科，何與我事，鬼乃侮我耶！」二事絶相類。要知科第有定分，非可以智力求也。唐有升甲恩，今《登科記》非元次第云。汝南，余外祖母楊宜人之兄，外家能誦傳之。嘉定庚午，余官故府，與勝之爲僚，皆親聞其言。

望江二翁

舒之望江，有富翁曰陳國瑞，以鐵冶起家。嘗爲其母卜地，青烏之徒輻集，莫適其意。有建寧王生者，以術聞，延之踰年，始得吉于近村，村有張翁者業之【四】。國瑞治家，未嘗問有無，一以諉其子。王生乃與其子計所以得地，且曰：「陳氏卜葬，環數百里莫不聞，

【三】聯之者曰唐廣「聯」，津逮本、四庫本、學津本皆作「繼」。

【四】村有張翁者業之「村」字原闕，據津逮本、四庫本、學津本補。

若以實言，則龍斷取貲，未易厭也。」於是僞使其冶之隸，如張翁家議圈冢，若以禱者，因眺其山木之美而譽之曰：「吾冶方乏炭，此可窑以得貲，翁許之乎？」張翁固弗疑也，曰：「諾。」居數日，復來，遂以錢三萬成約。國瑞始來，相其山大喜，築垣繕廬，三閱月而大備，遂葬之。明年清明，拜墓上，王與子偕，忽顧其子曰：「此山得之何人？厥直凡幾？」子以實告。又顧王曰：「使不以計勝，則爲直當幾何？」曰：「以時賈商之，雖廉猶三十萬也。」國瑞亟歸，命治具輊馬，謁張翁而邀之，至則舘焉。盛殽醞，相與款洽者幾月，語皆不及他【五】。翁既久留，將告歸，復張正堂而醮之。酒五行，輦錢緡三百寘之阼，實縑于篚，酌酒于斝而告之曰：「予葬予母，人謂其直之朘，請以此爲翁壽。」翁錯愕曰：「吾他日伐山而薪，不盈千焉，三萬過矣，此惡敢當！」國瑞曰：「不然！葬而買地宜也，詭以爲冶則非也。余子利一時之微，以是給翁。人皆曰直實至是，用敢以爲請，凡予之爲，將以愧吾子之見利忘義者。」翁卒辭曰：「當時固已許之，實又過直，子欲爲君子，老夫雖賤，可强以非義之財耶！」固授之，往反撐拒，詰旦拂衣去。國瑞乃怒其子曰：「汝實爲是，必爲我致之！」不得已，密召其子畀焉，曰是猶翁也。翁竟不知。嗟夫，世之人以市道相交，一錢之爭，至於死而不悔，聞二人之風，亦可以少媿乎！

【五】語皆不及他　「皆」字原闕，據津逮本、四庫本、學津本補。

劉改之詩詞

廬陵劉改之過。以詩鳴江西，厄於韋布，放浪荆、楚，客食諸侯間。開禧乙丑，過京口，余爲鑣幕庾吏，因識焉。廣漢章以初，升之。東陽黄幾叔，機。敷原王安世，遇。英伯邁。皆寓是邦。暇日，相與蹠奇吊古，多見於詩，一郡勝處皆有之。不能盡憶，獨録改之《多景樓》一篇曰：「金、焦兩山相對起，不盡中流大江水。一樓坐斷天中央，收拾淮南數千里。西風把酒閑來遊，木葉漸脱人間秋。關河景物異南北，神京不見雙淚流。君不見王勃詞華能蓋世，當時未遇庸人耳。翩然落托豫章游，滕王閣中悲帝子。又不見李白才思真天人，時人不省爲謫仙。一朝放迹金陵去，鳳凰臺上望長安。我今四海游將徧，東歷蘇杭西漢沔。第一江山最上頭，天地無人獨登覽。樓高意遠愁緒多，樓乎樓乎奈爾何！安得李白與王勃，名與此樓長突兀。」以初爲之大書，詞翰俱卓犖可喜，囑余爲刻樓上，會兵事起，不暇也。又嘉泰癸亥歲，改之在中都。時辛稼軒弃疾。帥越，聞其名，遣介招之。適以事不及行，作書歸輅者。因傚辛體《沁園春》一詞，併緘往。下筆便逼真，其詞曰：「斗酒彘肩，醉渡浙江，豈不快哉！被香山居士，約林和靖，與蘇公等，駕勒吾回。坡謂西湖正如西子，濃抹淡粧臨照臺。諸人者，都掉頭不顧，只管傳杯。白云天竺去來，圖畫裏，崢嶸樓觀開。看縱横二澗【六】，東西水遶，兩山南北，高下雲堆。逋曰不然，暗香踈影，只可

【六】看縱横二澗　「二」原作「一」，據《宋六十家名詞·龍州詞》改。

孤山先探梅。蓬萊閣訪稼軒未晚，且此徘徊。」辛得之大喜，致餽數百千，竟邀之去。館燕彌月，酬倡亹亹，皆似之，逾喜。垂別，賙之千緡，曰：「以是爲求田資。」改之歸，竟蕩於酒，不問也。詞語峻拔如尾腔，對偶錯綜，蓋出唐王勃體而又變之。余時與之飲西園，改之中席自言，掀髯有得色，余率然應之曰：「詞句固佳，然恨無刀圭藥，療君白日見鬼證耳！」坐中烘堂一笑。既而别去，如崑山，大姓某氏者愛之【七】，女焉。余未及瓜，而聞其訃。以初後四年來守九江，以憂免，至金陵亦卒。游從歷歷在目，今二君墓木拱矣，言之於邑。

金華士人滑稽

葉丞相衡。罷相，歸金華里居，不復問時事，但召布衣交，日飲亡何。一日，覺意中忽忽不怡，問諸客曰：「某且死，所恨未知死後佳否耳？」一士人在下坐，作而對曰：「佳甚！」丞相驚顧，問何以知之，曰：「使死而不佳，死者皆逃歸矣。一死不反，是以知其佳也。」滿坐皆笑。明年，丞相竟不起。王中父觀之。宰德化，暇日爲余戲言。士人姓金，滑稽人也。

【七】大姓某氏者愛之　「大」字原闕，據稗海本、津逮本、四庫本、學津本補。

賢已圖

元祐間，黄、秦諸君子在舘。暇日觀畫，山谷出李龍眠所作賢已圖，博奕、樗蒲之儔咸列焉。博者六七人，方據一局，投迸盆中，五皆兹，而一猶旋轉不已，一人俯盆疾呼，旁觀皆變色起立。纖穠態度，曲盡其妙，相與歎賞，以爲卓絶。適東坡從外來，睨之曰：「李龍眠天下士，顧乃效閩人語耶！」衆咸怪，請其故，東坡曰：「四海語音言六皆合口，惟閩音則張口，今盆中皆六，一猶未定，法當呼六，而疾呼者乃張口，何也？」龍眠聞之，亦笑而服。

卷第三

歲星之祥

建炎庚戌，狄騎飲海，上躬御樓船，次于龍翔。秋，駐蹕會稽。時虜初退，師尚宿留淮、泗，朝議凜凜，懼其反旆，士大夫皆有杞國之憂。范丞相宗尹。薦朝散大夫毛隨有甘石學，有詔赴行在所，隨入對，言：「按《漢志》，歲星所在國，不可伐。昔湯之元祀，歲星順行，與日合于房，房、心，宋、亳分也。周武王至豐之明年，歲星順行，與日合于柳，留于張，柳、張，河、洛分也。故湯征無敵，餘慶貤衍，猶及微子。武王定鼎郟、鄏，而周公迄營成周，四方以無侮。今年冬，歲當躔而興宋，自此虜必不能南渡矣。然禦戎上策，莫先自治，願修政以應天道。」上大喜，既而果不復來。紹興辛巳，逆亮渝盟，有上封者言吾方得歲，虜且送死，詔以問太史，考步如言。陳文正康伯。當國，請以著之親征詔書，故其辭有曰：「歲星臨於吴分，冀成淝水之勳；鬬士倍於晉師，當決韓原之勝。」蓋指此。是冬，亮遂授首。二事之驗，不差毫釐。蓋宋國之號，而吴則今時巡之所都，天意篤棐，於是益昭昭矣。隨家衢之江山，後亦不顯。

梓潼神應

逆曦將叛前事之數月，神思昏擾，夜數躍起，寢中叱咤四顧，或終夕不得寢，意頗悔，欲但已。其弟晛力慫慂之，曰：「是謂騎虎，顧可中道下耶？」曦家素事梓潼，自玠、璘以來，事必禱，有驗，乃齋而請。是夕，夢神坐堂上，已被赭玉謁焉，因告以逆，且祈卜年之脩永。神不答，第曰：「蜀土已悉付安丙矣【一】。」既寤大喜，謂事必遂。時安以隨軍漕在魚關驛，召以歸，命以爰立。安顧逆謀堅決，觸之且俱靡，惟徐圖可以得志，不得已諾之。猶辭相印，遂以丞相長史權知都省事授之。居踰月而成獲嘉之績，梓潼在蜀，著應特異。紹熙壬子【二】，瀘人殺帥張孝芳，蓋嘗正晝見于閱武堂，逆黨恇潰，以迄天誅。相安之夢，得之蜀士，瀘之變，在京魏公鏜。帥蜀時，慶元己未，余在中都，親聞之。其他蓋不可縷數云。

【一】蜀土已悉付安丙矣　「土」原作「王」，據稗海本、津逮本、四庫本、學津本改。

【二】紹熙壬子　「紹熙」原作「紹興」，據津逮本、四庫本改。

機心不自覺

秦檜在相位，頤指所欲爲，上下奔走，無敢議者。曹泳尹天府，民間以乏見鏹告，貨壅莫售，日囂而爭，因白之檜。檜笑曰：「易耳！」即席命召文思院官，未至，趣者絡繹，奔而來，亟諭之曰：「適得旨，欲變錢法，煩公依舊夾錫樣鑄一緡，將以進入，盡廢見鏹不用。」約以翌午畢事。院官不敢違，唯而退，夜呼工鞴液，將以及期。富家聞之大窘，盡輦宿藏，爭取金粟，物賈大昂，泉溢于市。既而樣上省，寂無所聞矣。都堂左揆閤前有榴，每著實，檜嘿數焉，忽亡其二，不之問。一日，將排馬，忽顧謂左右取斧伐樹。有親吏在旁，倉卒對曰：「實甚佳，去之可惜。」檜反顧曰：「汝盜吾榴。」吏叩頭服。蓋其機穽根於心，雖嵬瑣弗自覺，此所謂莫見乎隱者，亦可嘆也。

館娃浯溪

靈巖、中宫爲蘇、永勝概，吊古者多詩之。近世王義豐、楊誠齋爲之賦，植意卓絶，脱去雕篆畦畛。余得之王英伯録藏焉。義豐賦館娃曰：「汎浮玉之北堂，得館娃之遺基，從先生而遊焉，揖夫差而弔之。或曰：是可唾也，奚以弔爲哉！夫沈湎以喪國，固君人之失道，然而有鍾鼓者，胡可以弗考？聞管籥者，民喜而相告。苟厥妃之當愛，惟恐王之不好矣，是則女樂亦可少乎！必曰夏有末喜，商有妲己，周有褒姒，而吴以西子，苟求其故，未必專於此也。齊有六嬖，威公以興，正而不譎，聖人稱焉。非夫九合一正之業，得仲父以當其任，則其一己之内，少有以自適者，舉不足以害成耶！闞大夫進，夏德豈昏，微子得政，商豈穢聞。蘇公、家父並用，則烽火豈得妄舉，子胥不見戮，則吴之離宫、別館至于今可存。抑夫差之資異，在列國亦翹楚，一戰而越沮，再會而諸侯懼。使僅得一中佐，置雙翼於猛虎，惟自剖其骨鯁，而放意於一女。敵乘其間，無以外禦，杯酒之失何足問，獨爲此邦惜殺士之舉也。此士不遭殺，夫差不可愚。苧羅之姝，適足爲我娛，胡得而竊吾之符；榮楯可居，適足華吾廬，胡足以隳吾之都。惟忠良之既誅，始猖狂而自如。臺兮姑蘇，舟兮太湖；食兮鱠鱸，曲兮棲烏。宿兮嬪嬙，脩明兮夷光；二八兮分明，捧心兮專房。徑兮採香，屧兮響廊；笑倚兮玉床，奈樂兮東方。稻蟹種兮不遺，爭盟兮黃池；無人兮箴規，有仇兮相窺。至德之廟，遂爲禾黍，悉陂池與臺榭，倏一變而梵宇。入笙歌於海雲，令聲鐘而轉鼓，儼麛鹿之容與，瞰僧儀而觀覩。駭越壘以在望，奚五戎之閲武，松引韻以嗚咽，柳顰眉而凝佇。山黯黯兮失色，水洶洶兮暴怒，追此謬於千里，本差之於毫釐。譬之養生，捐其良醫，逮疾作於中夜，懵藥石之不知。志士仁人，所爲太息於斯焉，蓋嘗反覆于此。竊謂種、蠡亦可哂也。勾踐方明，舉國以聽，十年生聚，十年教訓，以此衆戰，何伐不定，何至假負薪之女，爲是可耻之勝哉！始其土城，誨淫自君，終焉五湖，合懽其臣。青溪之典不正，金谷之義不立，瀲瀲扁舟，遂其全璧。使之脱鼎中之魚，而羣沙頭之鷺，返耶溪之蓮，而吐洞庭之橘，竊謂越之君臣何其陋於此役也。越則陋矣，吴亦太庸。士目既抉，夫誰納忠，可皐人之亡已，其自反而責躬乎！公既然雍，相與斂容，起視四山之中，覺蕭蕭兮悲風。」誠齋賦浯溪曰：「予自二妃祠之下，故人亭之旁，招招漁舟，薄遊三湘。風與水兮俱順，未一瞬而百里；欻兩峰之際天，儼離立而不倚。其一怪怪奇奇，蕭然若仙客之鑑清漪也； 其一蹇蹇諤諤，毅然若忠臣之蹈鼎鑊也。怪而問焉，乃浯溪也。蓋唐亭在南，峿臺在北，上則危石對立而欲落，下則清潭無底而正黑，飛鳥過之，不敢立迹。余初勇於好奇，乃疾趨而登之，挽寒藤而垂足，照衰容而下窺。余忽心動，毛髮森竪，乃蹟故步，還至水滸； 削苔讀碑，慷慨吊古。倦而坐於釣磯之上，喟然嘆曰：惟彼中唐，國已膏肓； 匹馬北方，僅或不亡。觀其一過不父【三】，日殺三庶，其人紀有不斁矣夫！ 曲江爲篋中之羽，雄狐爲明堂之柱，其邦經有不蠹矣夫！ 水、蝗税民之畝【四】，融、堅椎民之髓【五】，其天人之心有不去矣夫！ 雖微祿兒，唐獨不隊厥緒哉？ 觀馬嵬之威垂，涣七萃之欲離； 殪尤物以説焉，僅平達於巴西。吁不危哉！ 嗟乎！ 齊則失矣，而楚亦未爲得也。靈武之履九五，何其亟也？ 宜忠臣之痛心，寄《春秋》之二三策也！ 雖然，天下之事，不易於處【六】，而不難於議也。使夫謝奉册於高邑，將禀命於西帝； 違人欲以圖功，犯衆怒以求濟。天下之士，果肯欣然爲明皇而致死哉？ 蓋天厭不可以復祈，人潰不可以復支。何哥舒之百萬，不如李、郭千百之師，推而論之，事可知矣。且士大夫之捐軀以從吾君之子者，亦欲附龍鳳而攀日月，踐台斗而盟帶礪也。一復莅以耄荒，則夫千麾萬旟，一呼如響者，又安知其不掉臂也耶？ 古語有之：『投機之會，間不容穟。』當是之時，退則七廟之忽諸，進則百世之揚觶，嗟肅宗處此，其實難爲之。九思而未得其計也！ 已而舟人告行，秋日已晏； 太息登舟，水駃於箭。回瞻兩峰，江蒼茫而不見。」義豐賦中稱先

【三】觀其一過不父　「不」原作「尚」，常熟瞿氏藏元刊本陳文東眉批稱：「尚，恐作不。」楊萬里《誠齋集》卷四三《浯溪賦》正作「不」，據改。

【四】水蝗税民之畝　「税」原作「稅」，據津逮本、四庫本、學津本及《誠齋集》卷四三《浯溪賦》改。

【五】融堅椎民之髓　「堅」原作「竪」，據《誠齋集》卷四三《浯溪賦》改。

【六】不易於處　「不」字原闕，據四庫本及《誠齋集》卷四三《浯溪賦》補。

生，蓋時從范石湖成大。游。誠齋則以環轍湘、衡，過顔元碑下耳。二地出處本不倫，筆力到處，便覺夫差、肅宗無所逃罪。獨恨管子趨覇之説，不可以訓，如爲唐謀則忠。今兩刹中皆無此刻，而醒夢複語，往往滿壁間云。

天子門生

盤石趙逵。以紹興辛未魁集英之唱。後三年，以故事召歸爲校書郎。時秦檜老矣，怙權，殺天下善類以立威，搢紳脅息。趙至，一見光範，檜適喜，欲收拾之。問知其家尚留蜀，曰：「何不俱來？」趙對以貧未能致，檜顧吏囁嚅語，有頃，奉黄金百星以出，曰：「以是助舟楫費。」趙出不意，力辭之。吏從以出。同舍郎或勸以毋咈檜意者，趙正色曰：「士有一介不取，予獨何人哉！君謂冰山足恃乎！」勸者縮頸反走。吏不得已歸，猶不敢以其言白。檜已不樂，居久之，語浸聞，檜大怒曰：「我殺趙逵，如獮狐兔耳，何物小子，乃敢爾耶！」風知臨安府曹泳，羅致其隸輩，而先張本于上曰：「近三舘士不檢，頗多與宫邸通，臣將廉之，其醖禍不淺矣。」會得疾，十月而有絳巾之招。高宗更化，微聞其事。十一月，亟詔兼官朱邸，繼復召對，擢著作佐郎，謂之曰：「卿乃朕自擢。秦檜日薦士，曾無一言及卿，以此知卿不附權貴，真天子門生也。」又曰：「兩王方學詩，冀有以切磋之。」上意蓋欲以此破前謗。趙之未召，寔爲東川僉幕，總領符行中。有子預薦，意其爲類試官，密以文屬之，趙不啓緘，擲几下。既而符氏子不預牓，總因以他事捃摭之甚峻，然卒不能汚。趙之介特有守，蓋已見於初筮云。

姑蘇二異人

姑蘇有二異人，曰何蓑衣，曰猷道僧，蹤跡皆奇詭。淳熙間名聞一時，士大夫維舟者，率往訪之，至今吳人猶能言其大略。何本淮陽朐山人，書生也。祖執禮，仕至朝議大夫，世爲鼎族，遭亂南來，寓于郡。嘗授業于父，已能文，一旦焚書裂衣遁去，人莫之知。既乃歸，被草結廬于天慶觀之龍王堂，佯狂妄談，久而皆有驗。卧草中，不垢不穢，晨必一至吳江渡焉。郡至吳江五十里，往反不數刻，人固訝之。會有一瘵者，拜謁乞醫，何命持一草去，旬而愈，始翕然傳蓑可瘉病。亦有求而不得，隨輒不起者，於是遠近稍敬異之。孝宗在位，忽夢有蓑而跣，哭而來吊，問之，曰：「臣蘇人也。」詰其故，則不肯言。寤以語左璫，時上意頗崇緇抑黄，弗深信也。居月餘，成恭后上仙，莊文繼即世。璫因進勉釋而及之，意欲以驗前定寬上心，上矍然憶昨夢，輟泣而嘆。璫進曰：「臣微聞蘇有何姓者，類其人，它日固未敢言。」因道其所爲，上大驚，有詔諭遣，不至。上嘗燕居深念，以規恢大計，累年未有所屬，且坤儀虚位，圖所以膺佐餕、承顔之重者，焚香殿中，默言曰：「何誠能仙，顧必知朕意。」遂授璫以香茗，曰：「汝見何，則致贄而已，問所以來，則曰：『陛下自禱，我不及知。』視其何以復命。」瑺承命惟謹。何忽掉首吴音曰：「有中國人即有蕃人，有日即有月，不須問。」趣之去，既復呼還曰：「所問者姓，我猶忘之，但言朱家例子不可用也。」使者歸奏，上曰：「是能知我心。」遂賜號通神先生，築通神菴于觀之内，親御寶跗書扁以寵之。已而，成肅正中宫，歸謝氏。蓋本朝故事，惟欽成本姓崔，後育任氏、朱氏，既而惟從朱姓，不復歸，上意嘗欲以爲比而未决也。北伐之議，亦少息焉。先是，觀中諸黄冠以殿宇既燬，欲試其驗，羣造其廬，拜且白之，何從求疏軸。主者謾以與，何笑曰：「來日自有施者。」至午，而使者果來，既答，則曰：「我不能入覲，以此累使者。」上聞而益奇之。會浙西趙憲（伯驌）。亦爲之請，遂肆筆金闕寥陽殿額，出内帑緡錢萬，繪事一新，以答其意。上每歲以瑺將命，即其居設千道齋，合雲水之士，施予優普。一歲偶踰期，咸訝而請，亟起于卧，摇手瞬目而招之曰：「亟來！亟來！」瑺是日舟至平望，乃見何在岸滸，招而呼。踵廬言之，衆白何固未嘗出也，因言所以，其狀良是。獃道僧者，實本郡人，爲兵家子，少有所遇，何舊與之友狎。不知幾何時，髠而鬉。曰似道似僧，故曰道僧。狀不慧，而言發奇中，與何頡頏。好蕩游市井間，見人必求錢，止於三，隨即與之貧者。何既不趨召，它日瑺或薦道僧，上欲見之，何挽呼不使去，曰：「是將捉汝、縛汝、監汝，不容汝來矣。」道僧竟來，見于内殿，不拜，所言不倫。上狎之，使出入勿禁，且命隨龍人元居實總管者舘之。元懼其逃，猝無以應上命，果日使十人從之，所至不舍。踰年歸見何，何以杖詬逐之，至死訖不與接一談。重華倦勤，復使召之，不肯就，邀守萬端，三年而致之。紹熙甲寅春，道僧入北内，坐榻前曰：「今日六月也，好大雪。」侍璫咸笑，顧曰：「爾滿身皆雪，而笑我狂耶！」相與罔測，亦莫以爲意。至季夏八日，而至尊厭代矣，縞素如言焉。二人勇於啗肉，食至十數斤，獨皆不飲酒，亦不言其所以然也。何又能耐寒暑。余兄周伯言，有元某者，丙午歲七十矣，嘗言自丱角見之，顔色無少異。蘇有妄道士，日從之游，將倣其爲，何不怒，獨冒雪馳至垂虹而浴，道士不能偕，慙而去。余兄往見之，頗能言宦歷所至。酷不喜韓子師，方爲守，千騎每來，則提擊而罵之，亦有人所不堪者。子師素嚴厲，於此不以爲忤也。道僧先數年卒，何慶元間猶在，相傳百餘歲矣。洪文敏《夷堅辛志乙三志》亦雜載其事，雖微不同，要皆履奇行怪，有不可致詰者，故著之。

趙希光節概

吴畏齋獵。諭蜀，有卭守楊熹者，頗從輶軒，狃所聞，因道資中趙希光節概甚悉。余兄德夫時從幕府，得其書以示余，楊之言曰：「趙昱，字希光，淳熙宰相衛公雄。之子。少苦學，以司馬、周、程氏爲師，每謂存天性之謂良貴，充諸己之謂内富，故漠然不以利禄動其心。出仕二十餘年，僅一磨勘，歷任不滿三考，其恬退如此。汎掃一室，左圖右書，晝夜積日月不舍，終身弗改。先是衛公相孝宗皇帝，一日奏事，上從容語及鄭丙，曰：『鄭丙不曉事，問他吳挺，乃云：小孩兒解甚底。』衛公曰：『以大將比小兒，丙誠不曉事。然以臣見，挺雖有所長，亦有所短。』上曰：『何故？』公曰：『爲人細密警敏，此其所長；然敢於欺君父，又恃其憸巧，而愚弄士大夫，此其所短。但朝廷用之，不得其地。』上曰：『何謂不得其地？』衛公曰：『往年恢復至德順，中原父老簞食壺漿以迎王師者，肩摩袂接，悉取免敵錢，大失民望，迄以無功。中原之人至今怨此子，深入骨髓，而朝廷乃使之世爲西將，西人又以二父故，莫不畏服，挺亦望宣撫之任久矣。蜀雖名三軍，二軍僅當其偏裨，雖陛下神武御將，百挺何能爲？然古帝王長慮卻顧，爲子孫萬世之計，似不如此。』上大感悟。後挺死，朝廷雖略行其言，已而復故。開禧丁卯，吳曦僣叛，昱每念衛公此語，輒投地大慟，或至氣絶不蘇。初，欲買舟順流而東，賊以兵守蜀門，弗果行。於是製大布之衣，每有自關表避亂而歸者，輒號泣弔之。亟貽書成都帥臣楊，輔。謂逆雛驕豎，干亂天紀，痛哉宗社！哀哉蒼生！此直愚騃無知，爲虜所啗，逆順昭然，其下未必皆樂從，肘腋之間，禍將自作，事尚可爲，因勸以舉義。遂絶粒，至於卧疾不能起，猶晝夜大號，聲達於外，置一劍枕間，每舉欲自刺，輒爲家人捍之而止。如是數四，終不食而死。」熹所紀具是，不復損益。余生雖晚，尚及識衛公父子。紹熙壬子冬，先君捐舘于廣，余甫十齡，護喪北歸。衛公以寧武之節，來治于洪。余舟過章江，亟命幕屬來唁，親以文奠焉。余已卒無時之哭，因謁棨下，援手言疇昔，歔欷不自勝。顧余甚幼，遣使從先夫人求余程業，頗奇其不懾，賞其詞語而憐其蚤孤也。余歸，未釋經而衛公薨，輀車西泝。余輅希光于琵琶，頎然温厚，今想見之，已足以信熹之傳。時方暑，待亭上，親吏言希光方治養生術，以子午時有所行，謝客，移數晷，乃得見，冲澹無競，其素也。衛公止一子，希光雖重繼體之託，亦無訾云。

稼軒論詞

辛稼軒守南徐，已多病謝客。予來筮仕委吏，實隸總所，例於州家殊參辰，旦望贄謁刺而已。余時以乙丑南宮試，歲前涖事僅兩旬，即謁告去。稼軒偶讀余通名啓而喜，又頗階父兄舊，特與其潔。余試既不利，歸官下，時一招去。稼軒以詞名，每燕必命侍妓歌其所作。特好歌《賀新郎》一詞，自誦其警句曰：「我見青山多嫵媚，料青山見我應如是。」又曰：「不恨古人吾不見，恨古人不見吾狂耳。」每至此，輒拊髀自笑，顧問坐客何如，皆歎譽如出一口。既而又作一《永遇樂》，序北府事，首章曰：「千古江山，英雄無覓孫仲謀處。」又曰：「尋常巷陌，人道寄奴曾住。」其寓感概者，則曰：「不堪回首，佛狸祠下，一片神鴉社鼓。憑誰問，廉頗老矣，尚能飯否？」特置酒召數客，使妓迭歌，益自擊節，徧問客，必使摘其疵，孫謝不可。客或措一二辭，不契其意，又弗答，然揮羽四視不止。余時年少，勇於言，偶坐于席側，稼軒因誦啓語，顧問再四。余率然對曰：「待制詞句，脱去今古軫轍，每見集中有『解道此句，真宰上訴，天應嗔耳』之序，嘗以爲其言不誣。童子何知，而敢有議？然必欲如范文正以千金求《嚴陵祠記》一字之易，則晚進尚竊有疑也。」稼軒喜，促膝亟使畢其説。余曰：「前篇豪視一世，獨首尾二腔，警語差相似，新作微覺用事多耳。」於是大喜，酌酒而謂坐中曰：「夫君寔中予痼。」乃咏改其語【七】，日數十易，累月猶未竟，其刻意如此。余既以一語之合，益加厚，頗取視其骩骳，欲以家世薦之朝，會其去，未果。是時，潤有貢士姜君玉瑩中。嘗與余游，偶及此，次日攜康伯可《順庵樂府》一袠相示。中有《滿江紅》，作於娶女潘子賤席上者，如「歎詩書萬卷，致君人、番沉陸。且置請纓封萬户，徑須賣劒酬黄犢。慟當年、寂寞賈長沙，傷時哭」之句，與稼軒集中詞全無異。伯可蓋先四五十年，君玉亦疑之，然余讀其全篇，則它語卻不甚稱，似不及稼軒出一格律。所攜乃板行，又故本，殆不可曉也。《順庵詞》今麻沙尚有之，但少讀者，與世傳俚語不同。

【七】乃咏改其語　「咏」原作「味」，據津逮本、四庫本、學津本改。

卷第四

壽星通犀帶

德壽在北内，頗屬意玩好。孝宗極先意承志之道，時罔羅人間，以共怡顔。會將舉慶典，市有北賈攜通犀帶一，因左璫以進于内。帶十三銙，銙皆正透，有一壽星扶杖立。上得之喜，不復問價，將以爲元日壽巵之侑。賈索十萬緡，既成矣，傍有璫見之，從賈求金，不得，則擿之曰：「凡壽星之扶杖者，杖過於人之首，且詰曲有奇相。今杖直而短，僅至身之半，不祥物也。」亟宣視之，如言，遂卻之。此語既聞遍國中，無復售者。余按《會要》開寶九年二月十九日，召皇弟晉王及吴越國王錢俶、其子惟濬射苑中，俶進御衣、金器、壽星通犀帶以謝。帶之著於前世者，僅此一見耳。

周夢與釋語

余里中士，每秋賦與計偕，貧不能行者，或仰給勸駕。嘉泰辛酉，永嘉周夢與呂齡。宰德化，垂滿矣，士有以故例請者，弗報。贄以啓，束裝而俟，又弗報，怒而索其贄。余適謁琴堂，坐間，夢與口占授札吏復之，曰：「伏承寵翰，見索長牋，愛莫能留，感而且駭。珠璣在側，固知酬應之難；筆研生塵，未免紓遲之咎。趙客有辭而取璧，楚人敢訝於亡弓。所恨具舟，已及瓜而代去；無由洗眼，觀奪錦之歸來。更冀恢洪，以基光大。」畢緘，顧余作釋語曰：「予非摩訶薩埵，乃諸公之提婆達多耳。」余笑莫敢答，士擲其報章于門而去。閽者白之，曰：「正自乏楮君，就席以爲室間書皮。」無所問，里士不欲名。夢與老儒，自號牧齋，精史學，議論亹亹，起人意表，器局凝重，喜慍不形於色，獨微有卜商之短，仕終安豐倅云。

鄭廣文武詩

海寇鄭廣，陸梁莆、福間，飄駛兵犀，雲合亡命，無不一當百，官軍莫能制。自號滚海蛟，有詔勿捕，命以官，使主福之延祥兵，以徼南溟。延祥隸帥閫，廣旦望趨府。羣寮以其故所爲，徧賓次無與立譚者。廣鬱鬱弗言。一日，晨入未衙，羣僚偶語風簷，或及詩句，廣矍然起于坐曰：「鄭廣麤人，欲有拙詩白之諸官，可乎？」衆屬耳，乃長吟曰：「鄭廣有詩上衆官，文武看來總一般。衆官做官卻做賊，鄭廣做賊卻做官。」滿坐慚噱。章以初好誦此詩，每曰：「今天下士大夫愧鄭廣者多矣，吾儕可不知自警乎！」

九江二盜

吾鄉有周教授者，家太一觀前，畜犬數十，皆西北健種，晨紲昏縱，穿窬者無敢睨其藩。一日起，觀扃鑰有異，發笈空焉。亟集里正視驗，跡捕四出，杳莫知所從，居三日，始獲之。初，盜得貲分塗，一盜出蛇崗山，將如贛、吉。晝日嘗過其下，見道傍梅有繁實，夜渴甚，登木而取之。有蛇隱葉間，傷其指，負傷而逃。至侯溪，則指幾如股矣，不能去，臥旅邸中。主人責炊，曰：「予無它藏，獨餘鋌銀，可斧而售。」即而無碪不可碎，歸之。盜又出囊珠，主人念山谷間無售者，時德壽宮中貴人劉奭廬石耳峰下，持以求質。奭曰：「姑畀汝萬錢，詰朝歸汝餘金。」奭已聞周氏之盜，意疑其是，馳僕示之，曰：「吾家物也。」捕于邸，贓證一網而得，因以跡餘黨如言，無脱者。又有馬屠居城東，爲僞券亂真，歲以其券售舒、蘄間。得馬驢驅以歸，羨于肆以鬻，盡復出。人但見其驅至日多，售用日侈，莫疑其所自來。適黄有逋寇，黄陂之捕吏即之，疑一夫焉，未察。夫實盜也，覺其意，入肆啜羨，坐而袒裼，自褫其巾，呶于衆，閧而出。捕者以其變服，弗之識也。訝其久，商于其徒曰：「吾目見其入，今暮矣，杳不再覿，是家非槖盜者乎！」遂偕入搜之，盜則逸去，而僞券之印楮簾臼，儼然皆存，因遂告之官。夫二盜之彰亦異矣，梅實偶然而藏虺，捕吏無心而得驗，天固以此啓之耶，抑稔慝當露，適因其所值耶！犬不能吠，詰之以繇，則曰：「是夕也，以豚蹄傅麻苧、雜草烏烹之，犬至輒投苧纏藥，噤無復聲者。」馬驢每至，賤賈而售，使門庭翕然嗔咽，既非其所仰，益可肆於廉取，它日語人曰：「吾以薄取致厚貲，售之速耳，市人弗覺也。」此盜亦有道者歟！

葉少藴内制

童貫以左璫幸大觀間，緣開邊功，建武康節鉞，公言弗與，而莫敢攖也。其三年二月，將行復洮州賞，石林葉少藴在北門，微聞當遂爲使相，懼當視草不能自免，出語沮之。蔡元長頗愧於衆論，丁酉鎖院，廼自檢校司空、奉寧節度，進司徒，易鎮鎮洮而已。少藴黽勉奉詔，制出告廷，鄭華原素不樂少藴，摘語貫曰：「葉内翰欺公，至託王言以寓微風。」貫問其故，華原曰：「首詞有云：『眷言將命之臣，宜懋旌勞之典。』凡今内侍省差一小中官降香，則當曰『將命』，修一處寺觀，造數件服用轉官，則曰『旌勞』。公以兩府故事爲宣威，麻辭乃爾，是以黄門輩待公也。又其末云：『若古有訓，位事惟能。德因敵以威懷，于以制四夷之命；賞眂功而輕重，是將明八柄之權。』《尚書》、《周官》分明上面有『建官惟賢』一句不使，卻使下一句，謂公非賢爾，『眂功輕重』之語，亦以公之功止於如此，不足直醲賞也。」貫初垂涎儀同，已大失望，聞之頳面，徑揖起歸，質諸館賓，俾字字解釋而已。聽之，其言頗符，則大怒，泣訴于祐陵，納告榻上，竟不受。其年五月戊午，遂以龍學出少藴汝州，繼又落職，領洞霄祠。少藴時得君甚，中以陰事，始克去之。華原意以軋異己，不知適以張閹宦之威也。少藴自志其事。以余觀之，三公論道，官雖曰檢校，亦不若終沮以正之，均爲一去云。洞霄在中朝，從官常莅之，不專以處宰執，南渡以後乃不然也。

宣和御畫

康與之在高皇朝，以詩章應制，與左璫狎。適睿思殿有徽祖御畫扇，繪事特爲卓絶，上時持玩流涕，以起羹牆之悲。璫偶下直，竊攜至家，而康適來，留之燕飲，漫出以示，康紿璫入取殽核，輒泚筆几間，書一絶于上，曰：「玉輦宸游事已空，尚餘奎藻繪春風。年年花鳥無窮恨，盡在蒼梧夕照中【一】。」璫有頃出，見之大恐，而康已醉，無可奈何。明日伺間扣頭請死，上大怒，亟取視之，天威頓霽，但一慟而已。余嘗見王盧溪作《宣和殿雙鵲圖詩》，曰：「玉鏁宮扉三十六，誰識連昌滿宮竹。内苑寒梅欲放春，龍池水煖鴛鴦浴。宣和殿後新雨晴，兩鵲蜚來東向鳴。人間畫工貌不成，君王筆下春風生。長安老人眼曾見，萬歲山頭翠華轉。恨臣不及宣政初，痛哭天涯觀畫圖。」盧溪、與之，雖非可倫儗者，第詳玩詩語，似不若前作簡而有味云。

【一】盡在蒼梧夕照中　按：據張端義《貴耳集》卷上，此詩乃曾覿奉旨所作《祐陵林檎鸜鴿畫扇詩》，非康與之所作。

乾道受書禮

紹興要盟之日，虜先約毋得擅易大臣。秦檜既挾以無恐，益思媚虜，務極其至。禮文之際，多可議者，而受書之儀特甚。逆亮渝平，孝皇以奉親之故，與雍繼定和好，雖易稱叔姪爲與國，而此儀尚因循未改，上常悔之。乾道五年，陳正獻俊卿。爲相，上一日顧問，欲遣泛使直之，且移騎兵于建康，以示北向。會歸正人侍旺未遣，虜屢以爲言，正獻恐召釁，執不可，亟奏曰：「臣早來蒙聖慈宣問遣使事，臣已略奏一二，此事臣子素所憤切，便當理會。屬今者有疑似之迹，彼必以本朝意在用兵，多方爲備。萬一先動，吾事力未辦，淮西城壁未集，今不若少遲。若專遣使，則中外疑惑，使者既行，只宜便相聽許，猶爲有名，苟或未從，殊失國體，天下之人，以爲陛下捨其大而圖其小也。適蒙中使降下王弗前此宣旨本末，今遣使不爲無辭。臣之愚見，欲姑俟侍旺事少定，或冬間因賀正使，遣王卞偕行，先與北館伴議論，言朝廷將遣泛使之意。或令殿上口奏，彼若許遣，則有必從之理；若其不許，犬羊豈可責以禮度，則臣願陛下深謀遠慮，磨厲以須，忍其小而圖其大。他時翦除醜類，恢復故疆，名分自正，國勢自強，在於今日，誠未宜計虛名而受實害也。臣淺陋愚暗，念慮及此，更乞宸衷少賜詳酌，天下幸甚。」上爲少止，而終以爲病。其秋，偕虞雍公允文。爰立左右，上密求顓對。時范石湖自南宮郎、崇政説書，爲右史侍講，天意攸屬。明年，亟欲遂前事，且將先以陵寢爲詞，而使使者自及受書，以御札問正獻曰：「朕痛念祖宗陵寢，淪於腥羶四十餘年，今欲特差泛使，往彼祈請，依巫伋、鄭藻例施行。卿意以爲何如？可密具奏來。」正獻復奏曰：「臣伏蒙中使宣降到御札，下咨臣以遣北朝泛使本末。顧臣淺陋，豈足上當天問，恭讀聖訓，不勝感泣。仰惟陛下焦勞萬機，日不暇給，規恢遠略，志將有爲。痛祖宗之陵寢未還，念中原之版圖未復，精誠所感，上通於天，天祐聖德，何功不成？此固微臣素所激昂憤切，思以仰賛廟謨，爲國雪恥，恨不即日掛天山之旆，勒燕然之銘。然而性質頑滯，於國家大事，每欲計其萬全，不敢爲嘗試之舉。是以前者留班面奏，亦以爲使者當遣，但目前未可，恐洩吾事機，以實諜者之言，彼得謹爲備。若鎮之以靜，遲一二年，彼不復疑，俟吾之財力稍充，士卒素飽，乃遣一介行李，往請所難。往反之間，又一二年，彼必怒而以師臨我，然後徐起應之，以逸待勞，此古人所謂應兵，其勝十可六七。夫天下之事，爲之有機，動惟厥時，孔子曰：『好謀而成。』使好謀而不成，不如無謀。臣之愚暗，安知時變，不過如向所陳，不敢改辭以迎合意指，不敢依違以規免罪戾，不敢僥倖以上誤國事。踈狂直突，罪當萬死，惟陛下憐其愚而録其忠，不勝幸甚。」上不聽，正獻遂去國。范遷起居郎、假資政殿大學士、左太中大夫、醴泉觀使兼侍讀、丹陽郡開國公，爲祈請使以行。上臨遣之曰：「朕以卿氣宇不羣，親加選擇，聞外議洶洶，官屬皆憚行，有諸？」范對曰：「無故遣泛使，近於求釁，不執則戮。臣已立後，仍區處家事，爲不還計，心甚安之。」玉色愀然曰：「朕不敗盟發兵，何至害卿？嚙雪餐氈或有之，不欲明言，恐負卿耳。」范奏乞國書併載受書一節，弗許，遂行。虜遣吏部郎中田彦皋、侍御史元顔温迓焉。范知虜法嚴，附請決不可達，一不泄語，二使不復疑。至燕，乃夜蔽帷秉燭，密草奏，具言他日北使至，欲令親王受書，其辭云云。大昕而朝，遂懷以入，初跪進國書，隨伏奏曰：「兩朝既爲叔姪，而受書禮未稱。昨嘗附元顔仲、李若川等口陳，久未得報，臣有奏劄在此。」搢笏出而執之，雍酋大駭，顧辞其宣徽副使韓鋼曰：「有請當語館伴，此豈獻書啓處耶？自來使者未嘗敢爾。」厲聲令綽起者再三，范不爲動，再奏曰：「奏不達，歸必死，寧死於此。」雍酋怒，拂袖欲起，左右掖之坐。又厲聲曰：「教拜了去！」鋼復以笏抑范拜，范跪如初。雍酋曰：「何不拜？」范曰：「此奏得達，當下殿百拜以謝。」乃宣詔令納館伴處。范不得已，始袖以下，望殿上臣僚往來紛然。既而，虜太子謂必戮之以示威，其兄越王不可而止。頃之，引見如常儀。歸，館伴果宣旨取奏去。是日鋼押宴，謂范曰：「公早來殿上甚忠勤，皇帝嘉嘆，云可以激厲兩朝臣子。」范唯唯謝，廷議方殷。會夏國有任德敬者，乃夏酋外祖，號任令公，再世用事，謀篡其國，事敗而族。蜀宣司故嘗以蠟書通問，爲夏人所獲，致之虜庭，雍酋益怒。范朝辭，遂令其臣傳諭詰之，范答以姦細之僞不可測。退朝而館伴持真書來，印文皦然可識。范笑曰：「御寶可僞，况印文乎！」虜直其詞，遂不竟。十月，范還，虜之報章有曰：「抑聞附請之辭，欲變受書之禮，出於率易，要以必從。」上於是知其忠勤，有大用意。後八年，迄參大政云。受書乃隆興以後盟書大節目，故備記其事特詳，當時尚他有廷臣謀議可參見。日月尚邇，惜乎其未盡聞也。

一言悟主

石湖立朝多奇節，其爲西掖時，上用知閤門事、樞密都承旨張説爲僉書，滿朝譁然起爭，上皆弗聽。范既當制，朝士或過問當視草與否，笑不應，獨微聲曰：「是不可以空言較。」問者不愜，又譁然謂范黨近習取顯位，范亦不顧。既而，廷臣不得其言，有去者。范詞猶未下，忽請對，上意其弗繳，知其非以説事，接納甚温。范對久將退，乃出詞頭納榻前，玉色遽厲。范徐奏曰：「臣有引諭，願得以聞。今朝廷尊嚴，雖不可以下擬州郡，然分之有別，則略同也。閤門官日日引班【二】，乃今郡典謁吏耳。執政大臣，倅貳比也。陛下作福之柄，固無容議，但聖意以謂有一州郡，一旦驟拔客將吏爲通判，職曹官顧謂何耶？官屬縱俛首，吏民觀聽，又謂何耶？」上霽威沉吟曰：「朕將思之。」明日，説罷。後月餘，范匄去，上曰：「卿言引班事甚當，朕方聽言納諫，乃欲去耶？」既而，范竟不安于位，以集撰帥靜江。明年春，説遂申命，實乾道八年也。悟主以一言之頃，理明辭正，雖不能終格，猶足爲公議立赤幟云。

【二】閤門官日日引班　「日日」，稗海本同，津逮本、四庫本、學津本皆作「日月」。

蘇葛策問

東坡先生，元祐中以翰苑發策試館職，有曰：「今朝廷欲師仁祖之忠厚，懼百官有司不舉其職，而或至於媮；欲法神考之勵精，恐監司守令不識其意，而流入於刻。」左正言朱光廷。首摘其事，以爲不恭。御史中丞傅、堯俞。侍御史王岩叟。交章劾奏，一時朝議譁然起。宣仁臨朝，爲之宣諭曰：「詳覽文意，是指今日百官有司、監司守令言之，非是譏諷祖宗。」紛紛踰時始小定，既而亦出守。紹聖、崇寧治黨錮，言者屢以藉口，迄不少置也。政和間葛文康勝仲。爲大司成，又發策私試，有曰：「聖上懋建大中，克施有政，忠恕崇厚，同符昭陵，綜覈勵精，遹追寧考，殆將收二柄而總攬之也。今欲嚴督責，肅逋慢，而無刻核之迹；隆牧養，流豈弟，而無姑息之過。諸生謂當如何？」其問今見《丹陽集》中【三】。是時語忌最嚴，而無一人指疵之者，文康迄位法從，哀榮始終。二策問語意如一，而禍福迺爾大異，是蓋有命也。

【三】丹陽集中 「陽」原作「楊」，據稗海本、津逮本、四庫本、學津本改。

校勘記

卷第五

劉觀堂讀赦詩

紹興己未，金人歸我侵疆，曲赦新復州縣，赦文曰：「上穹開悔禍之期，大金報許和之約。割河南之境土，歸我輿圖；戢宇内之干戈，用全民命。」大酋兀术讀之，以謂不歸德其國，明年，遂指爲釁以起兵，復陷而有其地。後二年，和議成，秦檜懼當制者之不能説虜也，以孽子熺及其黨程克俊補罷。故其文曰：「上穹悔禍，副生靈願治之心；大國行仁，遂子道事親之孝。可謂非常之盛事，敢忘莫報之深恩。而况申遣使軺，許□光宗廟諱。盟好，來存歿者萬餘里，慰契闊者十六年。禮備送終，天啓固陵之吉壤；志伸就養，日承長樂之慈顔。」於是郵傳至四方，遺黎讀之有泣者。蜀士劉望之作詩曰：「一紙盟書換戰塵，萬方呼舞卻沾巾。崇陵訪沈空遺恨，郢國憐懷尚有人。收拾金繒煩廟算，安排鍾鼎誦宗臣。小儒何敢知機事，終望君王赦奉春。」時語禁未大嚴，無以爲風者。望之有集自號《觀堂》，它書多諂秦，所謂奉春，竟不知指何人也。

部胥增損文書

先君之客耿道夫端仁。爲余言，其媦張氏，不欲名，淳熙間，尉廣之增城。有黠盜劉花五者，聚黨剽掠，官司名捕，累載弗獲。一日，有告在鄰邑之境民家者，民素豪，枳闢環溪，畜犬獰警，吏莫敢闖其藩。張欲躬捕，弓級陳某者奮而前曰：「是危道，不煩親行，我得三十人饒取之。」使之往，信宿而得。鞫其橐侶，凡十餘輩，散跡所往，咸縶而來。贓證具，以告之縣，於法應賞矣。先是，張以它事忤令，盜之至，令訊爰書，以實言府，張以非馬前捕不應。令將論報，張乃知之，祈之掾史，咸曰：「案已具府，視縣辭而已，事且奏，不容增。」府尹適知己，又祈之，亦弗得，自分絶望。又一年，秩滿，買舟如京，過韶，因謁憲臺。坐謁次，有它客縱譚一尉事，適相類，漫告之。客曰：「是不可爲，然於法、情、理，兇虐當懸購者，雖非躬獲，亦當免試，或循資，盍試請一公移，儻可用。」張方慮關陞薦削不及格，聞之大喜，遂白之憲。憲命以成案録爲據付之。至臨安，果以初筮無舉員，當入殘零。張良窘，偶思有此據，以示部胥。胥視之色動，曰：「匄我一昔，得與同曹議。」居二日，來邀張至酒家劇飲，中席謂之曰：「君欲改秩乎？」張錯愕不敢謂然。胥曰：「我不與君劇，君能信我，事且立辦。」詰所以，笑不答，遂去。明日，復至其邸。張疑未泮，出謀之道夫，道夫曰：「胥好眩詡，志於得錢，然亦有能了事者。不可信，亦不可卻，盍爲質而要其成。」張歸，胥又來，則曰：「君不深信我，我請毋持錢去，事成乃見歸。」許諾，索緡二千，酬酢竟日，以千緡成約。張貸其半千道夫，同緘識于覇東周氏，兩月不復來，顧以爲妄，相與深咎輕信，徒取愒日。忽夜三鼓有扣門者，乃胥焉，喜見眉睫，曰：「幸不辱命。」文書銜袖，取觀之，則名登于進卷矣。張大駭，旦，質之左銓，良是，三代爵里皆無譌。又扣之省闈，亦然，以爲自天而下，然終莫測其繇也。欣然畀謝貲，又厚以饋而問其故，胥不肯泄，曰：「君第汔事，何庸知我。」既而班見如彝，得宰福之永福去，亦自閟不言，惟道夫知之。先君爲侍左郎，道夫在館，因密訪其事。蓋胥初得憲司據，見所書功閥，皆曰：「增城縣尉司弓級陳某，獲若干盜。」因不以告人，夜致之家，於每「司」字增其左畫曰「同」，則如格矣，筆勢穠纖無少異，同列不之覺。徵案故府胥亦隨而增之，但時矯它曹夤緣之命促其行，委曲遮護，徒以欲速告，迄不下元處而賞遂行。刻木輩舞文，顧財謝乃其常，蓋未有若此者。以此知四選蠹積，蓋不可勝算，司衡綜者，可不謹哉！

看命司

中都有談天者，居於觀橋之東，日設肆于門，標之曰「看命司」，其術稍售。其徒憎之曰：「司者，有司之稱，一妄庸術，乃以有司自命，豈理也哉！」相與謀訟之，一人起曰：「是不難，我能使之去。」旦日徙居其對衢，亦易其標曰「看命西司」，過者多悟而笑，其人愧赧，亟撤不敢留。伎流角智軋敵，乃有諭於不言者，亦可謂巧矣。書之以資善謔。

宣和服妖

宣和之季，京師士庶競以鵝黄爲腹圍，謂之「腰上黄」；婦人便服不施衿紐，束身短製，謂之「不製衿」。始自宫掖，未幾而通國皆服之。明年，徽宗内禪，稱上皇，竟有青城之邀，而金虜亂華，卒於不能制也，斯亦服妖之比歟。

安慶張寇

兩淮自開禧搶攘之後，惟舒僅全。嘉定己巳，歲洊饑，潰兵張軍大煽亂，始犯桐城。太守林仲虎。掠寓公朱少卿致知。之家，頗得民馬，益合亡命，兩夕而浸多，遂鴟張闖郡。入自北門，至于逵路，號于邦人曰：「凡吾之來，將以爲父兄子弟，非有掠敚之心也，謹無捐而居，無棄而業，無嬰我兵鋒。」於是逃者稍稍抱馬足乞生，賊亦弗殺。至譙門，立馬視樓扁，四顧曰：「我射而中『安』字之首點則入，不然舍去。」一發中之，登郡廳，大發府庫以予民，翕然爭趨。惟尸胥魁一人，曰：「是舞文而虐吾民者，相爲除之而已。」即日去，屯潛山，營于真源宫，將大其所圖基以裒兵。會有詔池陽兵千捕他盗，偶遇之，踵而登山，賊不虞其至之速也，頗懼。時官軍未知賊衆寡，莫敢先入，環而守之。賊計窮，越山而跳，繇道流而奪其巾衣，僞爲迸逸者，告于官軍曰：「賊衆方盛，宜少須。」軍士不之疑，皆趣使去。已而幟矗木間，馬嘶廡下，鉦鼓刁斗【一】，鞺鞳四發，益信其有人。將謀于軍曰：「賊在内，徒株守無益，焚其宫，是將焉往？」是日風盛，百燎並舉。徒聞號噱而竟莫有出者。宫既蕩盡，以爲賊亦灰矣，亟奏功。朝廷初聞仲虎失守，亟詔池出兵，繼得撲滅之報，將第賞。而張軍大，乃自望江劫二舟，載所獲婦女，浮江而下。至建康，登層樓，揮金自如，一飲而費二十萬。察姦者疑其爲，執訊得實，乃知焚死者多繫留之黄冠也。獄具，肆于市而尼前賞，舟中多衣冠家人，遞牒送其所居。真源無孑遺，其徒適有游方者歸，旋理瓦礫，爲復營計，今尚未完。匹夫奮草莽，凶歲常事，然驟得一郡，即市恩忍殺，其志蓋不淺。脱身煙熖，智足周身，卒以所嗜敗，此亦天網之不可逃者歟！

陽山舒城

建炎航海之役，張俊既戰而棄鄞。兀朮入之，即日集賈舟，募瀕海之漁者爲鄉導，將遂犯蹕，而風濤稽天，盤薄不得進。兀朮怒，躬命巨艘，張颿徑前，風益猛，自度不習舟楫，桅舞舷側，窘懼欲卻而未脱諸口也。遥望大洋中，隱隱一山，顧問海師此何所，對曰：「陽山。」兀朮慨然歎曰：「昔唐斥境，極于陰山，吾得至此，足矣！」遂下令反棹。其日，御舟將如舘頭，亦遏于風，不爾幾殆，蓋天褫其魄而開中興云。龍舒在淮最殷富，虜自

【一】鉦鼓刁斗　「刁斗」原作「刀斗」，據津逮本、四庫本、學津本改。

亂華，江浙無所不至，獨不入其境。説者謂其語忌，蓋以舒之比音爲輸也。

宸奎堅忍字

光堯既與子，孝愛日隆，每問安北宫，間及治道。時孝宗鋭志大功，新進逢意，務爲可喜，效每落落。淳熙中，上益明習國家事，老成鄉用矣。一日，躬朝德壽，從容醼，玉音曰：「天下事不必乘快，要在堅忍，終於有成而已。」上再拜，請書紳，歸而大字揭于選德殿壁。辛丑歲，將廷策多士，貢名者或請時事于朝路間，聞其語而不敢形於大對，且慮於程文不妥帖，僅即其近似爲主意，或曰持守，或曰要終。既而御集英臚唱，宰執進讀，獨有一卷子首曰：「天下未嘗有難成之事，人主不可無堅忍之心。」上覽而是之，遂爲第一，蓋親擢也。周伯兄常誦此事，謂凡文字，明白痛快當如此。余聞於其客劉達夫。

何處難忘酒

自唐白樂天始爲《何處難忘酒》詩，其後詩人多傚之。獨近世王景文質所作，雋放豪逸，如其爲人。余得其四篇，曰：「何處難忘酒，蠻夷大不庭。有心扶白日，無力洗滄溟。豪傑將班白，功名未汗青。此時無一盞，壯氣激雷霆。」「何處難忘酒，姦邪大陸梁。腐儒空有鄙，好漢揔無張。曹、趙扶開寶，王、徐賣靖康。此時無一盞，淚與海茫茫。」「何處難忘酒，英雄太屈蟠。時違聊置畚，運至即登壇。《梁甫吟》聲苦，干將寶氣寒。此時無一盞，拍碎石闌干。」「何處難忘酒，生民太困窮。百無一人飽，十有九家空。人説天方解，時和歲自豐。此時無一盞，入地訴英雄。」景文它文極多，號《雪山集》【二】，大略似是。余又讀王荆公《臨川集》，亦有二篇，其一篇特典重，曰：「何處難忘酒，君臣會合時。深堂拱堯、舜，密席坐皋、夔。和氣襲萬物，歡聲連四夷。此時無一盞，真負《鹿鳴》詩。」二公同一題，而喑嗚叱咤，一轉於俎豆間，便覺閑雅不侔矣。余嘗作一室，環寫此詩，恨不多見云。

見一堂

孝宗朝，尚書郎鹿何。年四十餘，一日，上章乞致其事。上驚諭宰相，使問其繇，何對曰：「臣無他，顧德不稱位，欲稍矯世之不知分者耳。」遂以其語奏，上曰：「姑遂其欲。」時何秩未員郎，詔特官一子。凡在朝者，皆詩而祖之。何歸築堂，扁曰「見一」，蓋取「人人盡道休官去，林下何嘗見一人」之句，而反之也。何去國時，齒髮壯，不少衰，居二年，以微疾卒。或較其積閥，謂雖居位，猶未該延賞，天道固有知云。所官之子曰昌運，余在故府時，昌運爲左帑，嘗因至北關送客，吴勝之爲余道其事，今知連州。

【二】雪山集　原作「雪齋集」，據《直齋書録解題》卷二〇、《宋史》卷二〇八《藝文志》及王阮《雪山集序》改。

義騟傳

吾鄉有義騟，事甚奇。余嘗爲作傳，曰：「義騟者，九江戍校王成之鎧騎也。成家世隸尺籍，開禧間，虜大入淮甸，成以卒從戎四方山，屢戰有功，稍遷將候騎。方淮民習安，倉卒聞虜至而逃，畜孳滿野。成徇地至花靨，見病騟焉，疥而瘠，骨如堵牆，行逐水草，步且僵，烏鳶啄其上，流血赭髀，莫適爲主，縶而得之。會罷兵歸，飼以豐秣，幾半年，膚革僅完，毛彩復生。日寘之槽櫪，愸愸然與羣馬不相顧，時一出繫廡下，顧景嘶鳴，若自慶其有所遇。成亦未始異之，牙治在城陬，每旦與同列之隸帳下者，率夜漏未盡二刻，騎而往。屏息庭槐下，執檛候晨，鴈鶩行立，俟頤指盡，午退以爲常，馬或蹶茶不任，相通融爲假借。一日，有告馬病，從成請騟往。始命鞍，踶鳴人立，左右驤拒不可制，易十數健卒，莫能執何。乃以歸之成，成曰：『安有是！』呼常馭羸卒持鞚來，則帖耳馴服如平時，振迅通衢，磬控緩亟無少忤者。自是惟成乘則受之，他人則復弗受。雖日浴于河，羣馬皆裼而騎，相望後先。騟之馭者，終莫敢竊睨其膺鬣，稍前即噬齧之，軍中咸指爲驁悍，擯弗齒。嘉定庚午，峒寇李元礪盜弄潢池兵，庚符下，統府調兵三千人以往，成與行。崎嶇山澤，夷若方軌，至吉之月餘，寇來犯龍泉柵，成出搏鬬四五合，危敗之矣，或以鈎出其腋及韃而隊死焉。官軍亟鳴鉦，騟屹立不去，躑躅徘徊，悲鳴屍側。賊將顧曰：『良馬也。』取之。元礪有弟，悍很恃勢，每出掠，率彊取十二三。適見之色動，曰：『我欲之。』將不敢逆，遂試之，蹴踘進退，折旋良愜，即不勝喜。貯以上廐，煮豆粟，濯泉翦馵，用金玉爲鎧，華韉沃續，極其鮮明，羣渠皆釃酒來賀。輜重卒有爲賊掠取者，知之，曰：『騟他日未當若是，彼畜也而亦畏賊耶！』竊怪之。於是日游其騟於峒崓間，上下峻坂，無不如意，恨得之晚。思一快意馳騁，而地多阻且不可得。後旬浹，復犯永新栅，官軍聞有寇至，披鹿角出迎擊。鼓聲始殷，果乘騟以來，騟識我軍旗幟，亟馳。賊覺有異，大呼勒挽不止，則怒以鐵槊擊之，胯盡傷。騟不復顧，冒陣以入，軍士識之者曰：『此王校之騟也，是異服者必其酋。』相與逐之，執以下，訊而得其實，則縛以徇于軍，曰：『得元礪之弟矣。』譟而進，賊軍大駭，軍士勇躍爭奮，遂敗之。急羽露書以出奇獲醜聞，檻送江右道。朝廷方患其跳梁，日徯吉語，聞而嘉之，第賞有差。衆恥其功之出於馬也，没騟之事，騟之義遂不聞於時。居二日，騟歸病傷，不秣而死。稗官氏曰：『孔子曰：驥不稱其力，稱其德也。』今視騟之事，信然！夫不苟受以爲正，報施以爲仁，巽以用其權，而決以致其功，又卒不失其義以死，非德其孰能稱之也。彼仰秣而戀豆，歷跨下而不知恥，因人而成事者，雖有奔塵絶景之技，才不勝德，媿之駑駘，何足算乎！余意君子之將有取也，而居是鄉，詳其事，故私剟取著于篇。」

鳳凰弓

鄭華原居中。在宥府，和子美詵。知雄州，嘗以事詣京師，召與語而悅之，遂薦於徽祖。敷奏明辯，大契宸旨，進横階一等，俾還任。詵因上制勝彊遠弓式，詔施行之。弓製實弩，極輕利，能破堅於三百步外，即邊人所謂「鳳凰弓」者。紹興中，韓蘄王世忠。因之稍加損益，而爲之新名曰「尅敵」，亦詔起部通製，至今便焉。洪文敏《容齋三筆》，謂祖熙寧「神臂」之規，實不然也。詵知兵，嘗沮伐燕之議，以及於責，北事之作，未及用以死，蓋兩河名將云。

大小寒

韓平原在慶元初，其弟仰胄爲知閤門事，頗與密議，時人謂之大小韓。求捷徑者爭趨之。一日内燕，優人有爲衣冠到選者，自叙履歷材藝，應得美官，而留滯銓曹，自春徂冬，未有所擬，方徘徊浩歎。又爲日者弊帽持扇過其旁，遂邀使談庚甲，問以得禄之期，日者厲聲曰：「君命甚高，但於五星局中，財帛宫若有所礙。目下若欲亨達，先見小寒，更望成事，必見大寒可也。」優蓋以寒爲韓，侍燕者皆縮頸匿笑。余憶慶元己未歲，如中都，道徽之祁門【三】，夜憩客邸，見壁間一詩，漫味語意，乃天族之試南宫者所作。其辭曰：「蹇

【三】祁門　原作「祈門」，據稗海本、四庫本、學津本改。

衛衙風怯曉寒，也隨舉子到長安。路人莫作親王看，姓趙如今不似韓。」旁有何人細書八字，墨蹟尚新，但云「霍氏之禍，萌於驂乘」而已。余謂優語所及，亦一驂乘也。蒙其指目者，反懵然若不少悟，何耶？

趙良嗣隨軍詩

趙良嗣既來降，頗自言能文，間以詩篇進，益簡眷遇，至命兼官史局，今《續通鑑長編》重和元年十二月丁未，推脩《國朝會要》《帝系》、《后妃》、《吉禮》三類賞，良嗣實竄名參詳，與轉一秩焉，亦可占其非據矣。後既坐誅，其所自爲集凡數十卷，時人皆唾去不視，蕩燬無收拾者。余讀《北遼遺事》，見良嗣與王瓌使女真，隨軍攻遼上京城破，有詩曰：「建國舊碑胡月暗，興王故地野風乾。回頭笑向王公子，騎馬隨軍上五鑾。」上京蓋今虜會寧，乃契丹所謂西樓者，實耶律氏之咸、鎬、豐、沛。犬羊固不足卹，而良嗣世仕其國，身踐其朝，貴爲九卿，一旦決去，視宗國顛覆殊無禾黍之悲，反吟咏以志喜，其爲人從可知也。縱有名篇，正亦不足録，况僅止爾耶！五鑾乃上京殿名，保機之故巢也。

卷第六

汪革謠讖

淳熙辛丑，舒之宿松民汪革，以鐵冶之衆叛，比郡大震。詔發江、池大軍討之，既潰，又詔以三百萬名捕。其年，革遁入行都，廂吏執之以聞，遂下大理，獄具，梟于市。支黨流廣南。余嘗聞之番易周國器元鼎。曰：「革字信之，本嚴遂安人。其兄孚師中嘗登鄉書，以財豪鄉里，爲官榷坊酤，以捕私醞入民家，格鬭殺人，且因以掠敓，黥隸吉陽軍。壬午、癸未間，張魏公都督江、淮，孚逃歸，上書自詭，募亡命爲前鋒，雖弗效，猶以此脱黥籍，歸益治貲産，復致千金。革偶鬩牆不得志，獨荷一繖出，聞淮有耕冶可業，渡江至麻地，家焉。麻地去宿松三十里，有山可薪，革得之，稍招合流徙者，治炭其中，起鐵冶其居旁。又一在荆橋，使里人錢某秉德主焉。錢，故吴越支裔也，貧不能家，妻美而豔，革私之。邑有酤坊在倉步白雲，革訟而擅其利，歲致官錢不什一。别邑望江有湖，地饒魚蒲，復佃爲永業。凡廣袤七十里，民之以漁至者數百户，咸得役使。革在淮仍以武斷稱，如居嚴時，出佩刀劒，盛騎從。環數郡邑官吏有不愜志者，輒文致而訟其罪，或莫夜嘯烏合，歐擊瀕死，乃寘。於是爭敬畏之，願交驩奉頤旨。革亦能時低昂，折節與游，得其死力，聲焰赫然，自儔夷以下不論也。初，江之統帥曰皇甫倜，以寬得衆，別聚忠義爲一軍，多致驍勇。繼之者劉光祖，頗矯前所爲，奏散遣其衆。太湖邑中有洪恭訓練，居邑南門倉巷口，舊爲軍校，先數年已去尺籍，家其間。軍士程某二人，素識之，往歸焉。恭無以容，又不欲逆其意，革之長子某，好騎射，輕財結客，遂以書薦之往，果喜，留之。一年而盡其技，革貲用適窘，謝以鐵鏹五十緡，二人不滿。問其所往，曰將如太湖，革因寄書以遺恭。革與恭好，有私幹期以秋，以其便之，弗端，亶書紙尾曰：『廼事俟秋涼，即得踐約。』二人既出，飲它肆，酣，相與咨怨，竊發緘窺之而未言。至太湖見恭，恭門有茗坊，延之坐，自入于室，取四縑將遺之。恭有妾曰小姐，躬蠶織勞，以恭之好施也，恪不予縑。屏後有詈言，二人聞之，怒。恭堅持縑出，不肯受，亦不投以書，徑歸九江。揚言于市，謂『革有異謀，從我學弓馬兵陣，已約恭以秋叛，將連軍中爲應，我因逃歸。』故使邏者聞之，意欲以藉手冀復收。光祖廉得之，恐，捕二人送後司，既無以脱，遂出其書爲證。光祖繳上之朝，有詔捕革。郡命宿松尉何姓，忘其名，素畏其豪，彎卒又咸辭不敢前，妄謂拒捕，幸其事之它屬以自解。時邑無令，有王某者以簿攝邑事，郡檄簿往説諭。革已聞之，頗爲備，飲簿以酒，烹鵝不熟而薦，意緒倉皇。簿覺有異，不敢言而出，行數里，解后，郡遣客將郭擇者至。擇與汪革交稔，故郡使繼簿將命，從以吏卒十餘人。簿下馬道革語，勸勿往，擇不可，曰：『太守以此事屬擇，今徒還，且得罪。』遂入，革復飲之。時天六月方暑，虐以酒，自巳至申，不得去。擇初謂革無他，既見，乃露刃列兩廂，門下憧憧往來，袒裼呼嘯，頗懼亶，孫辭匄去。革畢飲，字謂擇曰：『希顔吾故人，今事籍籍，革且不知所從始，崔鼠貪生，未敢出。有楮券四百，匄希顔爲我展限。』擇陽諾，方取楮，捕吏有王立者，亦以革之餉飲也醉，聞其得錢，扣窗呼曰：『三省、樞密院同奉聖旨取謀反人，教練乃受錢展限耶？』革長子聞之，躍出縛擇，曰：『吾父與爾善，爾乃匿聖旨文書，紿吾父死地。』户闔，甲者興，王立先中二刀，仆，僞死。盡殲捕吏，鈎曳出寘牆下。將殺擇，探懷中，得所藏郡移，擇搏頰祈哀曰：『此非他人，乃何尉所爲，苟得尉辨正，死不恨。』革許之，分命二子往起炭山及二冶之衆。炭山皆鄉農，不肯從，爭迸逸，惟冶下多逋逃羣盜，寔從之。夜起兵，部分行伍，使其腹心龔四八、董三、董四、錢四二及二子分將之，有衆五百餘。六日辛亥，遲明，蓐食趨邑。數人者故軍士，若將家子弟，亦有能文者，俠且武，平居以官人稱，革皆親下之。革有三馬，號惺惺騮、小驄騍、曰番婆子，駿甚，馭曰劉青，驍捷過人。革是日被白錦袍，屬橐鞬，腰劒，緫鵝梨旋風髻，道荆橋，秉德之妻闖于垣，匿弗之見，乃過之。未至縣五里，錢四二有異心，因謂革曰：『今捕何尉，顧不足多煩兵，君以親騎入，大隊姑屯此可也。』革然其言，以三十騎先入郭門，問尉所在，則前一日以定民訟，舍村寺未歸。乃耀武郭中，復南出。劉青方鞚，忽顧革曰：『今雖不得尉，能質其家，尉且立來。』革曰：『良是。』反騎趨縣，尉廨在縣治，革將至，有長人衣白立門間，高與樓齊，其徒俱見之，入馬辟易，亟奔還。則錢四二者已與其衆潰逃略盡，惟龔、董守郭擇不去者，尚五六十人，計無所出，迺殺擇而還麻地。其居屋數百間，藏書甚富，穀粟山積，盡火之。幼孫千一甫十一歲，使乘惺惺騮，如無爲漕司，分析非敢反，特爲尉迫脅狀。遂殺二馬，挈其孥至望江，以五舟分載入天荒湖，泊葦間，與龔、董灑涕别去，曰：『各逃而生，毋以爲君累也。』其次子有婦張，實太湖河西花香鹽賈張四郎之女，有智數，嘗勸革就逮，弗從，至是與其子相泣，自湛于湖，時人哀之。王立既不死，負傷而逃，歸郡。郡聞革起，聚民兵，會巡尉來捕，且驛書上言，詔發兩統帥偏裨撲滅，勿使熾。居十日，而兵大合，徒知其在湖，不敢近。視舟有煙火，且聞伐鼓聲，稍久不出，使闖之，則無人焉。煙乃煼麻屑【一】，爲詰曲如印盤，縛羊鼓上，使以蹄擊，革蓋東矣。革之至江口，劫二客舟，浮家至鴈汊、采石，僞官歸峽者，謁征官而去，人莫之疑。舒軍既失革，朝廷益慮其北走胡，大設賞購。革乃匿其家于近郊故死友家，夜使宿弊窑，曰：『吾事明，家可歸師中兄。』遂入北關，遇城北厢官白某者于塗，白嘗爲同安監官，識革，方駭避，革曰：『聞官捕我急，請以爲君得。』束手詣闕，下天獄。獄吏訊其家所在，備楚毒，卒不言。從獄中上書，言：『臣非反者，蹭蹬至此，蓋嘗投匭請得以兩淮兵，恢復中原，不假援助，臣志可見矣。不知訟臣反而捕者爲誰，請得以辨。』乃詔九江軍送二人，捕洪恭等雜驗，皆無反狀，書所言秋期乃它事。革亶坐手殺平人，論極典，從者末減。二人

【一】煙乃煼麻屑　「煼」原作「熇」，據津逮本、四庫本、學津本改。

亦以首事妄言，杖脊竄千里。方其孫訴漕司時，遞押繫太湖，荷小校過棠梨市，國器嘗見之。愲愲騶棄野間，爲人取去，宿松人復攘之，以瘠死。革之壻曰毛翥，字時舉，第百一，居倉步，亦業儒，以不預謀，至今存。後其家果得免，依乎而居。後一年，事益弛，乃如宿松識故業，董四從，有總首詹怨之，捕送郡，郭擇家人逆諸門，搏擊之，至郡庭，首不髮矣。其捕董時，亦賞緡十【二】，郡不復肯畀，薄其罪，僅編管撫州。革未敗，天下謡曰：『有箇秀才姓汪，騎箇驢兒過江。江又過不得，做盡萬千趨鏘。』又曰：『往在祁門下鄉【三】，行第排來四八。』首尾皆同，凡十餘曲，舞者率侑以鼓吹，莫曉所謂，至是始驗。革第十二，以四合八，其應也。二人初言，蓋謂革將自盧起兵如江云。」國器又言，「革存時，每酒酣，多好自舞，亦不知兆止其身。宿松長人，或謂其邑之神，曰福應侯，威靈極著。革時亦欲縱火殺掠，使無所睹，邑幾殆。時守安慶者李，歲久，亦不知其爲何人也。」

鐵券故事

苗、劉之亂，勤王兵向闕，朱忠靖勝非。從中調護，六龍反正，有詔以二凶爲淮南西路制置使【四】，令將部曲之任。時正彦有挾乘輿南走之謀，傅不從，朝廷微聞而憂之，幸其速去。其屬張逵爲畫計，使請鐵券，既朝辭，遂造堂袖劄以懇，忠靖曰：「上多二君忠義，此必不吝。」顧吏取筆，判奏行給賜，令所屬檢詳故事，如法製造，不得住滯。二凶大喜，

【二】亦賞緡十　「十」，津逮本、四庫本、學津本皆作「千」。

【三】往在祁門下鄉　「往在」，津逮本、四庫本皆作「住在」。

【四】淮南西路制置使　「西路」原作「兩路」，據《宋史》卷二五《高宗紀》、《建炎以來繫年要録》卷二二改。

是夕遂引遁，無復譁者，時建炎三年四月己酉也。明日將朝，郎官傅宿。扣漏院，白急速事，命延之入，傅曰：「昨得堂帖，給賜二將鐵券，此非常之典，今可行乎？」忠靖取所持帖，顧執政秉燭同閲，忽顧問曰：「檢詳故事，曾檢得否？」曰：「無可檢。」又問：「如法製造，其法如何？」曰：「不知。」又曰：「如此可給乎？」執政皆笑，傅亦笑曰：「已得之矣。」遂退，後傅論功遷一官，忠靖嘗自書其事云。

鴻慶銘墓

孫仲益覿。《鴻慶集》，太半銘誌，一時文名獵獵起，四方爭輦金帛請，日至不暇給。今集中多云云，蓋諛墓之常，不足咤。獨有武功大夫李公碑列其間，乃儼然一璫耳，亟稱其高風絶識，自以不獲見之爲大恨，言必稱公，殊不怍於宋用臣之論謚也。其銘曰：「靖共一德，歷踐四朝，如砥柱立，不震不摇。」亦太侈云。余在故府時，有同朝士爲某人作行狀，言者摘其事，以爲士大夫之不忍爲，即日罷去。事頗相類，仲益蓋幸而不及於議也。

蘇衢人妖

余兄周伯，以淳熙丙申召爲太府簿。時姑蘇有民家姓唐，一兄一妹，其長皆丈有二尺，里人謂之唐大漢，不復能嫁娶。每行勸，倚市簷憩坐，如堵牆。不可出，出輒傾市從觀之。日啗斗餘，無所得食，因適野爲巨室，受囷粟，蓋立囷外，即可舉手以致，不必以梯也，以是背微傴，有璫以輅使客，見之大驚，遂入奏，詔廩之殿前司。時郭棣爲帥，周伯間一往，必敬喏，其聲如鐘。德壽時欲見之，懼其聚民，乃卧之浮于河，至望仙專舟焉。又，江山邑寺有緇童，眉長踰尺，來淨慈，都人爭出視之，信然。事聞禁中，詔給僧牒，賜名延慶。寺僧日坐之門，護以行馬，士女填咽炷香，謂之「活羅漢」，遂裒施貲爲殿。寺有故銅像甚侈，乃位之中，不朞而成。周伯亦親見之。是非肖貌賦形之正，近於人妖矣。後數年，周伯去國，皆不知所終。

快目樓題詩

江西詩派所在，士多漸其餘波，然資豪健和易不常，詩亦隨以異。廬陵在淳熙間，先後有二士，其一曰劉改之，余及識之，嘗書之矣。舊歲在里中，與張漕仲隆棣。之子似仲游，因言劉叔儗詩句。叔儗名儗，才豪甚，其詩往往不肯入格律。淳熙甲辰、乙巳間，余兄周伯持淛東庾節，待次，一日過仲隆，同登其家後圃快目樓。有詩楣間，曰：「上得張公百尺樓，眼高四海氣橫秋。只愁笑語驚閶闔，不怕闌干到斗牛。遠水拍天迷釣艇，西風萬里襲貂裘。眼前不著淮山礙，望到中原天際頭。」周伯讀而壯之，問知其儗。居月餘，儗來謁仲隆，仲隆留之，因置酒北湖，招周伯曰：「詩人在此，亟踐勝約。」既至，一見如舊交，坐中以二詩遺周伯。其一曰：「昔年槌鼓事邊庭，公相身爲國重輕。四海幾人思武穆，百年今日見儀刑。筆頭風月三千字，齒頰冰霜十萬兵。天亦知人有遺恨，定應分付與中興。」其二曰：「已買湖山卜奠居，因君又復到康廬。十年到處看詩卷，一日湖邊從使車。南渡忠良知有種，中原消息定關渠。從今便是門闌客，時出山來探詔除。」詩成，風簷展讀大喜，遂約之入澍。明年，叔儗過會稽，留連累月，餉之緡錢甚夥。叔儗又有《題岳陽樓》一篇，周伯喜誦之，余得其親録本，曰：「八月書空鴈字聯，岳陽樓上俯晴川。水聲軒帝鈞天樂，山色玉皇香案煙。大舶駕風來島外，孤雲銜日落唫邊。東南無此登臨地，遣我飄飄意欲僊。」余反覆四詩，大概皆一軌轍，新警峭拔，足洗塵腐而空之矣。獨似傷露筋骨，蓋與改之爲一流人物云。叔儗後亦終韋布，詩多散軼不傳。

記龍眠海會圖

李龍眠既棄畫馬之嗜，亶作補陁大士相，以施緇徒。垂老，得疋楮，戲筆五百應真像，幾年廼成。平生繪寫具大三昧，僅此軸耳。先君在蜀得之，母氏雅敬浮屠，常檟致香火室中。余來京口，因暇日出示王英伯，遂倣貝葉語，爲作記其右，曰：「南閻浮提，有大善知識，現居士宰官婦女身，在家修菩薩梵行。有一初學與其子游，以是因緣得至其舍。一日，出示五百大阿羅漢海會妙相一軸，於是合掌恭敬，歎未曾見，如人入闇，忽覩光明，心大歡喜，莫可喻説。宛轉諦觀，神通變化，皆得自在，小大長短，老幼妍醜，各有所別。足踏滄海，如履坦途，蛟、蜃、黿、鮀、魚、鼈、蛙、蛤，俛首聽命，如乘安車。天龍八部，夜叉羅刹，諸惡鬼衆，前後導從，如役僕廝。寶花繽紛，天樂競集，金橋架空，琪樹蔽日，或闖而窺，或倚而立，瓶鉢杖拂，各有所執，凌雲御風，升降莫測。或解衣渡水，或濯足坐石，或挽或負，狀貌迭出。以種種形，成於一色，於一色中，衆妙畢具。如幻三昧，隨刹現形，千變萬化，不離一性。如是我聞，釋迦文佛，既成道已，乃於耆闍崛山集阿羅漢。有學無學，菩薩摩訶薩，次第授記，陳如號曰『普明』，五百阿羅漢，亦同一號，名曰『普明』。既受佛記，即得如來方便法，而《金剛經》云：『實無有法，名阿羅漢。』則是諸大阿羅漢，有法無法，有相無相，皆不可知，不可測。飄流大海，一切衆生，天龍八部，諸鬼神衆，若有若無，若隱若顯，亦不可知，不可測。如夢中語，如水中塵，如暗中影，如空中花，謂之有相可乎？謂之有法可乎？是又不可知，不可測。然則斯圖之作，滄海浩渺，神通變化，奇形異狀，曲極其妙，求諸法耶？求諸相耶？是又愚所不可知，不可測。夫佛於賢劫中，在大梵天，未出母胎，居摩尼殿，集天釋梵八部之衆，演暢摩訶衍法，度無量無邊衆生。其殿百寶裝嚴，衆妙殊特，匪因緣而有，匪自然而成，則是殿是佛，是法是相，謂之有乎？謂之無乎？知此則知海之爲海，羅漢之爲羅漢，蛟、蜃、黿、鮀、魚、鼈、蛙、蛤，天龍八部，夜叉羅刹，似耶否耶？有耶無耶？匪大圓覺，合凡聖於一理，混物我於一心，是否兩忘，色空俱滅。

則法且無有，何況於相；相且無有，何況於畫；畫且無有，何況於記。雖然，是理也，爲發大乘者説，爲發最上乘説。若夫即心是佛，因佛見性，善男子、善女人，有能於一切法一切相而生敬心，則聚沙爲塔，畫地成佛，皆是道場。何況圖畫裝嚴，盡形供養，當知是人成就第一，希有功德，所得福德，亦復如是，不可思議，不可稱量。於往昔時，有大居士號曰龍眠，得畫三昧，始好畫馬，念念弗忘。有大比丘，見而語之，由此一念，當墮馬腹。於是居士矍然懺悔，乃於一切諸佛、諸大菩薩而致意焉。端嚴妙麗，隨念現形，皆得三昧，是羅漢者，居士之所作也。以居士之一念，畫此羅漢，以大善知識之一念，得此羅漢，當知是畫爲第一希有。畫者，得者，匪於過去無量阿僧祇劫承佛受記，未易畫此，亦未易得此。至於有法無法，有相無相，如魚飲水，冷暖自知。是記也，蓋爲畫設，開禧二年百六日，初學王邁謹記。」英伯它文亦多奇，累試詞闈不偶，今尚在選調中。余前書京口故游，蓋其人也。

卷第七

吴畏齋獵謝贄啓

開禧兵隙將開，憂國者慮其不終。乙丑之元，吴畏齋自鄂召，過京口，以先君湖湘之契，先來訪余，亟送出南水門，謝不敏。既而留中爲大蓬，未幾，遂以秘撰帥荆，復出閫西泝。時北事已章灼，余念數路出師，具有殷鑒，雖上流運奇，先王有遺規，而今未必能。且是時招僞官，遣妄諜，亹亹多費，實無益於事，天下寒心，而謀國者不之知也。因草一啓代贄及之，曰：「騎虹過賀，曾親謦欬之承；倉鼠嘆斯，尚墮塵埃之夢。喜拜重來之命，試伸一得之愚。竊以宋受天命，何啻百庚申；虜汙中原，又閱一甲子。自崇、觀撤藩籬之蔽，而炎、興紛和戰之謀。誕謾敗事，而選愞則有餘；浮躁大言，而矜夸之亡實。有志者以拘攣而廢，無庸者以積累而升，牢籠易制之人才，玩愒有爲之歲月。肉食者鄙，亡秦當可進而失機；骨狺而爭，逆亮以難從而求釁。遂致蟠固狡兔之窟，猶欲睥睨化龍之都。決策和親，姑謂奉春之孰計；臥薪自厲，誰爲勾踐之盛心。金湯恐喝於豫圖，玉帛聯翩於遠餽。百年棄置，亦已久矣；萬口和附，以爲當然。不特首足混於無別，而反使有加；將見膏血困於常輸，而未知所止。有識每一寘念，終夕爲之寒心，今雖欲爲，後乃益甚。竊聞九世之大議，僅積三時之成規，蹤跡張皇，已同獸鬭，議論噂喈，堅闞狐疑。徒欲快一決而僥前功，詎曰計萬全而爲後慮。畎畝有懷於憂國，匭旌無路而陳情。敢忘末學之激衷，試請丈人之靜聽。嘗觀古昔中興之業，或因東南全盛之基，規模雖狹於未宏，功業亦隨其所就。孫氏北無淮而西無蜀，距江尚固於周防；晉室内有寇而外有戎，渡水亦成於克捷。彼皆未盡有今日之所有，我乃類欲爲當時之不爲。邊草未搖，紛紛抵掌，塞塵一警，惴惴奉頭。弛張以道，固曰隨時，勇怯任情，料必至此。未嘗有十年之生聚，但聞以千里而畏人。惟昧於天下轉移之機，所以成流俗衰頹之弊。願姑寘尋常，以破未識時之説；特欲舉一二，以釋妄乘勢之疑。夫江淮爲脣齒之邦，關陝乃腹心之地。欲近守，則不當固其内而舍其外；欲遠攻，則安可即所後而忘所先。況天險可守，共守則險亦均；地利可据，能据則利必倍。此皆不易之常理，具有已行之舊規。襄陽，關中之喉，兵易進而亦易退；京師，海内之腹，守可暫而不可常。通秦、蜀兩道之勢，則兵力不宜輕；居陳、梁四戰之郊，則守備不必泥。使靈旗再圖北指，詎不先出峴之師，而大駕一日東歸，似難執居汴之策。蓋設嶮象存於習坎，而趨時患在於用常。誠由泗、宿以下靈壁之師，因登、萊而濟海道之衆，淮西則出壽春而窺許境，關外則道大散而瞰雍郊，是謂正兵，皆爲危道。蓋河南雖可得而難於持久，舟師雖可用而未爲全謀。即平壤以制敵，蹉跌則不支；

用嶮道以出兵，饋餉則難繼。故顯忠卒成符離之衂，而至於潰；李寶僅濟膠西之捷，而不敢留。水路貽明徹之憂，陸運制武侯之出，非陳言之是襲，亦商監之可稽。若夫運上流之奇，此端繫大賢之責。一軍下虢略【一】，中原之勢已搖；萬騎出潁昌，京畿之地旋復。南城分徇而首尾互應，朱僊進擊而手足猖披。惟是時之舉，偶困於謗書；而此日之功，難言於覆簣。苟盡得策，豈復至今。自兩河而言，則銅梁爲舊疆；由九郡而論，則金坡爲限塞。平州與三關，異路而不豫計，真兒戲哉！白溝僅一水，累世而不敢踰，亦幸安耳。今欲爲能勝而必不可勝，固當審所圖而棄其難圖。豈徒舍敗績而趨成功，庶不因空名而受實禍。宣和之捷，所以胎靖康之變；隆興之戰，所以成乾道之盟。惟思之遠而慮之深，庶功可成而憂可弭。大姑少置，小亦未安。招攜固上策，而納歸正乃自困之資；用間誠至謀，而遣妄諜乃無益之費。僞官換授，是當誅而蒙賞；厚貲輕畀，是以實而易虛。雖至愚猶且知其非，豈在上顧甘循其弊？許移治者，是許其棄地；令擇利者，是令其退師。徒使全家保妻子之臣，用以藉口竊爵禄之寵。邊城保鄣，以廟堂使闕，而不免於屢遷；戎閫事機，以主帥豢安，而常淹於難達。偃然以承平文飾之體，巍乎居要境藩維之權。塞下之粟，反内徙以自虛；軍中之弊，猶日朘而不止。歲市駿而不能償耗，誰興開元監牧之謀；日計漕而未足饋軍，孰啓神爵屯田之策。民兵文具，禁籍虛員，柰何欲興不世之儁功，尚爾未革易知之宿弊。此特言其梗概，初未劾於涓埃，已不勝賈生痛哭之

【一】一軍下虢略　「虢略」，稗海本、津逮本、四庫本、學津本皆作「虢洛」。

私，矧欲致臧宮鳴劍之議。試捈閟閟，毋謂平平，恭惟某官，以世大儒，助國正論，貫兼資於文武，視一節於險夷。歸自乘軺，公議浩然而歸重；畀之顓閫，天心昭若以可知。上方勤西顧之憂，公特任北門之寄。風露三神之頂，洊爾褰裳；旌旗千騎之來，跫然望履。聳列城之觀望，屹外閫之蕃宣，當盡遠猷，庶銷過計。某辱知最渥，因事有言。屢矣蹉跎，雖粗有少年之志；斐然狂簡，得毋貽小子之嗤。或可執鞭，願供磨盾，其諸軟熟之貢，徒致高明之煩。嗣聽策勳，别當脩贄。」畏齋在丹陽館，一覽輒喜，親作數語謝曰：「抗身名以衛社稷，久沉射虎之威；疏王爵以大門閭，將表食牛之氣。有來相過，允荷不忘，監倉學士，風烈承宗，詞華振俗，喜北平之有後，幸郎君之克家。庾氏卑官，王孫令器。必有表薦，以發忠嘉。至於陳誼之甚高，與夫期待之太過，此則諸君子之責，而非一郡守之憂。某行官沔鄂之間，即有兵民之寄。當呼老校退卒，問先烈之宏規；將與羣公貴人，誦故侯之名緒。叙謝之意，匆草莫殫。」於是一得之謀，頗徹於諸公間矣。又一年，稍稍如言，宇文顧齋聞之，從章以初録本去，會除次對，謬以充自代薦，且有志識不羣之褒，初未相識也。故余投謝駢儷有曰：「初不求於識面，亶自得於知心。」蓋指此。它日，又特剡亟稱之于廟堂，余迄不知所蒙。近繙故笈，偶見存本，因悼殄瘁，潸然出涕。書之以志余之愧於知己者焉。

楚齊僭册

靖康元年，金人陷京師。明年，太宰張邦昌僭帝位，是歲邦昌伏誅。又三年，盡陷中原地，殿中侍御史劉豫復僭帝位。九年，豫就執北去。余嘗得其二册文，乃删其吠堯者而剟録之。邦昌之册曰：「維天會五年，歲次丁未，二月辛亥朔，二十有一日辛巳，皇帝若曰：朕惟我太祖武元皇帝，肇建區夏，務安元元。肆朕纂承，不敢荒怠，夙夜兢兢，思與萬國格于治。粤惟有宋，寔乃通鄰，貢歲幣以交懽，馳星軺而講好。期於萬世，永保無窮，蓋我有大造于宋也。不圖變誓渝盟，以怨報德，開端招禍，反義爲仇。今者國既乏主，民宜混同，然念厥功，誠非貪土，遂命帥府，與衆推賢。僉曰：太宰張邦昌，天毓疏通，神資睿哲，處位著忠良之譽，居家聞孝友之名，實天命之有歸，仍人情之所徯，擇其賢者，非予而誰。是用遣使備禮，以璽紱寶册，命爾爲皇帝，以援斯民。國號大楚，都于金陵，自黄河以外，除西夏封圻，疆場仍舊，世輔王室，永爲藩臣。貢禮時修，勿疑於述職；問音歲至，無緩於披誠。於戲！天生蒸民，不能自治，故立君以臨之，君不能獨理，故設官以教之。乃知民非后不治，后非賢不守，其有位者，可不謹歟！予懋乃德，嘉乃丕績，日敬一日，雖休勿休，欽哉！其聽朕命。」豫之册曰：「維天會八年，歲次庚戌，七月辛丑朔，二十有七日丁卯，皇帝若曰：朕公於御物，不以天下爲己私；職在牧民，廼知王者爲通器。威罰既已殄罪，位號宜乎授能。迺者有遼，運屬顛危，數窮否塞，獲罪上帝，流毒下民。太祖武元皇帝，杖黄鉞而拯黎元，麾白旄而誓師旅，妖氣既殄，區宇大寧。爰有宋人，來從海道，願輸歲幣，祈復漢疆。太祖方務善鄰，即從來議。重念斯民，久罹塗炭，未獲昭蘇，不委仁賢，孰能保定？咨爾劉豫，夙擅直言之譽，素懷濟世之才，居于亂邦，生不偶世。百里雖智，亦奚補於虞亡；三仁至高，或顯從於周仕。當姦賊擾攘之際，正愚氓去就之間。舉郡來王，奮然獨斷，逮乎歷試，厥勳克成。夫委之安撫教化行，任之尹牧獄訟理，付之總戎盜賊息，專之節制郡國清。況有定衰救亂之謀，必挾拯變扶危之策，使民無事則櫜弓力穡，有役則釋耒荷戈。罷無名之征，捐不急之務，徵隱逸，舉孝廉，振紀綱，修制度，省刑罰而去煩酷，發倉廩而息蝥螟。神人以和，上下協應，比下明詔，詢考輿情，列郡同辭，一心仰在，宜即歸仁之地，以昭建業之元。是用遣西京留守高慶裔，副使禮部侍郎、知制誥韓昉，備禮以璽紱寶册，命爾爲皇帝，國號大齊，都于大名。歲修子禮，永貢虔誠，畀爾封疆，並從楚舊，更須安集，自相攸居。爾其上體天心，下從人欲，忠以藩王室，信以保邦圻。惟天難諶，惟命靡常，謹厥德，保厥位，爾其勉哉！勿忽朕命。」玉册皆以六十六方爲制，每方字兩行，以金書之。於虖！犬羊亂華，顛倒冠履，一至於此，讀此者，得不起魯仲連之愧乎！

優伶詼語

秦檜以紹興十五年四月丙子朔，賜第望僊橋。丁丑，賜銀絹萬匹兩，錢千萬，綵千縑。有詔就第賜燕，假以教坊優伶，宰執咸與。中席，優長誦致語，退，有參軍者前，褒檜功德。一伶以荷葉交倚從之，詼語雜至，賓歡既洽，參軍方拱揖謝，將就倚，忽墜其幞頭，乃總髮爲髻，如行伍之巾，後有大巾鐶，爲雙疊勝。伶指而問曰：「此何鐶？」曰：「二勝鐶。」遽以朴擊其首曰：「爾但坐太師交倚，請取銀絹例物，此鐶掉腦後可也。」一坐失色，檜怒，明日下伶於獄，有死者。於是語禁始益繁，芮煇令衿等吻禍，蓋其末流焉。

嘉禾篇

張丞相商英。媚事紹聖，共倡紹述，崇寧二年，遂爲尚書左丞。會與蔡元長異論，中執法石、豫。殿中御史朱、紱。余深。以風旨將劾奏之，而無以爲説。或言其在元祐中，嘗著《嘉禾篇》，擬司馬文正於周公；且爲開封府推，當其薨時，代府尹爲酹祭文，有褒頌功德語，因請正其罰。有詔張商英秉國政機，論議反覆，加之自取榮進，貪冒希求，元祐之初，詆呰先烈，臺憲交章，豈容在列。可特落職，依前通議大夫、知亳州【二】。余家舊有石刻，正其所謂《嘉禾篇》者，文既爾雅，論亦醇正，惜乎其好德之不終也。因録之，以表其

【二】亳州　原作「亳州」，據稗海本、津逮本、四庫本及《宋史》卷三五一《張商英傳》改。

初終焉。篇之言曰：「維元祐丁卯十月，定襄守臣得禾，異畝同穎，部使者臣張商英，作《嘉禾篇》【三】。神宗既登遐，嗣皇帝冲幼，中外震懼，罔知社稷攸託。惟太母晦聖德于深宮，五十有四年，克莊克明，克仁克簡，肆膺顧命，保佑神孫，以總大政。既臨延和，乃告于侍臣曰：『嗚呼！先皇帝聰明文武，宏規偉圖，軼于古先。丕惟曰，《禹貢》九州之域，久封裔壤，謟于殊俗，豺狼野心，終不可豢，序弗底平，時以憂貽，于我後昆。廼備材力，廼督事功，務除大害，不恤小怨。今既墜厥志，罹家多艱，其弛利源，與民共之。所不欲一切罷，庶事肇革，衆志未孚，新故相刑，愛惡相反，議論乘隙，紛綸互建。疑生于弗親，忿生于弗勝，其睽成仇，其合成黨，盈庭睢盱，震于視聽。』惟聖母燭以純静，斷以不惑，去留用捨，不歸于偏，歸于是。越三載，羣慝斯嘉，羣乖斯和，羣異斯同。馨聞于上帝，風雨時若，英華豐美，被于草木。發珍祥于兹嘉禾，厥本惟三，厥壠惟五，厥穗惟一。臣聞曰：在昔成王冲幼，周公居攝，近則召公不悦，遠則四國流言。成王灼知忠邪之情，誅伐讒慝，卒以天下聽於周公，時則唐叔得禾，異畝同穎以獻。推古驗今，跡雖不同，理或胥近。臣商英敢拜手稽首，旅天之命，曰：嗚呼！先民有言，衆賢和於朝，萬物和於野，和氣致祥，乖氣致異，治平之時，君臣罔不咸有一德。在虞舜時，百僚師師，在文王時，多士濟濟。降及幽王，小人在位，君子在野。其詩曰：潝潝訿訿。又曰：噂沓背憎。嗚呼！卿士庶尹敬之哉。曲直之辨，是非之判，罔或不異，如禾之本，終以合穎；利害之當，予奪之中，罔或不

【三】作嘉禾篇　「篇」字原闕，據津逮本、四庫本、學津本補。

同，如禾之穎，非離于本。無有作同，害于而公。臣吴安操、臣李昭叙等立石。」余又嘗求其開封祭文而觀之，頌之極摯者亦特，曰：「公在熙寧，謫居洛京。十有五年，《資治》書成。帝維寵嘉，以子登瀛。方渴起居，而帝在天。太母垂簾，保祐神孫。疇咨在庭，屬以宗社。介特真淳，無易公者。公來秉鈞，久詘而伸。五害變法，十科取人。孰敢弗良，孰敢弗正。有傾其議，必以死爭。日月徂征，思速用成。心勩形瘵，胡衛餘生。嘉謀嘉猷，百未有告。訃音夜奏，九重震悼。爵惟太師，開國于温。莫惠我民，門巷煩冤。廼命貳卿，葬其先原。公殮具資，一給于官。悠悠蒼天，從古聖賢。損益盛衰，與時屢遷。功虧于簣，志奪于年。古也如斯，豈公獨然。已矣温公，夫何憾焉。」如此而已，雖違時論，亦非大溢美者。蓋「五害」等字，乃當時之所深諱，是以亟黜而不留也。張之立朝，其初議論具是，曁哲宗親政，首爲諫官，乃指吕汲公、范淳夫輩爲大姦，而以司馬文正、文忠烈爲負國，甚者至以宣仁比吕、武，殊視此文爲不同，反覆之言，聖謨其得之矣。其後入黨籍，卻反成濫寘，大觀爰立，本以其能與蔡立異而用之，亦不能久也。欽皇嗣服，會時相主其人，贈以太保，與范、司馬二文正並命，天下莫不疑之。王稱作《東都事略》，載張罷左丞，以言蔡京姦邪，有「自爲相國，志在逢君」等語，臺臣以爲非所宜言而謫之。考之史諜，蓋專坐此篇。稱書誤甚，當因其異同之迹，而遂從傳疑，其實非也。

朝士留刺

秦檜爲相，久擅威福。士大夫一言合意，立取顯美，至以選階一二年爲執政。人懷速化之望，故仕於朝者，多不肯求外遷，重内輕外之弊，頗見於時。有王仲荀者，以滑稽游公卿間。一日，坐于秦府賓次，朝士雲集，待見稍久。仲荀在隅席，輒前白曰：「今日公相未出堂，衆官久俟，某有一小話願資醒困。」衆知其善謔，爭竦聽之。乃抗聲曰：「昔有一朝士，出謁未歸，有客投刺于門，閽者告之以某官不在，留門狀，俟歸呈禀。客忽勃然發怒，叱閽曰：『汝何敢爾！凡人之死者，乃稱不在。我與某官厚，故來相見，某官獨無諱忌乎，而敢以此言目之耶！我必俟其來，面白以治汝罪。』閽拱謝曰：『小人誠不曉諱忌，願官人寬之。但今朝士留謁者，例告以如此，若以爲不可，當復作何語以謝客？』客曰：『汝官既出謁未回，第云某官出去可也。』閽愀然蹙頞曰：『我官人寧死，卻是諱出去二字。』」滿坐皆大笑。仲荀出入秦門，預褻客，老歸建康以死。談辭多風，可雋味，秦雖煽語禍，獨優容之，蓋亦一吻流也。

卷第八

九江郡城

九江郡自梁太清始奠湓口，湓口乃漢灌嬰所築也，灌井在焉。故余家晉盆杆事，猶有冢居城中。城負江面山，形勝盤据，三方阻水，頗難於攻取。開寶中，曹翰討胡則，踰年不下。或獻計於翰曰：「城形爲上水龜，非腹脅不可攻。」從之，果得城。至今父老指所由入，云在北闉新倉後。郡治之前，對康廬有峰，曰雙劒。乾道間，蜀人唐立方文若。來爲守，謂翰實屠城，而李成等寇，亦嘗入郛殘其民，取陰陽家説，意劒所致，乃闢譙樓前地築爲二城，夾樓矗其上，謂之「匣樓」，曰匣實藏劒。江人相勸成之。有日者過其下，曰：「是利民而不利於守。」立方聞之，不以爲意，居一年，果卒官，其異如此。立方故知名，嘗爲中書舍人，終之年六十八。

日官失職

近世清臺占候，頗失其守，雖試選甚藕，多筌蹄之學，以故證應之驗，視前世爲疏。開禧丙寅二月丙子，余在京口，章以初居戎司薌風亭。余涖事庚中歸，過之小酌，握手庭下，日方申，忽覺天半砰鍧有聲甚厲。矯首正見一星南隊，曳尾如帚，逶迤久之始滅，相與歎異。未幾而兵釁開，江、淮荐饑，死者幾半。嘉定己巳五月辛亥，余里居晚浴，散步西圃，暝色將至。從行一僮，忽卬而驚噂，視之，亦一星，大小如京口所見，而色紺青，尾緂煜煜，自南徂北，行頗迅，亦隱隱鳴于空中。時虜酋易位，蒙韃闖其境，兵禍糾結，數年猶不解，則所隊之方，蓋有妖焉。余不甚習變星，二星所偶見，皆白晝出，太史且未嘗問，亦不聞奏報。其它躔度微忒，意必不能詳也。

紫宸廊食

余爲扈簿日，瑞慶節隨班上壽紫宸殿。是歲，虜方拏兵北邊，賀使不至，百官皆賜廊食。余待班南廊，日已升，見有老兵持二鬃牌至，金書其上，曰：「輒入御廚，流三千里。」既而太官供具畢集，無帟幕限隔，僅以鐐竈刀机自隨，緜蕝簷下。侑食首以旋鮓，次暴脯，次羊肉。雖玉食亦然。且一小楪，如今人家海味楪之制，合以玳瑁而金托之，封其兩旁，上以黄紙書品嘗官姓名以待進。黼坐既御，合班拜舞用樂，伶人自門急趨折檻，以兩襜爲作止之節。廊下設纈褥，寘俎于前，有肴核。爵以銀而厚其脣，爲之一耳，頗不便於飲。上鐫紹興十二年某州所造，蓋和議成而舉彌文，責之外郡，以期速集也。每舉酒，玳合自東廡入廊，饌繼至。適盧棘簿子文。在旁，因言此藝祖舊制。在汴京時，天造草昧，一日長春節，欲盡宴廷紳，有司以不素具奏，不許，令市脯，隨其有以進，仍詔次序勿改，以昭示儉之訓。如錫宴貢院，前二醆止以菓實薦，無品食，蓋當時市之者未至耳，其第三醆亦首以旋鮓云。余聞之典儀吏，曰：「它日戎贊在廷，則百官皆稱壽而退，無賜食七十年矣。」此乃適因其不來而舉行者，故竊志之。

阜城王氣

崇寧間，望氣者上言，景州阜城縣有天子氣甚明，徽祖弗之信。既而方士之幸者頗言之，有詔斷支隴以泄其所鍾。居一年，猶云氣故在，特稍晦，將爲偏閏之象，而不克有終。至靖康，僞楚之立，踰月而釋位。逆豫既僭，遂改元阜昌，且祈于金酋，調丁繕治其故嘗夷鏟者，力役彌年，民不堪命，亦不免於廢也。二僭皆阜城人，卒如所占云。

袁孚論事

孝宗初政，袁孚。爲右正言。一日，亟請對，論北内有私酤，言頗切直，光堯聞之震怒。上嚴於養志，御批放罷，中使持璽封至堂。時陳文正當國，史文惠爲參預，未知其倪，啓封相顧罔測。文惠曰：「上新即位而首逐一諫官，未得其名，此決不可，請俟審奏。」翌日，遂朝，方扣榻以請，玉音峻厲，遽曰：「謂已行下矣，尚何留？」文惠奏曰：「陳康伯固欲速行，而臣不欲也。臣有千慮之一，願留身以陳。」班退，文惠問孚何罪也，上諭以疏意曰：「是非所宜言，不逐何待！」曰：「陛下亦知德壽宮中無士人乎？」曰：「何謂也？」曰：「北内給事，無非閹人，是惡知大體？若非幾箇村措大在言路，時以正論折其萌芽，此曹馮依自恣，何所不至。」上竦而悟，天顔少霽。文惠進曰：「不特此事，孚臣無故賜罷，天下咸以爲疑，而欲知其故。若以此爲罪，則兩宮之間且生，四方聞之，必謂陛下方以天下養，而使北内至於有此，非供億不足而何？必不得已而去，當因其自請而聽之可耳。」上釋然霽威曰：「善。」將退，復前曰：「後之日，復當五日之朝，願陛下試以意白去孚，儻可以上皇意留之，尤盛德事。」上許諾，既歸自北宮，亟召文惠而諭之曰：「太上怒袁孚甚，朕所以亟欲去之。昨日方燕，太上賜酒一壺，親書『德壽私酒』四字於上，使朕跼蹐無所。」文惠曰：「此陛下之孝也，雖然，終不可暴其事。」居數日，孚請祠，得守永嘉郡。既而文惠又奏：「諫官以直言去，非邦家之美，請以職名華其行。」遂除直秘閣，外朝竟不及知。自是纖人知譖之不行，亦無復投隙者。一言回天，體正誼得，兩宮慈孝，終始無間，此舉寔足以權輿之云。

鸜鵒諭

蜀士尚流品，不以勢詘。乾道間，楊嗣清甲。有聲西州，清議推屬。初試邑，有部使者，不欲名，頗以繡衣自驕，怒其不降意，誣劾以罪。趙衛公方爲左史，聞之，不俟車，亟往白廟堂曰：「譬之人家，市猫于鄰，卜日而致之，將以咋鼠也。鼠暴未及問，而首抉雕籠，以噬鸜鵒，其情可恕乎！」當國者問其繇，告以故，相與大笑，劾牘竟格不下。嗣清仕亦不顯，有弟曰嗣勳，輔。位至從槖，其清名亦相伯仲云。至今蜀人談謔，以排抳善類者爲猫噬鸜鵒，王中父嘗爲余道，而忘其所爲邑之名。

月中人妖

逆曦未叛時，嘗歲校獵塞上。一日夜歸，笳鼓競奏，轔載雜襲。曦方垂鞭四視，時盛秋，天宇澄霽，卬見月中有一人焉，騎而垂鞭，與己惟肖。問左右，所見皆符，殊以爲駭，嘿自念曰：「我當貴，月中人其我也。」揚鞭而揖之，其人亦揚鞭，乃大喜，異謀繇是益決。德夫兄至蜀，安大資丙。與之醼，親言之。夫妄心一萌，舉目形似，此正與投楮天池者均耳，月妖何尤！

牸牧相衛

先塋吕田原之北二里許，有山㠗焉，不合如礪，土名曰焦庫。有周氏墳，其間篁木蔽翳，泉甘草茂，牧者趨之。嘉定癸酉四月甲午正晝，有詹氏子十九歲，牧一牸墳側。方偃于背，鄰之二兒甫齔，戲于旁。有虎出于薄，直前搏牸。二兒癡，不識爲虎，擲瓦礫，嗾而逐之。虎顧牸，不肯去，二兒倚徙觀，稍前，乃緣登木。牧子念其家貧，惟恃此以耕，不勝憤，徑歸取斧，將以殺虎。其父在田，不之知；母視其來也，遽問而告其故，顧東作方殷，家無男子，乃集里婦數人，譟而從。既至，二兒觀酣，嬉笑自若，牸以角拒虎爪，嚙無完革矣。牧子視牸且困，揮斧大呼，欲以致虎，虎果舍牸來。時木影漏日，刃環舞，翕霍有光，虎益自縮，作勢奮迅，欲以攫取。牸少憩力甦，乃前鬭，虎舍牧子，與之相持。牧子氣定更進，虎又舍牸。牸與牧迭抗虎，如此者彌半日頃，羣婦莫之孰何。既而山下民聞者，持梃讙噱，來漸多，虎遂棄而去。牸牧竟全。余時倚壟冢下，僕輩親見之來告，遣視，民方環睨，虎猶未逸也。畜而義，不忘衛所牧，牧子亦克念其家，奮不顧死，皆可尚。二兒不知畏，不被搏噬，東坡沙上抵首之説，諒可信云。

解禪偈

余嘗得東坡所書司馬温公《解禪偈》，其精義深韞，真足以得儒釋之同，特表其語而出之。偈之言曰：「文中子以佛爲西方之聖人，信如文中子之言，則佛之心可知也。今之言禪者，好爲隱語以相迷，大言以相勝，使學者倀倀然益入於迷妄。故余廣文中子之言而解之，作《解禪偈》六首。若其果然，則雖中國行矣，何必西方；若其不然，則非余之所知也。」「忿氣如烈火，利欲如銛鋒。終朝常戚戚，是名阿鼻獄。」「顏回安陋巷，孟軻養浩然。富貴如浮雲，是名極樂國。」「孝弟通神明，忠信行蠻貊。積善來百祥，是名作因果。」「仁人之安宅，義人之正路。行之誠且久，是名《光明藏》。」「言爲百代師，行爲天下法。久久不可掩，是名不壞身。」「道義修一身，功德被萬物。爲賢爲大聖，是名菩薩佛。」於虖！妄者以虛辭岐實理，以外慕易内脩，滔滔皆是也，豈若是偈之坦明無隱乎！盍反而觀之。

玉虛密詞

徽祖將内禪，既下哀痛之詔，以告宇内，改過不吝，發于至誠。前一夕，即玉虛殿常奉真馭之所，百拜密請，祈以身壽社稷。夜漏五徹，焚詞其間，嬪嬙巨璫，但聞謁禱聲，而莫知其所以然。明日，遂御玉華閣，召宰執，書「傳位東宫」四字，以付蔡攸。又一日，欽宗遂即位，寔宣和七年十二月辛酉也【一】。明年正月己巳，赤白囊至，徽祖夜出通津門，以如亳社。斡離不既退師，龍德行宫在京口，纖人乘間有劒南自奉之疑，奉表亟請歸京師。駕至睢陽，李忠定綱。奉詔迎謁，見于幄殿。既辭，遂出所焚詞藁，俾宣示宰執百官，忠定家有藏本焉。其辭曰：「奉行玉清神霄保仙、元一六、陽三五、璇璣七九、飛元大法師、都天教主臣某，誠惶誠恐，頓首頓首，再拜上言，高上玉清神霄、九陽總真、自然金闕。臣曩者君臨四海，子育萬民，緣德菲薄，治狀無取，干戈並興，弗獲安靖。以宗廟社稷生民赤子爲念，已傳大寶于今嗣聖。庶幾上應天心，下鎮兵革，所冀邇歸遠順，宇宙得寧，而基業有無疆之休，中外享昇平之樂。如是賊兵偃戢，普率康寧之後，臣即寸心守道，樂處閑寂，願天昭鑒，臣弗敢妄。將來事定，復有改革，窺伺舊職，獲罪當大。已上祈懇，或未至當，更乞垂降災咎，止及眇躬，庶安宗社之基，次保羣生之福，五兵永息，萬邦咸寧。伏望真慈，特賜省鑒。臣謹因神霄直日功曹吏，賫臣密表一道，上詣神霄玉清三府，引進儹曹，伏願告報。臣誠惶誠恐，頓首頓首，再拜以聞。」於虖！禹、湯罪己，其興也勃焉，聖心其有以得於天矣。按蔡絛《國史後補》載徽祖教門尊號，爲「玉京金闕、七寶玄臺、紫微上宫、靈寶至真玉宸明皇大道君【二】」，與此不同，意歸美之稱，不欲以自名耳。唐武宗會昌《投龍文》稱「承道繼玄、昭明三光弟子、南嶽上真人。」今茅山龍虎閤皁，實有三壇，符籙徧天

【一】寔宣和七年十二月辛酉也　「十二月」原作「十一月」，據《宋史》卷二二《徽宗紀》、卷二三《欽宗紀》改。

【二】靈寶至真玉宸明皇大道君　「玉宸」原作「玉晨」，據津逮本、四庫本、學津本改。

下，受之者亦各著稱謂。或者帝王之號又有其别，殆未可知也。

太歲方位

建隆三年五月，詔增修大内。時太歲在戌，司天監以興作之禁移有司：毋繕西北隅。藝祖按視見之，怒問所繇。司天以其書對，上曰：「東家之西，即西家之東，太歲果何居焉？使二家皆作，歲且將誰凶？」司天不能答，於是即日滌撤一新之。今世士大夫號於達理者，每易一榱，覆一簣，翦翦拘泥，不得即決，稽之聖言，思過半矣。

逆亮辭怪

金酋亮未簒僞，封岐王，爲平章政事，頗知書，好爲詩詞，語出輒崛彊，憝憝有不爲人下之意，境内多傳之。且驟施於國，東昏疑焉，未及誅，而有胥儀之禍，宗族大臣以亮有素譽，因共推戴。既立，遂肆暴無忌，佳兵苛役，以迄于亡。然其居位時，好文辭猶不輟，余嘗得其數篇。初王岐，以事出使，道驛有竹，輒詠之曰：「孤驛瀟瀟竹一叢，不同凡卉媚春風。我心正與君相似，只待雲梢拂碧空。」又書壁述懷曰：「蛟龍潛匿隱滄波，且與蝦蟆作混和。等待一朝頭角就，撼摇霹靂震山河。」既而過汝陰，復作詩曰：「門掩黄昏染绿苔，那回蹤跡半塵埃。空亭日暮烏爭噪，幽徑草深人未來。數仞假山當户牖，一池春水遶樓臺。繁花不識興亡地，猶倚闌干次第開。」又嘗作雪詞《昭君怨》曰：「昨日樵村漁浦，今日瓊川小渚【三】。山色捲簾看，老峰巒。錦帳美人貪睡，不覺天花剪水。驚問是楊花，是蘆花。」一日，至卧内見其妻几間有巖桂植瓶中，索筆賦曰：「緑葉枝頭金縷裝，秋深自有别般香。一朝揚汝名天下，也學君王著赭黄。」味其詞旨，已多圭角，蓋其蓄已不小矣。及得志，將圖南牧，遣我叛臣施宜生來賀天申節，隱畫工於中【四】，使圖臨安之城邑，及吴山、西湖之勝以歸。既進繪事，大喜，瞷然有垂涎杭、越之想。亟命撤坐間軟屏，更設所獻，而於吴山絶頂貌己之狀，策馬而立，題其上曰：「萬里車書盍混同，江南豈有别疆封？提兵百萬西湖上，立馬吴山第一峰。」遷汴之歲，已弑其母矣，又二日而中秋，待月不至，賦《鵲橋僊》曰：「停盃不舉，停歌不發，等候銀蟾出海。不知何處片雲來，做許大通天障礙。虬髯撚斷，星眸睜裂，惟恨劒鋒不快。一揮截斷紫雲腰，子細看嫦娥體態。」明年竟遂前謀。使御前都統、驃騎衛大將軍韓夷耶將射鵰軍二萬三千，圍子細軍一萬，先下兩淮。臨發，賜所製《喜遷鶯》以爲寵，曰：「旌麾初舉，正駃騠力健，嘶風江渚。射虎將軍，落鵰都尉，繡帽錦袍翹楚。怒磔戟髯爭奮，捲地一聲鼙鼓。笑談頃，指長江齊、楚，六師飛渡。此去，無自墮。金印如斗，獨在功名取。斷鎖機謀，垂鞭方略，人事本無今古。試展卧龍韜韞，果見成功旦莫。問江左，想雲霓望切，玄黄迎路。」余又嘗問開禧降者，能誦憶尚多，不能盡識。觀其所存，寓一二於十百，其桀驁之氣，已溢于辭表，它蓋可

【三】今日瓊川小渚　「小」，底本上明雲間人陳文東批云：「小當作玉。」學津本作「玉」。

【四】來賀天申節隱畫工於中　「節」字原舛在「中」字下，據四庫本乙正。

知也。犬狺鴞鳴，要充其性，不足乎議。軟屏詩，《正隆事迹》以爲翰林脩撰蔡珪所作，詭曰御製。反覆它作，似出一機杼，或者傳疑益訛，抑其餘皆出於視草，亦無所致詰。録所見者，聊以寓志怪云，洪文敏《夷堅支景》僅載其二，它不傳。

卷第九

裕陵聖瑞

裕陵年十三，居于濮邸。一日，正晝憩便寢，英祖忽顧問何在，左右褰帳，方見偃卧，有紫氣自鼻中出，盤旋如香篆，大駭，亟以聞。英祖笑曰：「勿視也。」後三年，亦以在寢寤驚，欽聖請其故，曰：「方熟寐，忽覺身在雲表，有二神人捧足以登天，是以噱耳！」既而果登大寶，元祐元年三月十四日，詔録聖瑞之詳，付宗正寺。

狀元雙筆

内黄傅珏者，以財雄大名。父世隆，决科爲二千石。珏不力於學，弁髦碌碌下僚，獨能知人。嘗坐都市，閲公卿車騎之過者，言它日位所至，無毫髮差。初不能相術，每曰：「予自得於心，亦不能解也。」嘗寓北海，王沂公曾。始就鄉舉，珏偶俟其姻于棘圍之外，遇之，明日，以雙筆要而遺之，曰：「公必冠多士，位宰相，它日無相忘。」聞者皆笑。珏不爲怍，遂定交，傾貲以助其用，沂公賴之。既而如言，故沂公與其二弟以兄事之，終身不少替。前輩風誼凛凛固可敬，而珏之識亦未易多得也。珏死明道間，官止右班殿直，監博州酒。其孫獻簡，堯俞。元祐中爲中書侍郎，自誌其墓。余舊嘗見前輩所記，與誌微不同。

堯舜二字

歐陽文忠知貢舉，省闈故事，士子有疑，許上請。文忠方以復古道自任，將明告之，以崇雅黜浮，期以丕變文格。蓋至日昃，猶有喋喋弗去者，過晡稍閴矣。方與諸公酌酒賦詩，士又有扣簾，梅聖俞怒曰：「瀆則不告，當勿對。」文忠不可，竟出應，鵠袍環立，觀所問。士忽前曰：「諸生欲用堯、舜字，而疑其爲一事或二事，惟先生幸教之。」觀者閧然笑。文忠不動色，徐曰：「似此疑事誠恐其誤，但不必用可也。」内外又一笑。它日每爲學者言，必蹙頞及之，一時傳以爲雅謔。余按《東齋記事》，指爲楊文公，而徒問其爲幾時人，歲遠傳疑，未知孰是。然是舉也，實得東坡先生，識者謂不啻足爲詞場刷耻矣，彼士何嗤。

正隆南寇

金國僞正隆丁丑春二月，逆亮御武德殿，召其臣吏部尚書李通、刑部尚書胡勵、翰林直學士蕭廉，賜坐而語之曰：「朕自即位，視閲章奏，治宫中事，常至丙夜，始御内寢。疇昔之夜，方就榻，恍惚如親覿有二青衣，持幢節自天降，授朕以幅紙若牒，謂上帝有宣命。朕再拜受，遂佩弓矢，具鍪鎧，將從之前。而朕常所御小騅號小將軍者，儵已鞚勒待墀下【一】，青衣揖就騎。既行，但覺雲霧勃鬱起馬蹄間，下如海濤洶湧。方覺心悸，望一門正開，金碧焜燿，青衣指之曰：『天門也。』朕隨入焉。又里許，至鈞天之宫，嚴邃宏麗，光明奪目。朕意欲馳，二金甲人謂朕曰：『此非人間，可下馬步入。』及殿下，垂簾若有所待。須臾，有朱衣出，贊拜，髣髴聞殿上語如嬰兒，使青衣傳宣畀朕曰：『天策上將，令征某國。』朕伏而謝。出復就馬，見兵如鬼者，左右前後，杳無邊際。發一矢射之，萬鬼齊喏，聲如震雷，驚而寤，喏猶不絶於耳。朕立遣内侍至廐，視小將軍喘汗雨浹，取箭箙數之，亦亡其一矣。昭應如此，豈天假手於我，令混江南之車書乎？方與卿等圖之，謹無洩。」衆皆稱賀，於是始萌芽南牧之議矣。明年夏五月，復召通及翰林學士承旨翟永固、宣徽使敬嗣暉、翰林直學士韓汝嘉入見薰風殿，問曰：「朕欲遷都于汴，遂以伐宋，使海内一統，卿意如何？」通以天時人事不可失機爲對，亮大悦。永固卻立楹間，亮顧見之，問之故，徐進曰：「臣有愚慮，請殫一得。本朝自海上造邦，民未見德，而黷兵是聞，皇統締好，歲事無闕，遽欲出無名之師，以事遠征，臣竊以爲未便。兼中都始成，未及數載，帑亦知其不戢之自焚也。故雖如梁王之武毅，猶以和爲長策。今宋室偏安，天命未改，金繒

【一】儵已鞚勒待墀下　「鞚」原作「空」，據津逮本、四庫本、學津本改。

藏虚乏，丁壯疲瘁，營汴而居，是欲竭根本富庶之力，以繕爭戰丘墟之地，尤爲非宜。臣事陛下，不敢不以正對。」因伏地請死。亮以問暉、汝嘉，暉是通，汝嘉是永固。亮大怒，拂袖起，傳宣二臣殿側聽旨，繼而召翰林待制綦戩講漢史，戩及陸賈《新語》事，亮怒稍霽，乃赦之。明日，通爲右丞，暉爲參知政事，永固遂請老。又明年，左丞相張浩及暉，與叛臣孔彦舟、内侍梁漢臣卒營汴焉。帝䰠之禍實昉此。汝嘉又二年來盱眙傳命諭，卻我使人徐嘉等，歸而微諫，竟不免戮。余讀張棣《正隆事迹》，博考它記，而得其顛末。熊克《中興小曆》書於紹興二十八年者，蓋誤以薰風之事合於武德云。梁王者，大酋兀术之封，李大諒《征蒙記》謂嘗追册以帝號。按紹興辛巳，高景山來求淮漢地，指初畫疆事，亦以爲梁王，要當以國中通言者爲正。

鼉渡橋

虞雍公允文。以西掖贊督議，既卻逆亮于采石，還至金陵，謁葉樞密義問。于玉帳，留鑰張忠定燾。及幕屬馮校書、方。洪檢詳邁。在焉，相與勞問江上戰拒之詳。天風欲雪，因留卯飲，酒方行，流星警報沓至，蓋亮已懲前衂，將改圖瓜洲。坐上皆恐，謂其必致怨於我也。時劉武忠錡。屯京口，病且亟，度未必可倚，議遣幕府合謀支敵。衆以雍公新立功，咸屬目，葉四顧久之，酌卮醪以前曰：「馮、洪二君雖參帷幄，實未履行陣。舍人威名方新，士卒想望，勉爲國家，卒此勳業，義問與有賴焉。」雍公受卮起立曰：「某去則不妨，然記得一小話，敢爲都督誦之。昔有人得一鼈，欲烹而食之，不忍當殺生之名，乃熾火使釜水百沸，横篠爲橋，與鼈約曰：『能渡此則活汝。』鼈知主人以計取之，勉力爬沙，僅能一渡。主人曰：『汝能渡橋，甚善，更爲我渡一遭，我欲觀之。』僕之此行，無乃類是乎？」席上皆笑。已而雍公竟如鎮江，亮不克渡而弒，自此簡上知，馴致魁柄。鼈渡，本諺語以爲蟹，其義則同。

燕山先見

宣和將伐燕，用其降人馬植之謀，由登、萊航海以使于女真，約盡取遼地而分之，子女玉帛歸女真，土地歸我。議既定矣，宇文肅愍虚中。在西掖，昌言開邊之非策，論事亹亹。王黼惡之，及童貫、蔡攸以宣威建臺，遂使之參謀，意欲溷以同浴【二】，且窒其口。時有旨，乏興避事，皆從軍法。肅愍不得免，乃上書極諫曰：「臣伏覩陛下恢睿聖英武之略，紹祖宗之詒謀，將舉仁義之師，復燕、雲之故境，不以臣愚不肖，使參預機密。臣被命之初，意謂朝廷未有定議，欲命臣經度，相視其事。及至河北諸路，見朝廷命將帥，調兵旅，厲器械，轉移錢糧，已有擇日定舉之説。臣既與軍政，苟有所見，豈敢隱嘿，輒具利害，仰干淵聽。臣聞用兵之策，必先計强弱虚實，知彼知己，以圖萬全。今論財用之多寡，指宣

【二】意欲溷以同浴　「同浴」，四庫本作「同俗」。

撫司所置，便爲財用有餘，若沿邊諸郡帑藏空虚，廪食不繼，則略而不問。論士卒之强弱，視宣撫司所駐，便言兵甲精鋭，若沿邊諸郡士不練習，武備刓缺，則置而不講。夫邊圉無應敵之具，軍府無數日之糧，雖孫、吴復生，亦未可舉師，是在我者，未有萬全之策也。用兵之道，禦攻者易，攻人者難；守城者易，攻城者難。守者在内，而攻者在外，在内爲主而常逸，在外爲客而常勞，逸者必安，勞者必危。今宣撫司兵約有六萬，邊鄙可用不過數千。契丹九大王耶律淳者，智略輻湊，素得士心，國主委任，信而不疑。今欲亟進兵於燕城之下，使契丹自西山以輕兵絶吾糧道，又自營、平以重兵壓我營壘，我之糧道不繼，而耶律淳者激勵衆心，堅城自守，則我亦危殆矣。是在彼者，未有必勝之兆也。夫在我無萬全之策，在彼亦未可必勝，兹事一舉，乃安危存亡之所繫，豈可輕議乎？且中國與契丹講和，今踰百年，間有貪惏，不過欲得關南十縣而止耳；間有傲慢，不過對中國使人稍虧禮節而止耳。自女真侵削以來，嚮慕本朝，一切恭順。今捨恭順之契丹，不封植拯救，爲我藩籬，而遠踰海外，引强悍之女真以爲鄰國；彼既藉百勝之勢，虚喝驕矜，不可以禮義服也，不可以言説諭也。視中國與契丹，拏兵不止，鏖戰不解，勝負未决，强弱未分，持卞莊兩鬬之説，引兵踰古北口，撫有悖桀之衆，繫纍契丹君臣，雄據朔漠，貪心不止，越逸疆圉，憑陵中夏。以百年怠墮之兵，而當新鋭難敵之虜；以寡謀持重、久安閑逸之將，而角逐於血肉之林，巧拙異謀，勇怯異勢，臣恐中國之邊患，未有寧息之期也。譬猶富人有萬金之産，與寒士爲鄰，欲肆并吞，以廣其居，乃引强盗而謀曰：『彼之所處，汝居其半，彼之所畜，汝取其全。』强盗從之。寒士既亡，雖有萬金之富，日爲切鄰强盗所窺，欲一夕高枕安卧，其可得乎！愚見竊以爲確喻。望陛下思祖宗創業之艱難，念鄰域百年之盟好，下臣此章，使百寮廷議。儻臣言可採，乞降詔旨，罷將帥還朝，無滋邊隙，俾中國衣冠禮義之俗，永覩昇平，天下幸甚。臣冒昧盡言，不任戰慄。」書下三省，黼讀之大怒，捃以他事，除集英殿脩撰，督戰益急，而北事始不可收拾矣。遼又有降將曰郭藥師，統其卒曰「常勝軍」，怙寵負衆，漸桀驁不可馴。肅愍憂之，力言于朝，請以恩禮留之京師，盡使挈致家屬，居于賜第，緩急有用，只以單騎遣行，事畢即歸，以杜後患，亦弗聽。既而金人寒盟，藥師首叛，粘罕遂犯太原。肅愍以宣諭使事歸奏，徽祖見之，歎曰：「王黼不用卿封殖契丹以爲藩籬之議，是以有此。」是日，遂詔於榻前草詔罪己，大革弊政，其略曰：「百姓怨懟而朕不知，上天震怒而朕不悟。」令下，人心大悦。識者以比陸贄感泣山東之詔云。植之歸，以童貫先改姓名李良嗣，後賜國姓，靖康初伏誅。藥師仕金，至安邦鎮國功臣，其子亦顯。

蠲毒圓

高皇毓聖中原，得西北之正氣，夙賦充實，自少至耋，未嘗用温劑。每小不怡，輒進蠲毒圓數百，一以芫花、大黄、大戟爲主，侍醫縮頸，而上服之自如。有王涇者，以技進，侈言勇往，居之不怍，問奉圭匕，先意持論，自詭無傷。孝宗素危之，屢詰責，要以禍福，弗之顧。淳熙丁未，聖壽踰八齡矣。一日，進餛飩，覺胸膈欬壅，涇猶主前藥，既投而不支。遂以大漸。孝宗震怒，立詔誅之。慈福要上苦諫，薄不獲已，減死黥流，杖脊朝天門。中使涖焉，方覬其速斃，涇貨五伯下其手，卒得活。初，巨醫王繼先幸紹興，始用是取驗。孝宗在朱邸，扈蹕視師至建康，館秦檜故第。史文惠爲講官，實從行，燕之正堂，而命莊文醴曾龍于後圃。孝宗樂，飲以碼磁觥，釂者十二，因游于圃，二臣復各獻一巵。後三日，屬疾，高皇賜藥，使内侍視之服。文惠聞之，疑其爲蠲毒，亟袖人參圓入，問而信，遂竊易之，僅瘉。是日微文惠，幾殆。高皇蓋主此，而不知南北之異禀也。涇祖繼先之緒餘，株守不變，是以敗云。

憲聖護醫

憲聖后在慈福，慶元丁巳，朝廷方卜郊而后不豫，始猶自彊起，曰：「上始郊，不可以吾故溷齋思。」敕左右勿奏。十一月乙巳，還御端門，肆眚竣事，趣駕至宫，而大漸矣。先是旬日忽寢疾，侍醫進藥，輒卻之。咸請其故，喟然曰：「吾壽八袠，而以醫累人耶？」意懲王涇之得罪也。故廟謚之議曰：「卻藥輟進，務全護醫。」蓋紀實云。京魏公鏜。時當軸，嘗親爲客言。慈聖所謂「只此日去，免煩他百官」，其達死生之變，真若出一揆也。

魯公拜後

慶元間有宿儒，以文名入鼇掖爲承旨，朝議謂且大用。會韓平原有歸子曰律，先鈐吴門兵時，出妾方娠，鬻當湖巨室魯氏，得男焉，律也。既貴，無他子，遂以重幣請于魯而歸之。始至，而平原適有恩，制當降麻，偶不詳知，遂於廷綸中用魯公拜後事，意蓋指忠獻耳。有欲進者忌之，摘其語，謂含譏刺。平原讀之，見其姓之偶符，大怒，不踰月，遂去國，終其身不復用。當其下筆時，初不自覺轉喉之觸。謂禍福不可以智力勝，當於此乎占之。

金陵無名詩

熙寧七年四月，王荆公罷相，鎮金陵。是秋，江左大蝗，有無名子題詩賞心亭，曰：「青苗免役兩妨農，天下嗷嗷怨相公。惟有蝗蟲感恩德，又隨鈞旆過江東。」荆公一日餞客至亭上，覽之不悦，命左右物色，竟莫知其爲何人也。

萬歲山瑞禽

艮嶽初建，諸巨璫爭出新意，事土木既宏麗矣，獨念四方所貢珍禽之在圃者，不能盡馴。有市人薛翁，素以豢擾爲優場戲，請于童貫，願役其間，許之。乃日集輿衛，鳴蹕張黄屋以游，至則以巨柈貯肉炙粱米，翁傚禽鳴，以致其類，既，乃飽飫翔泳，聽其去來。月餘而囿者四集，不假鳴而致，益狎玩，立鞭扇間，不復畏。遂自命局曰「來儀所」，招四方籠畜者，置官司以揔之。一日，徽祖幸是山，聞清道聲，望而羣翔者數萬焉。翁輒先以牙牌奏道左，曰：「萬歲山瑞禽迎駕。」上顧罔測，大喜，命以官，賚予加厚。靖康圍城之際，有詔許捕，馴籞者皆不去，民徒手得之，以充飧云。

王涇庸醫

宇文忠惠紹節。在樞府，余間見焉，因及五行之理，相與縱譚。有客在坐，偶曰：「騶醫王涇者，昨鞭背都市，流遠方，及平原用事，始得歸，稍叙故秩。自言元不曾受杖，嘗袒而示某以背，完瑩無疵，初不解其如何也。後見他醫，言杖皆有瘢，惟噬膚之初，傅以金箔，則瘢立消，意金木之性相制耳。」忠惠笑曰：「昔人有以胝足之藥售于市者，輒揭扁于門曰：『供御。』或笑其不根，聞于上，召而罪之。既而宥其愚，及出，乃復增四字曰：『曾經宣喚。』今此方無乃其比耶，子將誰售。」客亦笑不敢應。時忠惠未識涇也。其二年，余在里下，聞忠惠不起，爲位以哭，及都人來，廼云：「涇實用斸毒瀉足疾，以致大故。朝廷知之，再命追涇所復官，免杖流永興。」余因憶在京華時，傅著作、行簡。姚胄丞師臯。皆甘涇餌，目擊其殞。著作未啓手足，猶進一刀圭，不脱口而逝。余一日隨班景靈，見胄丞殿門下，云痰癖新愈，因相勞苦，則曰：「王御醫實生我，癖去矣，痰下者數斗。今顧疲苶，他則無恙。」余聞而私憂之，謂未必能勝，未旬，果卒。嗟夫，醫之害如此哉！追思疇昔之言，爲之流涕，並志顛末以悼其庸。

黑虎王醫師

余稚年入閩過福，聞有黑虎王醫師者，富甲一郡，問之，則繼先之別名也。繼先世業醫，其大父居京師，以黑虎丹自名，因號「黑虎王家」。及繼先幸於高宗，積官留後，通國稱爲醫師，雖貶猶得麗於稱謂焉。初，秦檜擅權而未張，頗賂上左右以固寵，繼先寔表裏之。當其盛時，勢焰與檜挈大，張去爲而下不論也。諸大帥率相與父事，王勝在偏校，因韓蘄王以求見，首願爲養子，遂帥金陵軍。聞者爭傚，不以爲怪。檜欲貴其媚族，不自言，每請進繼先之黨與官，繼先亦乘間爲檜請，諸子至列延閣，金紫盈門。揜顧賕謝，攘市便腴，抑民子女爲妾侍，罪不可勝紀。而依憑城社，中外不敢議者三十年。紹興辛巳六月，蜀人杜莘老。爲南牀，擬擊之而未發。會邊釁啓，繼先首輦重寶爲南遁計，都城爲之騷然。上聞之不樂。劉武忠錡。帥京口，請以先發制人之策，決用兵，上意猶隱忍不決，亶欲以兵應。繼先素怯，猶幸和議之堅以竊安，因間言于上曰：「邊鄙本無事，蓋新進用主兵官，好作弗靖，欲邀功耳。各斬一二人，和可復固。」上不答，徐謂侍貂曰：「是欲我斬劉錡耶？」於是素軋其下而不得逞者，頗浸潤及之矣。逆亮索我大臣，廷遣徐嘉、張掄往聘。亮以非指，使諫議大夫韓汝嘉至盱眙止之，更令遣所索。奏至，上適在劉婕妤閤，當饋輟食，婕妤怪之，問諸侍貂而得其繇，進說寬譬，頗與繼先之言符，上大驚，問曰：「汝安得此？」婕妤不能隱，具以所聞對。遂益怒。丁未，詔婕妤歸別第。莘老遂上疏，列其十罪。初進讀，玉色猶怫然，莘老扣榻曰：「臣以執法事陛下，不能去一醫，死不敢退。」上始變色首肯，罷朝，使宣旨曰：「朕以顯仁餌汝藥，故假爾寵。今言者如此，當不復有面目見朕，期三日猶未許，因密言：「外議謂繼先以左道幸，恐謗議叢起，臣且不忍聽。」有施行，其自圖之。」辛亥，遂詔繼先居于福，子孫勒停，都城田宅皆没官，奴婢之强鬻者從便。令下，中外大悦。繼先以先事聞詔，多藏遠徙，故雖籍不害其富也。迄今其故居華棟連甍，猶號巨室，一傳而子弟蕩析，至不能家。或者謂其致不以道，宜於厚亡。趙牲之作《中興遺史》，載繼先始末極詳，參以所聞而著其事。

卷第十

永泰挽章

建中靖國初，徽祖自藩王入繼大統，虚心納諫，弊政大革，海内顒想，庶幾慶曆、元祐之治。曾文肅爲相，頗右紹述，諫官陳祐。六疏劾之，不從，賜罷，綸言以觀望推引責之。右司諫江公望。聞而求對，面請其故，上曰：「祐意在逐布，引李清臣爲相耳。」公望言：「臣不知其他，但近者易言官者三，逐諫官者七，非朝廷美事。」因袖疏力言豐、祐政事得失，且曰：「陛下若自分彼此，必且起禍亂之源。」上意感格，危從之矣。會前太學博士范致虚。上書，言太學取士法不當變，且言：「臣讀聖製《泰陵挽章》曰『同紹裕陵尊』，此陛下孝弟之本心也，臣願守此而已。」時黄冠初盛，范因右街道録徐知常，以其姓名聞禁中，且陳平日趨向，謂非相蔡京不可。上幡然，亟召見曰：「朕且不次用卿。」遂除右正言。纔供職，首論二事：其一言神宗一代之史，非紹聖無以察正元祐之詆謗，今復詔參修，是紛更也，願令史官，條具紹聖之所以掩蔽者示天下；其二言元祐置訴理所，以雪先朝得罪之人，紹聖命安享【一】、蹇序辰駁正，固當然耳，二人乃坐除名，如此則訴理爲是

校勘記

【一】安享　「享」字係避宋光宗趙惇諱。

矣。夫二臣之罪不除，則兩朝之謗終在。疏奏，上益嚮之，於是國論始決。是秋，江以論蔡邸獄，責知淮陽軍，范馴致尚書左丞云。

殿中鶡

徽祖居端邸時，藝文之暇，頗好馴養禽獸以供玩。及即位，貂璫奉承，羅致稍廣。江公望。在諫省聞之，亟諫，上大悦，即日詔内籞盡縱勿復留。殿中有一鶡，蓄久而馴，不肯去，上親以麈尾逐之，迄不離左右。乃刻公望姓名于麈柄，曰：「朕以旌直也。」及江去國，享上之論興，浸淫及于艮嶽矣。都城虜莫，秋風夜静，禽獸之聲四徹，宛如郊野。識者以爲不祥，益思江之忠焉。

劉藴古

劉藴古，燕人也。逆亮將南寇，使之僞降以覘國，而無以得吾柄，乃以首飾販鬻，往來壽春，頗言兩國事，見淮賈，輒流涕曰：「予何時見天日耶！」因縱譚亮國虚實，以啗朝廷自詭苟見用，取中原，滅大金，直易事耳。邊臣不疑，密以名聞，時兵釁已啓，詔許引接。至行都，首言其二弟在北，皆登巍科，惟己兩薦禮部而未第，因謀南歸，以成功名。當國者喜之，遂授迪功郎、浙西帥司準備差遣，時紹興三十一年九月癸巳也。藴古猶不厭意，日强聒于朝，辯舌泉涌，廷臣咸奇之。會亮誅，未得間以北，繼改京秩爲鄂倅。隆興初元三月，濠、梁奏北方游手萬餘人，應募欲以營田，蘊古聞而有請，願得自將以與虜角，毋使徒老耒耜間。左揆陳文正、參預張忠定、同知辛簡穆咸是之，次相史文惠獨不可，曰：「是必姦人，來爲虜間，國家隄防稍密，不得施其伎，欲姑以此萬人，藉手反國耳。」諸公雜然謂逆詐，文惠顧行首吏召之曰：「俟其來，當可見也【二】。」相與坐堂中，俟久之，至，文惠迎謂曰：「昔樊噲欲以十萬衆横行匈奴中，議者猶以爲可斬，子得萬烏合，何能爲？」蘊古素謂廟議咸許，其來也，意得甚，卒聞此語，大駭失色，遽曰：「某意無他，此萬人家口皆不來，必不爲吾用。不如乘其未定，挾去爲一拍，事幸成，猶不可知耳。」文惠顧諸公曰：「已得之，通判之言是矣。此萬人固不留，獨不知通判盛眷今在何所？」時蘊古家在幽、燕，自知失言，内愒不得對，比茶甌至，戰灼不復能執，幾墮地，遂退。諸公猶不然，然迄得不遣。既踰月，張忠獻奏改倅太平州，往來都督府，稟議軍事。後數載，蘊古私使其僕駱昂北歸。有告者，及搜所遺家訊，則皆刺朝廷機事也，乃伏其誅，於是始服文惠之先識焉。初，吴山有伍員祠，瞰闤闠，都人敬事之。有富民捐貲爲扁額，金碧甚侈，蘊古始至，輒乞靈焉，妄謂有心諾，輟俸易牌，而刻其官位姓名于旁。市人皆驚，曰：「以新易舊，惡其不華耳。易之而不如其舊，其意果何在？」有右武大夫魏仲昌者，獨曰：「是不難曉。他人之歸正者，僥倖官爵金帛而已。蘊古則真細作也。」夫諜之入境，不止一人，榜

【二】當可見也　「當」原作「嘗」，據四庫本改。

其名，所以示踵至者，欲其知己至耳。」聞者憮然不信，後卒如言。余嘗謂納降非上策，見于前録，吴畏齋啓、文惠之謀國，可以言智矣。仲昌一武弁，乃能逆見姦人之情，其才亦有足稱者，今世殆不多見也。

大散論賞書

紹興壬午春，南北既交兵，蜀宣撫使吴璘。謀取雍，使大將姚仲。攻大散關，不下。仲久于軍，妄謂軍士不用命，實賞給之薄，故功且弗成。王參預之望。時總軍賦，仲之幕屬曰朱紱【三】，嘗登門焉，以書抵之曰：「先生以博大高明之學，當艱難險阻之時，凡百施設，莫非經久。顧兹全蜀，久賴綏撫，雖三邊用兵之際，無征輸重困之勞，自非先生以體國愛民爲念，何以及此。天下之勢，固有不兩立者，兵與民是也。兵不可不費財，而責其萬死之功；民不可不出財，而濟其一時之急，此天下之通理也。先生深知兵民兩相爲用之策，聞蜀民自軍興之後，恬然自安，不有用兵之費，先生恩德固亦大矣。然有可言者，紱爲先生門下士，豈敢自隱，且時異事異，故宜改更，不可執一。自虜人九月六日叩關，于時事出倉卒，諸將云，大軍一出，必遂破敵。初，宣撫吴公，自謂可以兩月爲期，必能克敵。既而虜壁愈堅，相持已踰四月矣，將帥牽制，久未成功，兵不可不謂之暴露。如今日事勢，與前日不同，先生當相時之宜，以取必勝，兹其時也。聞之諸軍鬬志不鋭，戰心不壯，且

【三】朱紱　原作「宋紱」，據《建炎以來繫年要録》卷一九八、《三朝北盟會編》卷二五〇改。

曰：『使我力戰，就能果立微勞，其如賞給在何處，伺候覈實保明，中獲宣司、總司旨麾，往返數旬，豈能濟急？』大率在今之勢，與前既異，不立重賞，何以責人。前宣撫吴公，僅能保守全蜀，蓋賞厚而戰士用命也。先生詳酌事機，别與措置，略於川蜀敷科軍須之費十分之一【四】，多與準備給賞錢物近一二百萬，自總所移文諸帥，明出曉示，號令諸軍，各使立功，以就見賞。謂如散關一處，設使當初有銀絹各一二萬匹【五】，錢引一二十萬道，椿在鳳州，宣撫吴公、節使姚公，以上件賞給明告諸軍，遣二三統制便宜，各以其所部全軍一出，諭之曰：『當進而退，則坐以軍法；進而勝捷，能破關隘，則有此重賞。』如是而軍不用命，虜不破滅，無有也。説者謂方今朝廷財用匱乏，若寅緣軍興，而費耗國用，則先生所不取。紱曰：不然！先生體國愛民之心，朝野孰不知。兵事固有當更張而不更張，則悠久相持，不能力濟機會，一勞而久逸，暫賞而永寧，正在此舉。紱之區區，未必可行，幸先生恕其狂愚，或以爲可教，則一覽付火。」王讀之，大駭，乃答書曰：「辱示劄目，見咎不科敷百姓。異哉！足下之言也。本所以財賦爲職事，應副諸軍自當竭力。若是軍須闕乏，有功將士合賞，但於王少卿取辦可也，至於科敷，他人何預哉。僕中原人，蜀中無一錢生業，亦無親族寓居，其不科敷，何私於蜀。蓋以大軍十餘萬衆，仰給於此，不得不愛養其民力，以固根本。有四川民力，則有三軍，四川民窮，則三軍坐困矣。如足下輩月俸歲廪，不從空虚中來，亦知其所自乎？朝廷德意深厚，每務寬恤，東南調度如此，不聞歛取於民，

【四】略於川蜀敷科軍須之費十分之一　「敷科」，諸本同；《三朝北盟會編》卷二五〇作「斂科」，《建炎以來繫年要録》卷一九八作「科敷」。

【五】設使當初有銀絹各一二萬匹　「匹」，諸本同；《三朝北盟會編》卷二五〇「匹」下有一「兩」字。下文「若得銀絹一二萬匹」亦同。

四川獨可加賦乎？國家養兵，所以保民，而足下乃謂軍民不兩立，恐非安民和衆、制用豐財之義。又云，用兵本約兩月，今已四箇月，然則解嚴未可期也。若本所當時便徇諸處無藝之求，只作兩箇月計，則今日何以支吾？事未可期，則所費無限，且不愛民力，以備方來之須，將如異日何？僕之歛於民，乃所以爲諸軍也。用兵一百三十日，糗糧、草料、銀絹、錢引，所在委積，未嘗乏興。而足下乃云爾，不知軍行出入，何處闕錢糧草料。累次犒，並朝廷支賜，自是諸軍應報稽緩，文字纔到，本所立便給散，略無留阻。若是激賞，則須俟有功，諸軍既無功狀，本所憑何支破。散關前日不下，聞自有説，莫不爲無銀絹、錢引否？不知散關是險固不可取乎？是有可取之理，而無銀絹、錢引之故乎？士卒不肯用命，豈計司之責，必有任其咎者。况聞攻關之日，死傷不少，則非士卒之不用命矣。自來兵家行動，若逗撓無功，多是以糧道不繼，嫁禍於有司以自解，亦未聞以無堆垛賞給爲詞者也。國家息兵二十年，將士不戰，竭四川之資以奉之，一旦臨敵，更須堆垛銀絹而後可用，則軍政可知矣。且如向來和尚原、丁劉圈、殺金平諸軍大捷，近日吴宣撫取方山原、秦州等處，王四廂取商、虢等州，吴四廂取唐、鄧州，不聞先垛銀絹始能破賊也。朝廷賞格甚明，本所初無慳吝，如秦州、治平之功，得宣司關狀，即時行下魚關支散，何嘗稍令闕悮？兼魚關簽廳所備金帛錢物，充滿府藏，宣撫不住關撥，豈是無樁辦也？顧生民膏血，不容無功而得耳。假令僕重行科敷，積金至斗，諸軍衣糧犒設支賜之外，若無功效，一錢豈容妄得哉？果有功，豈容本所以不科敷而不賞乎！諸軍但務立功，無患賞給之不行也，但管取足，無問總所之科敷也。劉晏斂不及民，何害李、郭之勳，李晟屯東渭橋，無積貲輸糧，以忠義感人，卒滅大盜。足下以書生爲人幕府，不能以此等事規贊主帥，而反咎王人以不斂於民，豈不異哉！九月以後，興元一軍支撥過錢引二十八萬道，銀絹二千匹兩，而糗糧草料與犒設、賞錢之類不與焉，亦不爲不應副矣。若皆及將士，豈不可以立功？有功賞而未得者，何人也？朝廷分司差職，各有所主，而於財賄出納爲尤嚴，經由檢察，互相關防，所有屢降旨揮，凡有支費，宣司審實，總所量度，此古今通義，而聖朝之明制也。足下獨不便，何哉？來書謂攻散關，若得銀絹一二萬匹，錢引一二十萬，椿在鳳州，有此重賞，而虜不破滅，無有也。椿在鳳州與魚關何異，方宣撫以攻守之策，會問節使時，亦不聞以此爲言。今散關、鳳翔未破，足下可與軍中議，取散關要銀絹錢引若干，取鳳翔要若干，可以必克。本所當一切抱認，足下可結罪保明具申，當以聞於朝廷。如克敵而賞不行，僕之責也，若本所抱認而不能成功，足下當如何？僕前後見將帥多是忠義赴功、捐軀報國之人，只緣幕中導之或非其道，以至害事。如姚帥之賢，固不妄聽，然足下自不應爲此異論也，萬一朝廷聞之，得無不可乎？之望嘗備員剡薦，預有懼焉，且宜勉思婉畫，謹重話言，勿恤小利，以敗大事，但得主帥成功，足下復何求哉？信筆不覺喋喋，幸照。」紱得書，頗自慚悔，仲亦大恐。閏月癸酉，率諸軍肉薄而登，遂克之。余嘗從蜀士大夫得其書，謂今世言功者，多約取而豐責，先事質償，如宿逋然，神州未復，端坐此耳。王之盡理，仲之補過，紱之服義，要皆可書，故剟取其詳而傳之。

成都貢院

成都新繁有藏藝祖御容者，莫知始何年，令長交事匱護，畀付惟謹。淳熙間，胡給事元質。制置四川，聞之，謂偏陬下鄙，非所宜有，命歸之府。議以爲乾德平僭僞，雖鑾輿不親幸，而耆定一方，實爲雋功，欲扳援章武端命故事，建殿以嚴毖奉。遂斥羨財鳩工，伐巨木千章，卜地築宮有日矣。僚寀或謂郡國私建宗廟，誼盍先以聞，俟報可。胡竦然，乃暫輟役，驛書請于朝廷。議果不以爲然，弗之許。胡大沮，念木石已具，且動觀瞻，不容已，會貢院敝甚，因撤而新之，既畢工，壯麗甲西州焉。事有適會乃如此，向子西能言其詳，因伶語而及兹說。

萬春伶語

胡給事既新貢院，嗣歲庚子適大比，乃侈其事，命供帳考校者，悉倍前規。鵠袍入試，茗卒饋漿，公庖繼肉，坐案寬潔，執事恪敬，闇閽于于，以𨚫於文，士論大愜。會初場賦題出《孟子》「舜聞善若決江河」，而以「聞善而行，沛然莫禦」爲韻。士既就案矣，蜀俗敬長而尚先達，每在廣場，不廢請益焉。晡後，忽一老儒摘禮部韻示諸生，謂「沛」字惟十四泰有之，一爲「顛沛」，一爲「沛邑」，注無沛决之義，惟它有「霈」字，乃從「雨」爲可疑。衆曰：「是。」鬨然扣簾請。出題者偶假寐，有少年出酬之，漫不經意，亶云：「禮部韻注義既非，增一雨頭無害也。」揖而退，如言以登于卷，坐遠于簾者，或不聞知，乃仍用前字。於是試者用「霈、沛」各半。明日，將試《論語》，籍籍傳，凡用「沛」字者皆窘。復扣簾，出題者初不知昨夕之對，應曰：「如字。」廷中大誼，浸不可制，譟而入，曰：「試官誤我三年，利害不細。」簾前闈木如拱，皆折，或入于房，執考校者一人毆之。考校者惶遽，急曰：「有雨頭也得，無雨頭也得。」或又咎其誤，曰：「第二場更不敢也。」蓋一時祈脱之辭。移時稍定，試司申鼓譟場屋，胡以不稱於禮遇也，怒，物色爲首者，盡繫獄，韋布益不平。既拆號，例宴主司以勞還，畢三爵，優伶序進。有儒服立于前者，一人旁揖之，相與詫博洽，辨古今，岸然不相下。因各求挑試所誦，憶其一，問漢四百載，名宰相凡幾，儒服以蕭、曹而下枚數之，無遺，羣優咸賛其能。乃曰：「漢相吾言之矣，敢問唐三百載，名將帥何人也？」旁揖者亦詘指英、衛，以及季葉，曰：「張巡、許遠、田萬春。」儒服奮起爭曰：「巡、遠是也，萬春之姓雷，歷攷史諜，未有以雷爲田者。」揖者不服，撑拒滕口，俄一緑衣參軍，自稱教授，前据几，二人敬質疑，曰：「是故雷姓。」揖者大詬，袒裼奮拳，教授遽作恐懼狀，曰：「有雨頭也得，無雨頭也得。」坐中方失色，知其風己也。忽優有黄衣者，持令旗躍出稠人中，曰：「制置大學給事台旨，試官在坐，爾輩安得無禮。」羣優亟斂容，趨下，喏曰：「第二場更不敢也。」俠𠴨皆笑，席客大慙，明日遁去。遂釋繫者。胡意其爲郡士所使，録優而詰之，杖而出諸竟，然其語盛傳迄今。

山谷范滂傳

山谷在宜州，嘗大書《後漢書·范滂傳》，字徑數寸，筆勢飄動，超出翰墨逕庭，意蓋以悼黨錮之爲漢禍也。後百年，真蹟逸人間，趙忠定得之，寶寘巾篋，搢紳題跋，如牛腰焉。既廼躬蹈其禍，可謂奇讖。嘉定壬申，忠定之子崇憲。守九江，刻石郡治四説堂。

紫巖二銘

張紫巖謫居十五年，憂國耿耿，不替昕夕。適權姦新斃，時宰恃虜好而不固圉，紫巖方居母喪，上疏論事，朝廷以爲狂，復詔居零陵。一日，慨然作几間丸墨並常支笻竹杖二銘，以寓意。墨之銘曰：「存身于昏昏，而天下之理因以昭昭，斯爲瀟湘之寶，予將與之歸老。」而逍遥杖之銘曰：「用則行，舍則藏，惟我與爾；危不持，顛不扶，則焉用彼。」或録以示當路，大怒，以爲諷己，將奏之，會病卒，不果。它日，陳正獻俊卿。爲孝皇誦之，摘其一銘，書于御杖焉。

卷第十一

李白竹枝詞

紹聖二年四月甲申，山谷以史事謫黔南。道間作《竹枝詞》二篇，題歌羅驛，曰：「撐崖拄谷蝮蛇愁，入箐攀天猿掉頭。鬼門關外莫言遠，五十三驛是皇州。」「浮雲一百八盤縈，落日四十九渡明。鬼門關外莫言遠，四海一家皆弟兄。」又自書其後，曰：「古樂府有『巴東三峽巫峽長，猿鳴三聲淚霑裳』，但以抑怨之音和爲數疊，惜其聲今不傳。余自荆州上峽入黔中，備嘗山川險阻，因作二疊，傳與巴娘，令以《竹枝》歌之。前一疊可和云『鬼門關外莫言遠，五十三驛是皇州』。後一疊可和云『鬼門關外莫言遠，四海一家皆弟兄』。或各用四句，入《陽關小秦王》，亦可歌也。」是夜宿于驛，夢李白相見於山間，曰：「予往謫夜郎，於此聞杜鵑，作《竹枝詞》三疊，世傳之不子細，憶集中無有，三誦而使之傳焉。其辭曰：『一聲望帝花片飛，萬里明妃雪打圍。馬上胡兒那解聽，琵琶應道不如歸。』『竹竿坡面蛇倒退，摩圍山腰胡孫愁。杜鵑無血可續淚，何日金雞赦九州。』『命輕人鮓甕頭船，日瘦鬼門關外天。北人墮淚南人笑，青壁無梯聞杜鵑。』」今《豫章集》所刊，蓋自謂夢中語也，音響節奏似矣，而不能揜其真，亦寓言之流歟！

蟻蝶圖

黨禍既起，山谷居黔。有以屏圖遺之者，繪雙蝶翾舞，罥於蛛絲，而隊蟻憧憧其間，題六言於上曰：「胡蝶雙飛得意，偶然畢命網羅。羣蟻爭收墜翼，策勛歸去南柯。」崇寧間，又遷于宜，圖偶爲人攜入京，鬻于相國寺肆。蔡客得之，以示元長，元長大怒，將指爲怨望，重其貶，會以訃奏僅免。其在黔，嘗摘香山句爲十詩，卒章曰：「病人多夢醫，囚人多夢赦。如何春來夢，合眼在鄉社。」一時網羅之味，蓋可想見。然余觀其前篇，又有「冥懷齊遠近，委順隨南北。歸去誠可憐，天涯住亦得」之句，浩然之氣又有百折而不衰者存，蟻計左矣。

周益公降官

周益公相兩朝，慶元間，以退傅居于吉，隱然有東山之望，當路忌之。時善類引去者紛紛，一皆指爲僞學。婺有吕祖泰。者，東萊之别派也，勇義敢言，憤時事之日非，奮然投匭上書，力詆用事者，且乞以益公爲相。皂囊下三省，朝論雜然起，或以爲益公實頤指之，遂露章奏劾。且謂淳熙之季，王魯公爲首臺，益公嘗擠而奪之位，以身爲僞學標準，羽翼其徒，使邪説横流，以害天下。屏居田野，不自循省，而誘致狂生，扣閽自薦，以覬召用，乞加貶削。上不以爲然，言者益急，乃鐫一官爲少保，下祖泰于天府，杖而竄之。益公上表謝。余時在里中，傳得之，今尚憶其全文，曰：「告老七年，宿愆故在；貶官一等，洪造難名。敢期垂盡之年，猶麗怙終之罪。中謝。伏念臣疎庸一介，際遇四朝，逮事高皇，已偏塵於臺省；受知孝廟，復久玷於機衡。不思勉效於同寅，乃敢與聞於異論。既肺肝衆所共見，豈口舌獨能自明。惟光宗興念於元僚，亦屢分於閫寄，肆陛下曲憐其末路，爰俾遂於里居。首將正於狐丘，巢忽危於燕幕。狂生妄發，姓名輒及於樵蘇；公議大喧，論罰盍輸於薪粲。僅削司徒之秩，猶存平土之官，兹蓋恭遇皇帝陛下，崇德尚寛，馭民敬故。國皆曰殺，雖微可恕之情；耄不加刑，姑用惟輕之典。遂令衰朽，亦與生全。臣有愧積中，無階報上，省諐田里，視桑蔭之幾何；托命乾坤，比櫟材而知免。」初，當路入浸潤欲文致以罪，而難其重名，意或有辨論，乃寘於貶。及奏至，引咎紆徐，言正文婉，洒然消釋。既而東朝奉寶册，詔復其秩，時北門者當制，廷綸有曰：「駭匹夫狂悖之上聞，乃片言詿誤之併及。既有疑於三至，姑薄褫於一階。朕方建皇極而融會於黨偏，尊重闈而濡浹於慶施，申念三朝之遺老，僅同下國之靈光，寧屈彝章，以全晚節。屬外親之詣闕，在更生初豈預知；貶宫保以居間，矧彦博已嘗得謝。」猶不謂非罪也。嘉定更化，詔湔祖泰過名，授以文資，而晦庵朱文公而下，皆褒贈賜謚，於是其言始伸。方祖泰之得罪，有宗姓者尹京，據案作色，泣制梃焉。祖泰大呼庭下曰：「公爲天族，同國休戚，某乃爲何人，家計安危，而獲斯辱也。」尹亦慙，趣訖其罪，使去，行都人至今能誦其詳，猶有爲咤惜者。

番禺海獠

番禺有海獠雜居，其最豪者蒲姓，號白番人，本占城之貴人也。既浮海而遇風濤，憚於復反，乃請于其主，願留中國，以通往來之貨。主許焉，舶事寔賴，給其家。歲益久，定居城中，屋室稍侈靡踰禁。使者方務招徠，以阜國計，且以其非吾國人，不之問。故其宏麗奇偉，益張而大，富盛甲一時。紹熙壬子，先君帥廣，余年甫十歲，嘗游焉。今尚識其故處，層樓傑觀，晃蕩緜亘，不能悉舉矣。然稍異而可紀者，亦不一，因録之以示傳奇。獠性尚鬼而好潔，平居終日，相與膜拜祈福。有堂焉以祀，名如中國之佛，而實無像設，稱謂聱牙，亦莫能曉，竟不知何神也。堂中有碑，高袤數丈，上皆刻異書如篆籀，是爲像主，拜者皆嚮之。旦輒會食，不置匕箸，用金銀爲巨槽，合鮭炙、粱米爲一，灑以薔露，散以冰腦。坐者皆寘右手于褥下不用，曰此爲觸手，惟以溷而已，羣以左手攫取，飽而滌之，復入于堂以謝。居無溲匽，有樓高百餘尺，下瞰通流，謁者登之，以中金爲版，施機蔽其下，奏厠鏗然有聲，樓上雕鏤金碧，莫可名狀。有池亭，池方廣凡數丈，亦以中金通甃，制爲甲葉而鱗次，全類今州郡公宴燎箱之爲，而大之，凡用鉟鋌數萬。中堂有四柱，皆沉水香，高貫于棟，曲房便榭不論也。嘗有數柱，欲矼于朝，舶司以其非常有，恐後莫致，不之許，亦卧廡下。後有窣堵波，高入雲表，式度不比它塔，環以甓，爲大址，絫而增之，外圜而加灰飾，望之如銀筆。下有一門，拾級以上，由其中而圜轉焉如旋螺，外不復見其梯磴。每數十級啓一竇，歲四五月，舶將來，羣獠入于塔，出于竇，啁哳號嘑，以祈南風，亦輒有驗。絶頂有金雞甚鉅，以代相輪，今亡其一足。聞諸廣人，始前一政雷朝宗濼。時，爲盗所取，跡捕無有。會市有窶人鬻精金，執而訊之，良是。問其所以致，曰：「獠家素嚴，人莫闖其藩。予棲梁上，三宿而至塔，裹麨糧，隱于顛，晝伏夜緣，以剛鐵爲錯，斷而懷之，重不可多致，故止得其一足。」又問其所以下，曰：「予之登也，挾二雨蓋，去其柄。既得之，伺天大風，鼓以爲翼，乃在平地，無傷也。」盗雖得，而其足卒不能補，以至今。他日，郡以歲事勞宴之，迎導甚設，家人帷觀，余亦在，見其揮金如糞土，輿皁無遺，珠璣香貝，狼籍坐上，以示侈。帷人曰：「此其常也。」後三日，以合薦酒饌燒羊以謝大僚，曰：「如例。」龍麝撲鼻，奇味不知名，皆可食，迥無同槽故態。羊亦珍，皮色如黄金，酒醇而甘，幾與崖蜜無辨。獨好作河魚疾，以腦多而性寒故也。余後北歸，見藤守王君興翁。諸郎，言其富已不如曩日，池匽皆廢，云泉亦有舶獠，曰「尸羅圍」，貲乙於蒲，近家亦蕩析。意積賄聚散，自有時也。

王荆公

王荆公相熙寧，神祖虚心以聽，荆公自以爲遭遇不世出之主，展盡底藴，欲成致君之業，顧謂君不堯、舜，世不三代，不止也。然非常之云【一】，諸老力爭，紛紜之議，殆徧天下，久之不能堪。又幸其事之集，始盡廢老成，務汲引新進，大更弊法，而時事斬然一新。至于元豐，上已漸悔，罷政居鍾山，不復再召者十年。其後元祐羣賢迭起，不推原遺弓之本意，急於民瘼，無復周防，激成黨錮之禍，可爲太息。余嘗侍樓宣獻及此，宣獻誦荆公《是時嘗因天雪有絶句》曰：「勢合便疑埋地盡，功成直欲放春回。農夫不解豐年意，祇欲青天萬里開。」其志蓋有在。余應曰：「不然，舊聞京師隆冬，嘗有官檢凍死秀才，腰間繫片紙，啓視之，乃喜雪詩四十韻，使來年果豐，已無救溝中之瘠矣。况小人合勢，如章、曾、蔡、吕輩，未知竟許放春否？」宣獻忻然是其説【二】。及今觀之，發冢之議，同文之獄，以若人而居位，豈不如所臆度，荆公初心，於是孤矣。

【一】然非常之云　「云」原作「元」，據稗海本、津逮本、四庫本、學津本改。

【二】宣獻忻然是其説　「忻」原作「聽」，據津逮本、學津本改。

尊堯集表

《日録》一書，本熙寧間荆公奏對之辭，私所録記。紹聖以後，稍尊其説，以竄定元祐史諜。蔡元度卞。又其壻，方烜赫用事，書始益章。建中靖國初，曾文肅布。主紹述，垂意

《實録》，大以據依。陳了翁瓘。爲右司員外郎，以書抵文肅，謂薄神考而厚安石，尊私史而壓宗廟，不可。文肅大怒，罷爲外郡，尋責合浦，了翁始著《合浦尊堯集》，爲十論，亶辨其所紀載，猶未敢以荆公爲非。及北歸，又著《四明尊堯集》，爲八門，曰聖訓、曰論道、曰獻替、曰理財、曰邊機、曰論兵、曰處己、曰寓言，始條分而件析之，無婉辭矣。政和元年，徽祖聞有此章，下政典局宣取。時了翁坐其子正彙。獄，徙通州【三】，郡移文索之，了翁遂以表進，乞於御前開拆。初，崇寧既建辟廱，詔以荆公封舒王，配享宣聖廟，肇刱坐像。了翁憤之，併於奏牘寓意，其略曰：「代言之筆，盡目其徒爲儒宗；首善之宫，肇塑其形爲坐像。禮官舞禮而行諂，吏書獻佞而請觀。光乎仲尼，乃王雱聖父之贊；比諸孔子，實下等輕君之情。彼衰周之僻王，弃真儒之將聖。當時不得配太廟之饗，後世所以廣上丁之祠。今比安石爲欽王之臣，則方神考爲何代之主？又况一人幸學，列辟班隨，至尊拜伏於爐前，故臣驕倨而坐視，百官氣鬱，多士心寒，自有華夏以來，無此悖倒之禮。神考之再相安石，始終不過乎九年；安石之屏迹金陵，弃置不召者十載。八字威加於鄧綰，萬機獨運於元豐，豈可於善述之時，忽崇此不遜之像。」又曰：「又况臨川之所學，不以《春秋》爲可行，謂天子有北面之儀，謂君臣有迭賓之禮。禮儀如彼，名分若何，此乃衰世侮君之非，豈是先王訪道之法。贑川舊學，記刊于四紀之前；辟水新廱，像成於一堉之手。唱如聲召，應若響隨。」其自叙則曰：「愚公老矣，益堅平險之心；精衞眇然，未捨填波

【三】徙通州　「州」原作「川」，據稗海本、四庫本及《宋史》卷三四五《陳瓘傳》改。

之願。殁而後已，志不可渝。望雖隔於戴盆，夢不忘於馳闕。丹誠上格，天語遥詢。要觀尊主之恭，緩議奸時之罪，淵冰在念，梟磔寧逃。」書奏，有旨：「陳瓘自撰《尊堯集》，語言無緒，並係詆誣，不行毁弃，送與張商英，意要行用。特勒停，送台州羈管，令本州當職官常切覺察，不得放出州城，月具存在，申尚書省。」於是廟堂意叵測，識者爲了翁危之。了翁不顧，至天台剡謝之辭，猶曰：「知詆誣之不可，志在尊堯；豈行用之敢私，心惟助舜。語言無緒，議論至迂，獨歸美於先猷，遂大違於國是。不行毁棄，有誤咨詢。虚消十載之光陰，靡恤一門之溝壑。果煩揆路，特建刑章，若非蒙庇於九重，安得延齡於再造。」其凛凛不屈蓋如此。余後因讀《夷堅支乙》，見其記優人嘗因對御，戲設孔子正坐，顔、孟與安石侍側，孔子命之坐，安石揖孟子居上，孟辭曰：「天下達尊，爵居其一，軻僅蒙公爵，相公貴爲真王，何必謙光如此。」遂揖顔子，顔曰：「回也陋巷匹夫，平生無分毫事業。公爲名世真儒，位貌有間，辭之過矣。」安石遂處其上，夫子不能安席，亦避位，安石皇懼，拱手云不敢。往復未决，子路在外，憤憤不能堪，徑趨從祀堂，挽公冶長臂而出。公冶爲窘迫之狀，謝曰：「長何罪？」乃責數之曰：「汝全不救護丈人，看取别人家女壻。」其意以譏卞也。時方議欲升安石於孟子之右，爲此而止，是知當時公議，雖小夫下俚猶不愜，不特了翁也。其後朝論，亦頗疑於禮文，遇車駕幸學，輒以屏障其面。是時荆公位實居孟子上，與顔子爲對，未嘗爲止，《夷堅》誤矣。國初舊制，兖、鄒二公東西嚮，今郡縣學，二公所以並列于左者，蓋靖康撤荆公像之時，徒撤而不復正耳，其位尚可攷也。然徽祖聖孝根心，每以裕陵篤睠之故，不忍以荆公爲非。翠華北狩，居五國城，一日燕坐，聞外有貨《日録》者，亟輟衣易之，曹功顯勛。親紀其事，羹牆之念，本無一日忘。了翁之辨雖明，其迄不見省者，亦政、宣大臣無以正救爲將順者歟！

三忠堂記

廬陵號多士，儒先名臣，今古輩出，里人圖所以尊顯風厲以垂無窮者。嘉泰四年八月，始爲堂縣庠，以祀三忠。時周益公在里居，春秋七十有九矣，是歲多不懌，稍謝碑版之請，不肯爲。一日，韋布款其門者百數，闔辭焉弗可，乃强爲通。益公方卧，奮然起曰：「是當作。」即爲屬藁，文不加點而成，邑人愜望。四方聞其復秉筆，求者沓至。益公實病矣，其冬十月朔，遂薨，蓋絶筆焉。後四年，余得録本於李次夔，大章。其文曰：「文章，天下之公器，萬世不可得而私也；節義，天下之大閑，萬世不可得而踰也。吉爲江西上郡，自皇朝逮今，二百餘年，兼是二者，得三公焉。曰歐陽公，脩。以六經粹然之文，崇雅黜浮，儒術復明，遂以忠言直道，輔佐三朝，士大夫翕然尊之，天子從而謚曰文忠，莫不以爲然。南渡搶攘，右相杜充，擁衆臣虜，金陵守陳邦光就降，惟通判楊邦乂。戟手駡賊，視死如歸，國勢凛凛，士大夫復翕然尊之，天子從而褒贈之，賜謚曰忠襄，則又莫不以爲然。時宰議禮，衆論詾詾，惟一編脩官胡銓。毅然上書，乞斬相參、虜使，三綱五常賴以不墜，士大夫復翕然尊之，厥後天子從而褒贈，賜以忠簡之謚，則又莫不以爲然。是之謂三忠。雖然此邦非無宰相，如劉沆。沖之在朝，嘗力薦文忠，留寘翰苑，又引富文忠公弼。共政。今姓名著在勳臣之令，而謚則未聞，子瑾、孫偘，俱爲待制，迄不能請，矧被遇之從臣乎？夫然後知節以一惠，天子猶不敢專，亦必士大夫翕然尊之，乃可得耳。廬陵宰趙汝厦即縣庠立三忠祠，歲時率諸生祀焉。巍巍堂堂，袞服有章，揭日月而行，學者固仰其煒煌。若夫百世之下，聞清風而興起，得無慕休烈揚顯光者耶【四】！汝厦用意遠矣。」其後樓宣獻銘益公墓，稱其精確簡嚴，士謂紀實。益公謚文忠，余謂它日有尚賢者在位，隮配其間，尚可謂四忠也。

臨江四謝

臨江謝氏，世以儒鳴。元豐八年，有名懋者及其弟岐，其子舉廉、世充，同登進士第，連標之盛，侈於一時，時人謂之臨江四謝。舉廉字民師，東坡嘗以書與之論文，今載集中。艮齋諤。紹熙間位中執法，以厚德著，蓋其族孫也。

【四】得無慕休烈揚顯光者耶 「慕」原作「幕」，據津逮本、四庫本改。

卷第十二

王盧溪送胡忠簡

胡忠簡銓。既以乞斬秦檜，掇新州之禍，直聲振天壤。一時士大夫畏罪箝舌，莫敢與立談，獨王盧溪廷珪。詩而送之，今二篇刊集中，曰：「囊封初上九重關，是日清都虎豹閑。百辟動容觀奏牘，幾人回首愧朝班。名高北斗星辰上，身墮南州瘴海間。豈待它年公議出，漢庭行召賈生還。」「大厦元非一木支，欲將獨力拄傾危。癡兒不了官中事，男子要爲天下奇。當日姦諛皆膽落，平生忠義只心知。端能飽喫新州飯，在處江山足護持。」於是有以聞于朝者，檜益怒，坐以謗訕流夜郎，時年七十。既而檜死，盧溪因讀韓文公《猛虎行》，復作詩寓意曰：「夜讀文公《猛虎詩》，云何虎死忽悲啼。人生未省向來事，虎死方羞前所爲。昨日猶能食熊豹，今朝無計柰狐狸。我曾道汝不了事，唤作癡兒果是癡。」蓋復前說也。尋許自便。孝宗初政，召對痛合，詔曰：「王廷珪粹然耆儒，凛有直節，頃以言語文字牴牾權臣，流落排擯，殆踰二紀。召對便殿，敷奏詳華，可特改左承奉郎，除國子監主簿。」廷珪不留，乞祟道祠官去。乾道六年，再召對便殿，上又留之，不可，乃詔復禄以祝釐。後告老終于家，壽九十三。其再召也，廟堂欲予一子官，既而不果。識者謂以忠得壽，而澤不及嗣，天人報施，猶若少偏。時又有朝士陳、剛中。三山寓公張仲宗。亦以作啓與詞爲餞而得罪，檜之怨忠簡，蓋流貤不少置也。

秦檜死報

秦檜擅權久，大誅殺以脅善類。末年，因趙忠簡之子汾。以起獄，謀盡覆張忠獻、胡文定諸族，棘寺奏牘上矣。檜時已病，坐格天閣下，吏以牘進，欲落筆，手顫而汙，亟命易之，至再，竟不能字。其妻王在屏後摇手曰：「勿勞太師。」檜猶自力，竟仆于几，遂伏枕數日而卒。獄事大解，諸公僅得全。初，汾就逮，自分必死，然竟不知加以何罪，囑其家曰：「此行無全理。脱幸有恩言，當於饋食中寘肉笑靨一，以爲信，毋忘！」既入獄，月餘無所問，亶日施慘酷，求死不可得。一日正晝，寘之闇屋，仰絣之，使視椽榱，偶見屋上一竅如錢，微有日影，須臾稍轉射壁上，有一反字。汾解意，亟承異謀【一】，遂得小梃，惟數晷以待盡。忽外致食于槖，滿其中皆笑靨，汾泣曰：「吾約以一，而今乃多如是，殆紿我。」既而獄吏皆來賀，即日脱械出，則檜聲鍾給賻矣。忠獻是時居永，亦微聞當路意，汾既繫，昕夕不自安，且念爲大夫人憂，不敢明言。忽外間報中都有人至，亟出視，一男子喘卧簷下，殆不能言。方吉凶叵測，衆環睨縮頸，忠獻素堅定，於是亦色動。有頃，掖之坐，

【一】亟承異謀　「承」原作「臣」，據稗海本、津逮本、四庫本、學津本改。

稍灌以湯餌而甦，猶未出語，亶數指腰間，索之，得片紙。蓋故吏聞檜訃，走介星馳，至近郊，益奔程欲速，是以顛蹶。頃刻之間，堂序懽聲如雷。王盧溪在夜郎，郡守承風旨，待以囚隸，至不免旬呈。適郵筒至，張燕公堂以召之，盧溪怪前此未之有，不敢赴。邀者系踵，不得已趨詣，罷燕之明日，始聞其事，守蓋先得之矣。故盧溪既得自便之命，題詩壁間曰：「辰州更在武陵西，每望長安信息希。二十年興搢紳禍，一終朝失相公威。外人初説哥奴病，遠道俄聞逐客歸。當日弄權誰敢指，如今憶得姓依稀。」蓋志喜也。同時謝任伯之子景思，伋。家在天台，爲郡守劉景所捕，既至而改禮。王仲言《揮麈録》詳紀之，與夜郎守略同。是知檜稔惡得斃，爲善類之福不貲，要非幸災也。

呂東萊祭文

呂東萊祖謙。居于婺，以講學唱諸儒，四方翕然歸之。陳同父蓋同郡，負才頡頏，亦游其門，以兄事之。嘗於丈席間時發讆論，東萊不以爲然。既而東萊死，同父以文祭之曰：「嗚呼！孔氏之家法，儒者世守之，得其粗而遺其精，則流而爲度數刑名；聖人之妙用，英豪竊聞之，狥其流而忘其源，則變而爲權譎縱横。故孝悌忠信，常不足以趨天下之變，而材術辯智，常不足以定天下之經。在人道無一事之可少，而人心有萬變之難明。雖高明之洞見，猶小智之自營；雖篤厚而守正，猶孤壘之易傾。蓋欲整兩漢而下，庶幾及見三代之英，豈曰自我，成之在兄。方夜半之劇論，嘆古來之未曾；講觀象之妙理，得應時之成能；謂人物之間出，非天意之徒生。兄獨疑其未通，我引數而力爭，豈其於無事之時，而已懷厭世之情。俄遂嬰於末疾，喜未替於儀刑；何所遭之太慘，曾不假於餘齡。將博學多識，使人無自立之地；而本末具舉，雖天亦有所未平耶！兄嘗誦子皮之言曰：『虎帥以聽【二】，孰敢違子，人之云亡，舉者莫勝。』假使有聖人之宏才，又將待幾年而後成，孰知夫一觴之慟，徒以拂千古之膺。伯牙之琴，已分其不可復鼓；而洞山之燈，忍使其遂無所承。眇方來之難恃，尚既往之有靈。」朱晦翁見之，大不契意，遺婺人書曰：「諸君子聚頭磕額，理會何事，乃至有此等怪論。」同父聞之不樂，它日上書孝宗，其略曰：「今世之儒士，自謂得正心誠意之學者，皆風痺不知痛痒之人也。舉一世安於君父之大讎，而方且揚眉拱手以談性命，不知何者謂之性命乎？陛下接之而不任以事也，臣以是服陛下之仁。」意蓋以微風晦翁，而使之聞之，晦翁亦不訝也。此説得之蔡元思。

念成。

猫牛盜

余辛未歲，官中都，居旌忠觀前。家素蓄一青色猫，善咋鼠，家人咸愛之。一日正午，出門即逸去，購求竟不獲。又憶總角時，先夫人治家政，城南有別墅，一牯甚腯，爲人所

【二】虎帥以聽　「以」原作「之」，陳文東批云：「之字疑作以。」《左傳》襄公三十年作「虎帥以聽」，據改。

盜，先夫人不欲擾其鄰，弗捕。既而有言湖中民分肉不均，羣鬬而訟在邑，余時尚幼，家無紀綱，僕莫能弊，訟又弗問，從邑中自斷。後推其月日，乃同一夕，蓋遠在百里外，牛舉趾緩，迄不知何以致也。它日，余問以問客，有能知閭里之姦者，爲余言：内北和寧門，實有肆其間，號曰鬻野味，直廉而肉豐，市人所樂趨。其物則市之猫犬類也，夜罥犬負而趨，猶幸不遇人。若猫則皆晝攫，都人居淺隘，猫或嬉敖于外，一見不復可遁，每得之，即持浸户外防虞缸桶中，猫身濕輒舐，非甚乾不已，以故無鳴號者。有見而逐之，則必問以毛色，自袖出其尾，皆非是。傳聞其手中乃有十數尾，視其非者而出之，都人習尚不窮姦，雖知其盜，以爲它人家猫，則亦不問也。夜則皆入于和寧之肆，無遺育焉。牛嗜鹽，盜者持一鉤、一竿、一繩，竿通中，行則爲杖策，而匿鉤繩于腰間，見者固莫疑其眹。伺夜入欄，手鹽以飼牛，牛引舌，則鉤之。夙導繩通中，急趣其杪，牛負痛，欲觸則隔竿之長，欲鳴則礙鉤之利。鉤者奔，牛亦奔，故雖數舍直一瞬耳。又它日，以質之捕吏之良者，道盜之智甚悉，所聞皆信然。嗟夫！盜亦人耳，使即此心以喻於義，夫孰能禦哉。一有所移，而用止於是，觀者亦思所以用者而擇焉，斯可矣。

味諫軒

戎州有蔡次律者，家于近郊。山谷嘗過之，延以飲，有小軒極華潔，檻外植餘甘子數株，因乞名焉，題之曰「味諫」。後王子予以橄欖遺山谷，有詩曰：「方懷味諫軒中果，忽見金盤橄欖來。想共餘甘有瓜葛，苦中真味晚方回。」時蓋徽祖始登極，國論稍還，是以有此句云。

龍見赦書

金國熙宗亶，皇統九年夏【三】，龍見御寨宫中，雷雨大至，破柱而去。亶大懼，以爲不祥，欲厭禳之，左右或以爲當肆赦，遂召當制學士張鈞視草。其中有「顧兹寡昧」及「眇予小子」之言，文成奏御，譯者不曉其退託謙冲之義，乃曰：「漢兒彊知識，託文字以詈我主上耳！」亶驚問故，譯釋其義曰：「寡者，孤獨無親；昧者，不曉人事；眇爲瞎眼；小子爲小孩兒。」亶大怒，亟召鈞至，詰其説，未及對，以手劍剺其口，棘而醢之，竟不知譯之爲愚爲姦也。其年亶弑，亮於登寶位赦，暴其惡而及此。

丹稜巽巖

眉山秀出岷峨，屬邑丹稜者，李文簡燾。實家焉。邑有山曰龍鶴，文簡讀書其上，命曰巽巖，因以自號，士夫至今以爲稱。嘗自爲記曰：「子真子三卜居，乃得此山，負東南【四】，面西北，其位爲巽，爲乾。蓋處己非乾健無以立，應物非巽順無以行。《易》六十

【三】皇統九年夏 「九年」原作「十年」，據《金史》卷四《熙宗紀》改。

【四】負東南 「負」原作「向」，據稗海本、四庫本、學津本改。

四卦，仲尼掇其九而三陳之，起乎《履》，止乎《巽》，此講學之序也。語曰：『可與共學，未可與適道；可與適道，未可與立；可與立，未可與權。』夫人各有所履，善惡分焉。惟能謙，可與共學，惟能復，可與適道。知所適而無以自立，則莫能久，故取諸常使久於其道，或損之，或益之。至於困而不改，若井未始隨邑而遷，則所以自立者成矣。雖然，吉凶禍福，横發逆起，有不可知，將合于道，其惟權乎。然非巽則權亦不可行，學而至于巽，乃可與權，此聖賢事業也。」文簡字仁父，一字子真，作記時年二十四。

鄭少融遷除

孝宗在位久，益明習國家事，厲精政本，頗垂意骨鯁，以彊本朝。淳熙六年，鄭少融丙。初拜西掖，首疏官冗賞濫，力指時政之失。且謂卿監丞簿，事簡官備，館職史官至二十員，學官書局各以十數；監司郡守，疊授三政，參議祠廟、歸正添差、養老將校充滿外路。東宫徹章，館閣進書，雜流廝役，例霑賞典，曰隨龍，曰應奉。開河修堰，併場蠲賦，無時推恩；他司錢物，漕乞移用；尉不捕賊，詭奏有功，張大虚聲，横被醲賞。累數百言，上覽而壯之。奎札付中書曰：「賞功遷職，不以濫予，鄭丙言是也。給舍遇書讀，宜隨事以聞。」於是廷臣始側目。既而少融益亹亹論事，敢於劘上，上亦忻然納之無忤。八年，遂兼夕拜東宫春坊。陳龜年女嫁巨室裴良珣，裴死于酒，兄良顯訴陳女利其富，死有冤。

事下天府，語連龜年，尹不敢治。詔送大理，左右有爲之地者。詔漕司先審責良顯，不實，反坐狀始得行。少融駁奏曰：「願少存國法，爲子孫萬世計。」竟如初詔。韓子師以曾覿。援，有起廢意，少融極口詆之曰：「是人仰累聖德。」後大臣或指二言之切，爲賣直。上不聽，諭少融曰：「朕自喜給舍得人。」亟遷吏書以矯其讒。時王謙仲藺。丞宗正，進對曰：「今日不欺陛下，惟鄭丙，惜其愛莫助之耳。」上喜，亦遷監察御史。謙仲尤擊搏，不畏彊禦，馴致大用，獎直厲斷，蓋隱然有亨阿封即墨之風焉。至今士夫間，猶能誦其獨立敢爲之實也。少融繼守數郡，治微尚嚴云。

沙世堅

乾道間，有歸正官曰沙世堅，素武勇，坐贓配隸靜江府。鄭少融爲廣西憲，命之捕盜，有功，稍復其官。慶元中，爲德安守，麄暴自如，酷不喜文吏。余鄉有晁仲式百辟。者，世名家，爲安陸宰，實爲其僚。晁好飲而敢爲，初亦相得，久益厭，乃枘鑿不謀。世堅捕邑胥，羅致其罪，欲劾奏之，先對易外邑一尉，章垂上而病，稍自悔，尼不發檄。晁歸府，見之卧內，命妾以杯酒酌之，頗道初意之謬，謂人實浸潤，非我也。晁唯唯謝，因歷歷囑後事，且諉其與它僚同任責，既而曰：「沙世堅武人，性直，没許多事，一句是一句，知縣不相怨否？」晁素滑稽，忽抑首微對，曰：「百辟豈敢怨太尉？但心裏有些忡忡地。」沙大怒，亟叱使去，力疾發郵筒，又旬而死。晁竟坐是不得調者十年，遂終于家。一言輕發，横挑縣夫之辱，晁固不無罪也。

淮陰廟

楚州淮陰，夾漕河而邑，於澤國諸聚落尤爲荒凉。開禧北征，余舟過其下，舟人指河東岸弊屋數椽曰：「是爲楚王信廟。」亟維纜登焉。堂廡傾欹，幾不庇風雨，兩旁皆過客詩句，楹楣户牖，題染無餘，往往玉石混淆，殊不可讀。左廂有高堵，不知何人寫楊誠齋二詩其上，字甚大，不能工，亦舛筆畫，余以意揣録之。其一曰：「來時月黑過淮陰，歸路天花舞故城。一劒光寒千古淚，三家市出萬人英。少年跨下安無忤，老父圯邊愕不平。人物若非觀歲暮，淮陰何必減文成。」其二曰：「鴻溝祇道萬夫雄，雲夢何銷武士功。九死不分天下鼎，一生還負室前鐘。古來犬斃愁無蓋，此後禽空悔作弓。兵火荒餘非舊廟，三間破屋兩株松。」音節悲壯，倫儗抑揚，偏壁間殆無繼者。本題文成爲宣成，余按張留侯謚，與霍博陸自不同，後得麻沙印本《朝天續集》，乃亦作「宣」字，尤可怪也。前篇首尾兩淮陰，雖意不同，疑亦傳複。虜既入塞，舊廟當無復存，不知今血食如何？

金鯽魚

今中都有豢魚者，能變魚以金色，鯽爲上，鯉次之。貴游多鑿石爲池，寘之簷楄間，以供玩。問其術，秘不肯言，或云以闤市洿渠之小紅蟲飼，凡魚百日皆然。初白如銀，次漸黄，久則金矣，未暇驗其信否也。又別有雪質而黑章，的皪若漆，曰玳瑁魚，文采尤可觀。逆曦之歸蜀，汲湖水浮載，凡三巨艘以從，詭狀瑰麗，不止二種。惟杭人能餌蓄之，亦挾以自隨。余考蘇子美詩曰：「松橋扣金鯽，竟日獨遲留。」東坡詩亦曰：「我識南屏金鯽魚。」則承平時蓋已有之，特不若今之盛多耳。

張賢良夢

張賢良君悦，咸。家蜀綿竹，世以積德聞。紹聖初，再試制科，宰相章惇覽其策，以所對不以元祐爲非，大怒，雖得簽書劍西判官以去，而科目自是廢矣。仕既不甚達，益篤意植檝貤慶，以遺後人。嘗一日晝寢，夢神人自天降，告之曰：「天命爾子名德，作宰相。」驚而寤，未幾而魏公生。時魏公之兄已名滉，君悦不欲更所從，乃字魏公曰德遠。出入將相，垂四十年，忠義勳名，爲中興第一。天固有以啓之者歟。

乾坤鑑法

政和初，濮有異人曰王老志，以方術幸，賜號洞微先生。蔡絛《國史後補》已詳其事，不復複紀。所履既奇崛，道幽顯事，益涉於誕，惟掉頭禄豢，時出危言，與靈素等異趣爲可稱。其在京師，每心非時事，亦屢以意風蔡元長，使遷於善而弗聽也。徽祖嘗召之入禁籞，顯肅后在坐，老志率然出幅紙于袖曰：「陛下它日與中宫皆有難，臣行死，不及見矣。臣有乾坤鑑法，可以厭禳，然尤當修德，始可回天意。請如臣法鑄鑑，各以五色流蘇垂之，寘於寢殿。臣死後，當時坐鑑下。記憶臣語，日儆一日，思所以消變於未形者。」上竦然受其説，左右皆大驚。既有詔尚方庀工，鑑成進御，而老志歸于濮，遂病以死。靖康陟方之禍，二宫每寶持之，且歎其先識。古今方士多矣，億中不足奇，而能棄己所嗜，納君於正，斯可嘉也。剟而載之，以見聖德之兼容者。

卷第十三

范碑詩跋

趙履常崇憲。所刊四説堂《山谷范滂傳》，余前記之矣。後見跋卷，迺太府丞余伯山禹績。之六世祖若著倅宜州日，因山谷謫居是邦，慨然爲之經理舍館，遂遣二子滋、滸從之游。時黨禁甚嚴，士大夫例削札掃迹，惟若著敬遇不怠，率以夜遣二子奉几杖，執諸生禮。一日攜紙求書，山谷問以所欲，拱而對曰：「先生今日舉動，無愧東都黨錮諸賢，願寫范孟博一傳。」許之，遂默誦大書盡卷，僅有二三字疑誤。二子相顧愕服，山谷顧曰：「《漢書》固非能盡記也，如此等傳，豈可不熟。」聞者敬嘆。若著滿秩，持歸上饒家居，寶藏之。再世散逸，歸東武周氏，又歸忠定家。伯山僅傳摹本，其子子壽鑄爲四明制屬，攜之笈中之官，樓攻媿見之，爲作詩曰：「宜人初謂宜於人【一】，菜肚老人竟不振。《承天院記》顧何罪，一斥致死南海濱。賢哉别駕眷遷客，不恤罪罟深相親。哀哀不容處城闉，夜遣二子從夫君。一日攜紙丐奇畫，引筆行墨生煙雲。南方無書可尋問，默寫此傳終全文。補亡三篋比安世，偶熟此卷非張巡。巖巖汝南范孟博，清裁千載無比倫。坡翁侍母曾啓問，百

校勘記

【一】宜人初謂宜於人　「宜人」，諸本同，陳文東批云：「宜人之人當作州。」又《攻媿集》卷四作「宜人初未宜於人」。

謫九死氣自伸。別駕去官公亦已，身雖既衰筆有神。我聞此書久欲見，摹本尚爾况其真。輟君清俸登堅珉，可立懦夫羞佞臣。」及履常登朝，以真蹟呈似，攻媿迺復題其後。又面命幼子治【二】録里士俞惠叔疇。詩一篇，亟稱其佳焉。其辭曰：「貂璫羣雛擅天綱，手驅名流入鈎黨。屯雲蔽日日光無，卯金神器春冰上。汝南節士居危邦，志剗蕭艾扶蘭芳。致君生不逮堯、舜，死合夷、齊俱首陽。千年興壞真暮旦，殷鑒詎應如許遠。安知後人哀後人，又起諸賢落南歎。宜州老子筆有神，蟬蜕顔、揚端逼真。少模龍爪已名世，晚用雞毛亦絶人。平生孟博吾尚友，時事騷騷建寧舊。胸蟠萬卷老蠻鄉，獨感斯文聊運肘。老子書名横九州，一紙千金不當疇。此書豈但翰墨設，心事悢悢關百憂。人言老子味禪悦，疾惡視滂寧爾切。須知許國本精忠，不幸爲滂甘伏節。九原莫作令人悲，遺墨敗素皆吾師。從君乞取宜州字，要對崇寧《黨籍碑》。」二詩明白痛快，足以吊二老於九垓之期矣【三】。獨惠叔末章頗傷峻厲。跋卷又有柴中守。一詩，曰：「小春晝日如春晚，飲罷披圖清興遠。夜光照屋四座驚，金薤銀鈎真墨本。當年太史謫宜州，腸斷梅花棲戍樓。拾遺不逢東道主，翰林長作夜郎囚。蠻烟瘴雨森鈇鉞，更值韓盧搜兔窟。老色上面懽去心，惟有忠肝懸日月。郡丞嗜好殊世人，投箋乞字傳兒孫。平生孟博是知己，筆下寫出精神騫。興亡萬古同一轍，黨論到頭不堪説。刊章下郡漢道微，清流入河唐祚絶。先朝白晝狐亦鳴，正氣消盡邪氣生。殿門斷碑仆未起，中原戎馬來縱横。生蛟入手不敢玩，往事凄

【二】幼子治　「治」，津逮本、學津本皆作「治」。

【三】足以吊二老於九垓之期矣　「二」原作「此」，據津逮本、四庫本、學津本改。又陳文東批云：「期」當作「下」。

涼重三歎。《蘭亭》、《瘞鶴》徒爾爲，好刻此書裨廟筭。」牛腰軸雖大，詩之者惟此三人。柴作亦佳，特未免唐人所謂昌黎《淮西碑》猶欠冒頭不得之戲耳。伯山前輩老成，嘗爲九江校官，余又及同班行。子壽世科，今爲鎮江外轄，蓋方鄉用者。

晦庵感興詩

朱晦翁既以道學倡天下，涵造義理，言無虛文。少喜作詩，晚年居建安，乃作《齋居感興》二十篇，以反其習，自序其意，斷斷乎皆有益於學，而非風雲月露之詞也。余從吾鄉蔡元思念成。誦得之，其序曰：「予讀陳子昂《感遇詩》，愛其詞旨幽邃，音節豪宕，非當世詞人所及，如丹砂空青，金膏水碧，雖近乏世用，而實物外難得自然之奇寶。欲效其體作十數篇，顧以思致平凡，筆力萎弱，竟不能就。然亦恨其不精於理，而自託於僊佛之間，以爲高也。齋居無事，偶書所見，得二十篇，雖不能探索微眇，追迹前言，然皆切於日用之實，故言亦近而易知，既以自警，且以貽諸同志云。」一曰：「昆侖大無外，旁礴下深廣。陰陽無停機，寒暑互來往。皇羲古神聖，妙契一俯仰。不待窺馬圖，人文已宣朗。渾然一理貫，昭晰非象罔。珍重無極翁，爲我重指掌。」二曰：「吾觀陰陽化，升降八紘中。前瞻既無始，後際那有終。至理諒斯存，萬世與今同。誰言混沌死，幻語驚盲聾。」三曰：「人心妙不測，出入乘氣機。凝冰亦焦火，淵淪復天飛。至人秉元化，動靜體無違。珠藏澤自媢，玉韞山含暉。神光燭九垓，玄思徹萬微。塵編今寥落，歎息將安歸。」四曰：「靜觀靈臺妙，萬化此從出。云胡自蕪穢，反受衆形役。厚味紛朵頤，妍姿坐傾國。崩奔不自悟，馳騖靡終畢。君看穆天子，萬里窮轍迹。不有祈招詩，徐方御辰極。」五曰：「涇舟膠楚澤，周綱已陵夷。況復王風降，故宫黍離離。玄聖作《春秋》，哀傷實在兹。祥麟一以踣，反袂空漣洏。漂淪又百年，僭侯荷爵珪。王章久以喪，何復嗟歎爲。馬公述孔業，託始有餘悲。拳拳信忠厚，無乃迷先幾。」六曰：「東京失其御，刑臣弄天綱。西園植姦穢，五族沈忠良。青青千里草，乘時起陸梁。當塗轉凶悖，炎精遂無光。桓桓左將軍，仗鉞西南疆。伏龍一奮躍，鳳雛亦飛翔。祀漢配彼天，出師驚四方。天意竟莫回，王圖不偏昌。晉史自帝魏，後賢合更張。世無魯連子，千載徒悲傷。」七曰：「晉陽啓唐祚，王明紹巢封。垂統已如此，繼體宜昏風。麀聚瀆天倫【四】，牝晨司禍凶。乾綱一以墜，天樞遂崇崇。向非狄、張徒【五】，誰辨取日功。云何歐陽子，秉筆迷至公。唐經亂周紀，凡例孰此容。侃侃范太史，受説伊川翁。《春秋》二三策，萬古開羣蒙。」八曰：「朱光徧炎宇，微陰眇重淵。寒威閉九野，陽德昭窮泉。文明昧謹獨，昏迷有開先。幾微諒難忽，善端本緜緜。掩身事齊戒，及此防未然。閉關息商旅，絶彼柔道牽。」九曰：「微月墮西嶺，爛然衆星光。明河斜未落，斗柄低復昂。感此南北極，樞軸遥相當。太一有常居，仰瞻獨煌煌。中天照四國，三辰環侍旁。人心要如此，寂感無邊方。」十曰：「放勛始欽明，南面亦恭己。大哉

【四】麀聚瀆天倫　「天」原作「大」，據稗海本、四庫本、學津本改。

【五】向非狄張徒　按：《文公先生感興》詩，此句前有「淫毒穢宸極虐焰燔蒼穹」十字。

精一傳，萬世立人紀。猗歟歎日躋，穆穆歌敬止。戒褻光武烈，待旦起周禮。恭惟千載心，秋月照寒水。魯叟何常師，删述存聖軌。」十一曰：「吾聞庖羲氏，爰初闢乾坤。乾行配天德，坤布協地文。仰觀玄渾周，一息萬里奔。俯察方儀靜，隤然千古存。悟彼立象意，契此入德門。勤行當不息，敬守思彌敦。」十二曰：「大《易》圖象隱，《詩》、《書》簡編訛。《禮》、《樂》矧交喪，《春秋》魚魯多。瑶琴空寶匣，絃絶將如何。興言理餘韻，龍門有遺歌。」十三曰：「顔生躬四勿，曾子日三省。《中庸》首謹獨，衣錦思尚絅。偉哉鄒孟氏，雄辯極馳騁。操存一言要，爲爾挈裘領。丹青著明法，今古垂焕炳。何事千載餘，無人踐斯境。」十四曰：「元亨播羣品，利貞固靈根。非誠諒無有，五性實斯存。世人逞私見，鑿智道彌昏。豈若林居子，幽探萬化原。」十五曰：「飄飄學仙侣，遺世在雲山。盗啓元命秘，竊當生死關。金鼎蟠龍虎，三年養神丹。刀圭一入口，白日生羽翰。我欲往從之，脱屣諒非難。但恐逆天道，偷生詎能安。」十六曰：「西方論緣業，卑卑喻羣愚。流傳世代久，梯接凌空虚。顧眄指心性，名言起有無。捷徑一以開，靡然世爭趨。號空不踐實，躓彼榛棘途。誰哉繼三聖，爲我焚其書。」十七曰：「聖人司教化，横序育羣材。因心有明訓，善端得深培。天叙既昭陳，人文亦褰開。云何百代下，學絶教養乖。羣居競葩藻，爭先冠倫魁。淳風反淪喪，擾擾胡爲哉。」十八曰：「童蒙貴養正，孫弟乃其方。雞鳴咸盥櫛，問訊謹暄凉。奉水勤播灑，擁篲周室堂。進趨極虔恭，退息常端莊。劬書劇耆炙，見惡逾探湯。庸言戒矗誕，時行必安詳。聖塗雖云遠，發軔且勿忙。十五志于學，及時起高翔。」十九曰：「哀哉牛山木，斤斧日相尋。豈無萌蘖在，牛羊復來侵。恭惟皇上帝，降此仁義心。物欲互攻奪，孤根孰能任。反躬艮其背，肅容正冠襟。保養方自此，何年秀穹林。」二十曰：「玄天幽且默，仲尼欲無言。動植各生遂，德容自清温。彼哉夸毗子，呫囁徒啾喧。但逞言辭好，豈知神監昏。曰予昧前訓，坐此枝葉繁。發憤永刊落，奇功收一原。」馳騁今古，剟華反實，斯可謂志之所存者。其中二篇，論二氏之學，猶若有輕重有無之辨，晚學恨不得撰杖屨以質疑焉。

武夷先生

建中靖國初，有宿儒曰徐常，持節河朔，風采隱然重于時，然持論與時大異。曾文肅布。惡之，嘗具詆先烈人姓名，陳之乙覽，常列其間，然未有以罪也。會市肆有刊《武夷先生集》者，迺常所爲文，文肅之子紆。適相國寺，偶售得之。首篇乃熙寧間《上王荆公書》，詆常平法者，紆以置几案間，不爲意。文肅偶入糞舍，見之，袖以入，明日遂奏榻前，且謂常元未嘗上此書，特沽流俗之名耳。言者從之，遂免所居官，竟以蹭蹬。徐嘗有教子詩曰：「詞賦切宜師二宋，文章須是學三蘇。」其措意如此，宜其與文肅異也。

任元受啓

秦檜秉權寖久，植黨締交，牢不可破。高皇淵嘿雷聲，首更大化，懲言路壅蔽之弊，召湯元樞鵬舉。于外，執法殿中，繼遷侍御史。時有選人任盡言者，居下僚，好慷慨論事，聞其除，亟以啓賀之，曰：「伏審光奉明綸，榮躋横榻。國朝更西都三府之制，故御史不除大夫；端公居南司五院之中，與獨坐迭爲憲長。自昔雖稱於雄劇，比歲或乖於選掄，污我霜臺，賴公雪恥，輒陳管見，少助風聞。竫言有宋之姦臣，無若亡秦之巨蠹。十九載輔國而專政，亘古無之；二百年列聖之貽謀，掃地盡矣。乃若糊名而較藝，亦復肆志而任私，敢以五尺之童，連冠兩科之士。老牛舐犢，愛子誰無；野鳥爲鸞，欺君實甚。公攘名器，報微時簞食之恩；峻立刑誅，鉗當世搢紳之口。一時謫籍，半坐流言，父子至於相持，道路無復偶語。每除言路，必預經筵，蓋緣乳臭之雛，實預金華之講。受其頤旨，應若影從，忠臣不用而用臣不忠，實事不聞而聞事不實。逮政府樞庭之有闕，必諫官御史而後除。所以復鷹犬之報，而搏吠已憎；踈鴛鷺之班，而孤危主勢。私竊富貴之勢利，豈止於子孫而爲臣；仰奪造化之鑪錘，至不容人主之除吏。方當寧之意，未罪魏其；而在位之臣，專阿王氏。致學官之獻佞，假題目以文姦；引前代興王之詩，爲其孫就試之讖。旋從外幕，擢置中都，冀招致於妖言，啓包藏之異意。忠憤扼腕，智識寒心。上愧漢臣，既乏朱雲之請劍；下慙唐室，未聞林甫之斵棺。坐令存没之姦，備極寵榮之典。正緣和議，常賛睿謀。故聖主念功，務曲全於體貌；然憲臺議罪，當明正於典刑。賞當功，所以示朝廷之至恩；罰當罪，所以貽臣子之大戒。政若偏廢，國將若何，敢爲上言，莫如君重。恭惟侍御氣剛而志烈，學老而才雄，自親擢於中宸，即大符於民望。明目張膽，士林日誦於讜言；造膝沃言，天下咸受其陰賜。雖直道盡更其覆轍，而宏綱獨漏於吞舟。惟九重之委任寖隆，故四海之責望尤備。願言彈擊，無置渠魁，矧今日之新除，有昔人之故事。韋仁約自稱鵰鶚，才固絶倫；張文紀不問狐狸，惡惟誅首。縱黄壤之已隔，在白簡以難逃。使六合之間，忠義之心如日；九泉之下，邪佞之骨常寒。庶幾紹興湯御史之名，不在慶曆唐子方之下。其他世俗之諂語，諒非方正之樂聞，側聽褒遷，别當修致。」湯得之喜，袖以白上，天顔爲回，故一時公議大明，姦諛膽落，盡言其助也。任字元受，有集名《小醜》，楊誠齋爲之序，仕亦不大顯。余先君手抄其啓雜俎中。

冰清古琴

嘉定庚午，余在中都燕李奉寧坐上，客有葉知幾者，官天府，與焉。葉以博古知音自名。前旬日，有士人攜一古琴，至李氏鬻之。其名曰「冰清」，斷紋鱗皴，制作奇崛，識與不識，皆謂數百年物。腹有銘，稱晉陵子題，銘曰：「卓哉斯器，樂惟至正。音清韻高，月人其審之，豈獨知政。」又書大曆三年三月三日，上底蜀郡雷氏斲，鳳沼内書貞元十一年七月八日再修，士雄記。李以質於葉，葉一見色動，掀髯歎咤，以爲至寶。客又有憶誦《澠水燕談》中有是名者，取而閲之，銘文歲月皆脗合，良是。葉益自信不誣，起附耳謂主人曰：「某行天下，未之前覩，雖厚直不可失也。」李敬受教，一償百萬錢。鬻者撐拒不肯，曰：「吾祖父世寳此，將貞之上方，大璫某人固許我矣，直未及半，渠可售？」李顧信葉語，絶欲得之，門下客爲平章，莫能定。余覺葉意，知其有贋【六】，旁坐不平，漫起周視，讀沼中字，皆歷歷可數。因得其所疑，乃以袖覆琴而問葉曰：「琴之孅惡，余姑謂弗知，敢問貞元何代也？」葉笑未應，坐人曰：「是固唐德宗，何以問爲？」余曰：「誠然，琴何以爲唐物？」衆譁起致請，乃指沼字示之曰：「元字上一字，在本朝爲昭陵諱，沼中書正從卜從貝是矣，而貝字闕其旁點，爲字不成，蓋今文書令也。唐何自知之？貞元前天聖二百年，雷氏乃預知避諱，必無此理，是蓋爲贋者徒取《燕談》以實其説，不知闕文之熟於用而忘益之，且沼深不可措筆，修琴時必剖而兩，因題其上。字固可識，又何疑焉。」衆猶爭取視，見它字皆焕明，實無旁點，乃大駭。李更衣自内出，或以白之，抵掌笑。葉慚曰：「是猶佳琴，特非唐物而已。」李不欲逆，勉彊薄醻，頓損直十之九得焉。鬻琴者雖怒而無以辭也，它日遇諸塗，赬而過之。今都人多售贋物，人或贊孅，隨輒取贏焉。或徒取龍斷者之稱譽以爲

【六】知其有贋　「有」，津逮本、四庫本、學津本皆作「爲」。

近厚，此與攫晝何異，蓋真敝風也。

選人戲語

蜀伶多能文，俳語率雜以經史，凡制帥幕府之醼集，多用之。嘉定初，吴畏齋帥成都，從行者多選人，類以京削繫念，伶知其然。一日，爲古冠服數人游于庭，自稱孔門弟子，交質以姓氏，或曰「常」，或曰「於」，或曰「吾」，問其所涖官，則合而應曰：「皆選人也。」固請析之，居首者率然對曰：「子乃不我知，《論語》所謂『常從事於斯矣』，即某其人也。官爲從事而繫以姓，固理之然。」問其次，曰：「亦出《論語》，『於從政乎何有？』蓋即某官氏之稱。」又問其次，曰：「某又《論語》十七篇所謂『吾將仕者』。」遂相與歎咤，以選調爲淹抑。有慫慂其旁曰：「子之名不見於七十子，固聖門下第，盍扣十哲而受教焉。」如其言，見顔、閔方在堂，羣而請益，子騫蹙頞曰：「如之何？何必改。」兖公應之曰：「然，回也不改。」衆憮然不怡，曰：「無已，質諸夫子。」如之，夫子不答，久而曰：「鑽遂改火，急可已矣。」坐客皆愧而笑，聞者至今啓顔。優流侮聖言，直可誅絶，特記一時之戲語如此。

卷第十四

陳了翁始末

陳了翁在徽祖朝，名重一時，爲右司員外郎。曾文肅敬之，欲引以附己，屢薦于上，使人諭意，以將大用之。了翁謂其子正彙。曰：「吾與丞相議多不合，今乃欲以官相餌。吾有一書將遺之，汝爲我書。」且曰：「郊恩不遠，恐失汝官，奈何？」正彙再拜願得書。了翁喜，明日持以見文肅于都堂，適與左司朱彥。會，待于賓次，朱借讀其書，動色。既見，文肅果大怒，嘻笑謂曰：「此書它人得之必怒，布則不然，雖十書不較也。」了翁退，即録所上文肅書及《日録辨》、《國用須知》，以狀申三省，曰：「昨詣尚書省投書，蒙中書相公面諭其詳，謂瓘所論爲元祐淺見單聞之説，兼言天下未嘗乏才，雖有十書，布亦不動。瓘不達大體，觸忤大臣，除具申御史臺乞賜彈劾外，伏乞敷奏，早行竄黜。」遂出知泰州，鄒道鄉在西掖，救之，不從。上臨朝謂文肅曰：「瓘如此報恩地耶！」又曰：「卿一向引瓘，又欲除左右史，朕道不中，議論偏，今日如何？」文肅愧謝。初議竄徙，韓文定爲首台，陸農師在政地，救之曰：「瓘言誠過當，若責之，則更以此得名，曾布必能容之也。」謫乃薄。

余謂前輩名節之重，身蹈危機，不復小顧，中省公牘，百載而下，讀之凛凛有生氣。余丱角時，先夫人教誦古今奏議，謂足壯它日氣節，此書與焉。今尚憶其全文，曰：「瓘聞之，古賢未嘗無過，周公、孔子、顔淵，皆有過也。子路聞過則喜，所以爲聖賢之徒，成湯改過不吝，所以爲百世之師，故曰『過而能改，善莫大焉』。匹夫改過，善在一身，大臣改過，福及天下。閤下德隆功大，四海之内所贊頌，然謂閤下無過則不可。尊私史而壓宗廟，緣邊費而壞先政，此二者閤下之過也。違神考之志，壞神考之事，在此二者，天下所共知，而聖主不得聞其説，蒙蔽之患，孰大於此？瓘之所撰《日録辨》一篇，已進之於上，閤下試一讀之，則所謂尊私史而壓宗廟者可見矣。瓘去年所論陝西、河東事，未盡詳悉，近守無爲，奉行朝廷詔敕，乃知天下根本之財，皆已運於西邊。比緣都司職事，看詳内降劄子，因述其事，名曰《國用須知》，亦已進之於上，閤下試讀之，則所謂緣邊費而壞先政者可見矣。主上修繼述之效，閤下乃違志壞事，以爲繼述，自今日已往，其効漸見，所以誤吾君者不亦大乎！効之速者，尤在於邊費。熙寧條例司之所講，元豐右曹之所守，舉朝公卿，無如閤下最知其本末。今閤下獨擅政柄，首壞先烈，彌縫壅蔽，人未敢議。它日主上因此兩事，以繼述之事問於閤下，閤下將何以爲對？當此之時，閤下雖有腹心之助，恐亦不得高枕而卧也。且邊事之費，外則帥臣，内則宰相。帥臣知一方之事而已，雖竭府庫之財而傾之，不可責也。至於宰相之任，則異乎此矣。豈可以知天下匱竭，而恬不恤匱竭，因壞先政，因務蔽蒙，閤下欲辭其過，可乎？　瓘比緣稟事，聞閤下之言，指尚書省爲道揆之地，瓘謂閤下此言失矣。　三省長官，宜守法而已，若夫道揆，天子、三公之事，豈太宰之所得預乎？兩年日食之變，皆在正陽之月，此乃臣道大彊之應，亦閤下之所當畏也，宜守而揆，豈抑畏之謂乎！《周官》曰：『居寵思危。』今天下旱蝗，方數千里，天變屢作，人心憂懼，邊費壞敗，國用耗竭，而閤下方且以爲得道揆之體，可謂居寵而不思危矣。　閤下於瓘有薦進之恩，瓘不敢負，是以論吉凶之理，獻先甲之言，冀有補於閤下。　若閤下不察其心，拒而不受，則今日之言，謂之負恩可也。　負與不負在瓘，察與不察在閤下。　事君之位無高下，各行其志，孰得而奪之乎。　瓘去年九月三日上封章，皆乞奏知東朝，所以尊人主而抑外家也。　欽聖未見察，則瓘被貶黜，後來慈意開悟，則瓘得牽復。　人主察孤臣之盡忠，欽聖知忠言之有補，母慈子孝，主聖臣直，此國家兩全之道，廟社無疆之福也。　今欽聖納忠之美，未白於天下，而諫官不二之心，得罪於廟堂。　脅持之風，甚於去歲，乖離之論，唱自大臣，所以厚欽慈者，果在此乎。　瓘前日辭都司之命，而閤下未許其去者，閤下必有以處瓘矣，此士大夫之所共諭也。　主上念欽聖納忠之意，察孤臣不二之心，獎眷之恩，至深至厚。　瓘欲擇死，所以圖報效，無負於人主，無愧於外家，一身之安危，豈暇恤哉！　然則今日之言，安知不見察於閤下也，閤下深思而已。　瓘不敢供要職，重取煩言，又不忍嘿嘿而去，惟閤下留聽，幸甚。」前書《尊堯集表》，蓋與此互見始末，讐諛立懦，不厭屢書也。　正彙是似益可嘉，後竟坐罪，流削坎壈，不自悔云。

八陣圖詩

瞿唐灩澦，天下至嶮，每春夏漲潦，砂磧巨石如屋者，皆一夕隨波去。獨諸葛武侯八陣圖，巋然歷千古獨存，識者謂其有神護。紹興中，蜀士有喻汝礪者，持憲節來治于夔。趣召過郡，與夔帥宴江上，謂是圖源委風后，表而詩之，自爲序曰：「夔帥任子野，以人日置酒江瀕，觀武侯八陣圖，諸公皆云八陣自武侯始，捫膝先生獨謂不然，乃作古風示之，庶幾諸公知八陣之所由起。」其詩曰：「魚復江邊春事起，萬點紅旗颺清泚。主人元是劉夢得，載酒娱賓水光裏。酒闌放脚步沙磧，細石作行相靡迤。卧龍起佐赤龍子，天地風雲入鞭箠。蛇盤虎翼飛鳥翔，四正四奇公所壘。當時二十四萬師，開門闔門隨臂指。幾回嚇殺生仲達，往往宵遁常騎豕。海中僊人丈二履，相與往來迂玉趾。笑云此公大肚皮，龍拏虎擲堆胸胃。江頭風波幾劘蕩，斷岸奔峯俱披靡。陽侯鏖戰三峽怒，衹此細石吹不起。晉大司馬宣武公，常山之蛇中首尾。幙中矹矹何物客，未有一客能解此。千年獨有老奇癲，見之斂袂三嘆喟。頗知此法自玄女，細與諸公剖根柢。君不見風后英謀儘奇詭，鼁定蚩尤等蜉蟻。漢大將軍親閱試，四夷聞風皆褫氣。馬隆三千相角掎，西羌茸茸落牙觜。而公於此出新意，蓋世功名無第二。不知何處著雙手，建立乃與天地比。河圖洛書亦如此，堂堂孔明今未死。我門生人如死人，老了不作一件事【一】。卻被獮猴坐御床，孰眎天王出居汜。既不能蹠穿膝暴秦玉庭，放聲七日哭不已。又不能斷脰決腹死社稷，滿地淋漓流腦髓。羡它安晉温太真，壯它霸越會稽蠡。八年嫪戀飽妻子，灑涕東風肉生髀。斑斑猶在杲卿髮，離離未落張巡齒。愛惜微軀欲安用，有臣如此難準擬。雖然愛國心尚在，左角右角頗諳委。二廣二矩及二甄，《春秋》所書晉所紀。况迺東廂與洞當，復有青龍洎句始。淫淫陳法有如許，智者舍是愚者蔽。此圖昔人之芻狗，參以古法行以己。偏爲前距狄笑之，制騰於兹亮其豈。尔朱十萬破百萬，第顧方略何如耳？嗟我去國歲月老，渺渺赤心馳玉扆。可憐阿伾財女子，而我未刷邦家恥。屬者買舟瀘川縣，扣船欲泛吴江水。赤甲山前春雪深，白帝城下扁舟艤。胡爲於此久留滯，細雨打篷愁不睡。剽聞逆雛犯淮泗，陛下自將誅陳豨。六師如龍賊如鼠，殺回屋瓦皆蜚墜。距黍直射六百步，虜尸蔽江一千里。哀哉獮猴太癡絶，垂死尚持虞帝匕。那知光武定中興，要把中原痛爬洗。君不見陛下神武如太宗，萬全制陳將平戎。倚聞獻馘平江宫，坐使四海開春容。六騑還自江之東，光復舊京如轉蓬。蜀花千枝萬枝紅，輒莫取次隨東風。奇癲眼腦醉冬烘，東向舞蹈壽酒翁。醉醒聊作《竹枝曲》，乞與欸乃歌巴童。」喻，三嵎人，靖康初爲祠部外郎。僞楚之僭，集議秘省，讐弁恇慴，喻獨捫其膝曰：「此豈易屈者哉！」即日掛冠去。於是以捫膝自號，有集十四卷，它詩文嶮怪挺絶皆稱是，劉後溪光祖。實序之焉。

【一】老了不作一件事　「老了」，津逮本、四庫本作「老子」。

開禧北征

開禧丙寅五月，王師北伐，有詔發鎮江總司緡錢七十萬，犒淮東軍，命官宣旨軍前。宣臺檄余往，時鏇旗罙入，未有所底，傳聞叵測，人皆憚行。文移峻甚，余不敢辭，遂浮漕河而北，次楚道北神，登海舟以入于淮。天方暑，夜碇中流，海光接天，星斗四垂，回首白雲之思，惻然悽動。至漣水，城已焚蕩，六軍皆露宿，獨餘軍學宣聖一殿，巋然瓦礫中。余謁宣參，錢溫父廷玉。方病卧一板門上，在十哲之傍，視像設皆左衽，相顧浩歎。遂至金城，海舟之行，雙桅舞風，舷幾入水，稍轉則反之，未嘗正也。歸復道洪澤、龜山至盱、泗，招撫郭倪，招宴泗之凝雲樓。樓據城而高，城不甓，址以石，北望中原，無龍斷焉。樓之下爲廳事，後有屋三楹，榜曰金蘭堂，方積笴充棟，榜青牌金字，乃一士人書，不知虜法何以不禁也。郡治陋甚，僅如江、浙一監當衙宇耳。虜法簡便，大抵如此。聞之淮人云，此乃承平遺規，南渡以後，州郡事體始增侈。既涉淮，迄事歸，而王師失利，潰兵蔽野，下泣聲不忍聞，皆傷痍，或無半體，爲之潸然，間有依余馬首以南，然不可勝救也。是役也，殿司兵素驕，貫於炊玉，不能茹糲食，部餫者復幸不折閱，多雜沙土，軍中急於無糧，强而受之。人日莫給飯一二盂，沃以炊湯，多棄之道，復負重暑行，不堪其苦，多相泣而就罊，道旁逃屋皆是，臭不可近。地多眢井，亦或赴死其間。每憩馬一汲，輒得文身之皮，浮于桶面，間以井滿不可汲。余暍甚，不復能勺，徒勺酒烹雞而薦之。既還南徐官下，以蘊熱飲惡，下利幾三月乃甦。余嘗以塗中所作詩篇爲録，曰《北征》，多寓見其間，特不詳所歷。暇日回思少年氣鋭，直前不慴者，爲之心折。因書梗概，以起髀肉之悲。

泗州塔院

余至泗，親至僧伽塔下。中爲大殿，兩旁皆荆榛瓦礫之區，塔院在東廂。無塔而有院，後以土石甃洞作兩門【二】，中爲巖穴，設五百應真像，大小不等，或塑，或刻，皆左其袵。余以先妣素敬釋氏，奉其一于笈中以歸。殿上有十六柱，其大皆尺有半，八觚，色黯淡如暈錦，正今和州土碼碯也。和之産，紹興間始剖山得之，不知中原何時已有此。前六條特異，皆晶明如纏絲，承梁者二，高皆丈有六尺，其左者色正紅透。時暑日方出，隱柱而觀，燁然晃明，天下奇物也。泗人爲余言，唐時張刺史建殿，而高麗有僧以六柱至，航海入淮。一龜趺露立，云舊有碑載其事，今不存，莫詰信否。塔有影，前輩傳記雜書之。余至之明日，適見于城中民家，亟往觀焉，信然。泗固無塔，而影儼然在地，殊不可曉。或謂影之見爲不祥，泗尋蕩棄，豈其應歟？殿柱，聞郭倪欲載以還維揚，今不知何在。

【二】後以土石甃洞作兩門　「土」原作「上」，據稗海本、津逮本、四庫本、學津本改。

二將失律

王師始度淮，李汝翼以騎帥，郭倬以池，田俊邁以濠，分三軍並趨符離，環而圍之。虜守實欲迎降，忠義敢死已肉薄而登矣，我軍反嫉其功，自下射之顛，陴者曰：「是一家人猶爾，我輩何以脱於戮！」始復爲備。符離一尉游徼于外，不得歸，城外十里間有叢木，尉兵依焉。我之餉軍者，輦過其下，招司不夙計，征丁于市，人皆無衛，部運官吏多道匿，無與俱者。尉鳴鼓，餉者盡棄而奔，則出于木間，聚而焚之已，輒歸，三將無覺者，但怪糧不時至。居數日，而士不爨矣。初，取泗無攻具，夜發盱眙染肆之竿，若寺廟之刹，爲長梯以登。泗本土堙，又無禦者，幸而捷。忠義與軍士，已爭功而譁，及是復不攜寸木往。居泗一月，而後之宿。宿聞有我師，以其帥府命，先芟積清野待，砲械無所取辦，敢死又已前卻，乃坐而仰高，搏手莫知所施。汝翼之至也，舍于城南，有方井之地，夷坦不宿草，軍吏喜其免於芟薙也，而營之。會夜暑雨大作，營乃故積水卑窪處，草以浸死，元非可頓兵也。平明，帳中水已數尺，軍饑，遂先潰。二軍不能支，皆掃營去，改塗自蘄縣歸。入城少憩，而虜人坐其南門，覆諸山下矣，兵出方半，縣門發屋者，皆架石以投人，我軍幾殲焉。大酋僕撒孛堇者，使謂汝翼曰：「田俊邁守濠，實誘我人而啓釁端，執以歸我，我全汝師。」汝翼不敢應，池之帥司提轄余永寧者，聞之以告倬曰：「今事已爾，何愛一夫而不脱萬衆之命乎【三】！」倬憮然頷之。永寧傳呼，召俊邁計事，至則敺下馬，反接。俊邁厲聲呼倬曰：「俊邁有罪，太尉斬之可也，奈何執以與虜！」倬回顧汝翼，俱不言，第目永寧，使速行。俊邁脱手自扼其喉，卒復敓之。俊邁有二馭者，忘其名，實在旁，不能救，泣而逃。虜既得俊邁，折箭爲誓，啓門以出二將，猶勦其後騎，免者不能半焉。輕騎至盱眙幕府自歸，余時適至，二將舍玻瓈泉，猶傳呼揚揚自若。倬，蓋招撫倪之弟也，意右之，招余言，頗自文，欲縶以歸于宣臺。議既定，問余何以處，余曰：「大義滅親，正典刑以全門户，上策也。使它日朝廷欲勿行，則失刑矣，何以馭軍？行之則失恩矣，何以待招撫？」倪勃然變乎色，不終席而揖余以湯，招幕有與余厚者，退而咎余言太峻。余笑不答，遂登舟以歸。倬未行，客有獻計於倪者曰：「軍方敗，事未宣也，縶而歸之，其聞愈章。」遂庇弗遣。余歸，病中得邸狀，汝翼、倬俱薄謫湘、湖間，意泯熄矣。居亡何，有旨，命大理正喬夢符。即京口置獄，推俊邁事，皆莫測所以發。既乃聞余永寧者，適以事至宣司，遇俊邁之馭，執之，呼冤，丘樞訊焉，得其情。以事已行，不欲究，第杖永寧脊，黥流海島。倬之弟僎，輕佻人也，好大言，聞永寧得罪而怒【四】，實不知其事之出於倬，妄謂不然，以訴于平原。平原謂之曰：「平反易耳，第萬或一。然國有常憲，彼時何以爲君地？不如姑已。」僎固稱枉，請直之。喬遂來復追永寧于道，俱下吏，左驗明甚。九月，獄具，永寧磔死，倬棄市，從者皆論極典。汝翼以不出語，得減死，竄瓊州，復劾其匿軍帑之罪，籍其家貲。俊邁家賜

【三】何愛一夫而不脱萬衆之命乎　「萬衆」，稗海本、津逮本、四庫本、學津本皆作「萬介」。

【四】聞永寧得罪而怒　「怒」原作「恕」，據稗海本、津逮本、四庫本、學津本改。

宅予官。時倪猶帥揚，上親灑宸翰慰安之。龍舒守章以初升之。方待次居京口，因至揚，倪泣謂之曰：「岳監倉在否？爲我謝之，愧不及先知之明也。」至冬，倪亦以怯懦罷，遂謫南康。嘉定更化，與僎俱流嶺南，貲産隨所在没入之。僎蓋又儀真喪師之將也。倬之罪不及汝翼，倬嘗爲建康副帥，在廬輕財勇往，遷池不數旬，即出兵於艱難中，頗得士卒心。方潰時，不得已俱至蘄，猶力戰，獨以一諾罹禍。汝翼嘗爲九江帥，刻剥無藝，軍士甚貧者，日課屨一雙，軍中號爲「李草鞋」。其遷馬帥也，船發琵琶亭，塗人咸詬而提擊之。既敗，猶取馬司五萬緡歸其家，焚其籍。倬死之後，喬再入院鞫贓罪，兼旬而竟，僅得不死，人猶以爲幸也。明年，有自虜逃歸者云，見俊邁尚在虜，蓋不殺。或謂郭氏實倡言以自逭，莫可致詰。倪、倬、僎，皆棣、杲、果之諸子，浩之孫，世將家，寵利盈溢，進不知量，隤其家聲云。

卷第十五

淳熙内禪頌

中興三朝，授受之懿，追媲堯、禹。一時薦紳名士，親逢盛際，濃墨大字，以侈千一之遇者間有之，而史不多見。三松王才臣子俊。者，家廬陵，以文鳴江西，嘗作《淳熙内禪頌》一篇，其文瞻蔚典麗。余甲戌歲在九江，才臣自蜀東歸，嘗訪余而出其藁。其文曰：「惟皇上帝，簡在宋德，誕集大命，于我藝祖。厥初造草昧，相時之黔，淪胥于虐，浮頤沈顛，靡所底定。其孰躋之，緊我是恃，寧濡我躬，俾即于夷塗。匪位之懷，我圖我民，匪天我私，惟我有仁。八聖嗣厥理，益以厚厥澤，動植是洽，堪輿是塞。叶氣茲有羨，以溢于罔極，計其攸鍾，是必有甚盛德。使之横絶今古，焜燿典册【一】，而後天之報施，乃不爽厥則。惟我高宗，克靈承于茲，屬時陽九，天步用艱。犬羊外陵，狗鼠内訌，民罔奠居，皇綱就淪。惟我高宗，克宏濟于茲，左秉招摇，右提干將，灑掃函夏，復壽炎籙，茲惟難能哉！典時神天，歷載三紀，民生春熙，治象日舒，曾靡是居，俾聖嗣是荷，茲惟難能哉！惟我壽皇，紹大歷服，聖謨無所事，改慮我則，闡之俾益光；聖治無所事，改爲我則，熙之俾益昌。志

【一】焜燿典册　「焜燿」，津逮本、四庫本、學津本作「焜煌」。

靡一不繼，事靡一不述。我興問寢，明星在天，我往視膳，麗日在户。起敬起愛，用家人禮，祀越二十八，曾靡間厥肇，思篤于親，爰釋大位。高宗神孫，伊我聖子，我是用禪，先後惟一軌，皇乎休哉！邃古之茫，赫胥大鴻，楷麻繩書，不可攷也已。羲圖炳文，民用有識，孔删自唐，登載益焕，惟堯聖神，談者稽焉。蕩蕩巍巍，匪天弗則，遜于虞嬀，首出帝典。重華是仍，亦以授禹，由姒以降，莫返于古初。或以謂臣，堯、舜、禹之事懿矣，揆之於今，其可儷歟！臣曰：奚直儷之耳。堯陟元后七十載，遭時不易，洚水滋儆，才者十六，未宣乃庸。凶族有四，未麗于辟，日叢萬微，以悴于厥衷。式時元德，歷試罔不績，主祭賓門，天人交歸焉。于廟受終，夫豈其艱？舜生登庸，越其在位。歷載各三十，宅帝即真，又三十有三，稽圖揆齡。九秩式有衍，脱躧萬乘，兹非其時哉！惟我高宗，春秋五十有六，惟我壽皇，春秋六十有三，黄屋赤霄，委而弗留。從容退居，靡俟大耄，以今准昔，其決孰需焉。以虞易唐，嬀變而姒，惟械于位，廑廑釋厥負，乃若爲天子父，以天下養，後世無傳焉。惟我壽皇，聖孝孔時，力靡遺餘，愛敬既究，熙以鴻號。錫類湛恩，燕及人老，鉅典盛儀，輝赫萬世。惟我皇上，聿駿前躅，日肅輿衛，來覲來省。翼翼如也，愉愉如也，以昔視今，其孝孰隆焉。故曰：奚直儷之耳！臣惟昔者，《封禪》、《典引》、《貞符》等篇，其事至末矣，侈于麗藻，以揚不朽。矧今宏休，軼于古始，頌聲弗宣，不其缺歟？作宋一經，以駕帝典，顧瞻朝著，將有人焉，臣賤不敢與兹事。堯極立民，康衢有謡，載在萬世，不以賤廢。臣誠不佞，請試效之，謹拜手稽首而作頌曰：太初冥冥，孰究孰營，羲儀圖之，靡麗于成。有聖惟勛，疏之瀹之，斧其不條，而荒度之。匪世不阜，匪穹不佑，可燕可守，而勛以不有。乃遜于華，與世爲公，何以告之，曰允執其中。華述厥志，亦以命文命，率克念厥紹，以共闡厥盛。皇皇惟天，而勛則之，絶德與功，紹者克之。我瞻我稽，閱世惟千，泯泯棼棼，曾莫闖厥藩。天將開之，必固培之，厥培以豐，古尚克回之。豈惟回之，視培淺深，軼而躙之，視我斯今。粤歲己酉，二月壬戌，天仗宵嚴，彤廷曉蹕。穆穆壽皇，如天斯臨，羣后在位，奉承玉音。曰予一人，實倦于勤，退處北宫，以篤于親。赫是大寶，畀我聖子，聖子惟睿，野于朝，肅肅閑閑。聖子重暉，如帝之初，於千萬年，曾靡或渝。孰條不根，孰委弗源？爲誰？繄我壽皇。壽皇承之，匪亟匪徐，二十八年，四方于于。國是益孚，生齒益蕃，于高宗，中心怛之。始時春秋，五十有六，嚮用康寧，以燕遐福。亟其與子，于密退藏，其子天命夙以啓。不吝于權，盍居乃功，釋焉不居，惟壽皇之公。壽皇之公，其孰發之？念我念我高宗，允遜孔艱。匪高宗是懷，藝祖之思，洗時之腥，仁涵于肌。靈旗錟錟，平國惟九，其酋既貸，矧彼羣醜。吾子吾孫，吾士大夫，毋刻爾刑，顧質之書。爾有嘉言，爾則我告，我賞我勸，如彼害何悼。不以干戈，而置詩書，維彼槐庭，謂匪儒弗居。列聖一心，諱兵與刑，維鯁言是聽，惟大猷是經。鍾我高宗，啓我壽皇，爰及聖上，篤其明昌。惟是四條，式克至今，藝祖高宗，壽皇之心。匪時匪今，振古之式，式勿替厥度，亦以燕罔極。帝開明堂，百辟來賀，四夷攸同，莫敢或訛。不肅不厲，不震不竦，焯其舊章，貽我垂拱。勛迫大耄，乃禪于華，華逮陟方，俾夏建厥家。孰如高宗，及我壽皇，與齡方昌，而遽晦厥光。帝降而王，功弗德之逮，庸不列五帝，而祖三代。孰如我皇，惟德崇崇，顯號鴻休，蔚其並隆。維時壽皇，萬壽無疆，日三受朝，衮冕煌煌。維時皇上，治益底厥極，親心載寧，萬邦以無斁。萬姓謳歌，于室于塗，微臣作頌，以對于康衢。」又自作序其後，謂元次山言，前代帝王有盛德大業者，必見於歌頌。蓋帝王之世，以詩頌爲一件最緊切事，專設採詩之官，以搜求之，重以其時，教養有方，人人能文。故郊祀天地則有頌，祀四嶽河海則有頌，講武類禡則又有頌，薦魚獻鮪等事亦皆有頌。後世於詩頌既不甚經意，而能文之士，亦不世有，鴻烈麗藻，率不相值。且如有肅宗復兩京之功，又適有元結能作頌，有憲宗平淮蔡之功，又適有韓愈、柳宗元能作碑若雅。是以其功烈益大，彰明灼著，足以傳示無極。韓碑一爲人所磨，易以段文昌之作，便俳諧淺陋，讀者悶然厭之，豈復能有所發揚也。子俊於前輩無能爲役，亦詎敢謂能文，然所述《淳熙内禪頌》，鄉曲一二鉅公，皆盛有所稱道，以爲可以庶幾古作者。墮在山林，無階上徹，蓋十有六年于兹。屬者士大夫或甚之，俾自附於東漢傅毅之義，上表投進，亦試擬作表章一通矣。又念齒髮如許，恐有干澤之嫌，以召簡書朋友之譏，亦不果進也，顧藏之家，以自致其意云。才臣蓋師誠齋，誠齋亟稱其文，有「發而爲文，自鑄偉辭。其史論有遷、固之風，其古文有韓、柳之則，其詩句有蘇、黄、後山之味，至於四六，踵六一、東坡之步武，超然絶塵，崛奇層出，自汪彦章、孫仲益諸公而下不論也。小技如尺牘，本朝惟山谷一人，今王君亦咄咄逼之矣。挾希世之寶，而未應時之須，可爲長太息」等語。嘗游京師，上史館書，述此頌之意，以杜篤自況，階薦得官。初任徑爲成都帥幙，歸，遂棲遲衡泌，其節亦可觀云。

愛莫助之圖

建中靖國初，韓文定忠彦。當國，黨禍稍解，天下吐氣。鄧洵武爲起居郎，乘間以紹述熙、豐政事爲言，上意雖不能無動，而未始堅決也。鄧氏有位中丞者曰綰，成都人，在熙寧初，倅寧州。嘗上言：「陛下得聖臣，行青苗良法，臣以寧州民心歡悦者占之，天下可從知矣。惟陛下堅守勿變，毋惑流俗。」王荆公喜，薦于上，遂階召擢。是時蜀士在朝者，咸唾罵之，綰有「唾罵從汝，好官須我爲之」之語。洵武，蓋其子也。自度清議必弗貸，且有駟不及舌之慮，懼文定知之，未知所以回天者，憂形于色。有館客者聞之，獻計曰：「新法者，神考所行之法也，韓琦實嘗沮之，爲條例司所駁，先帝以其勳勞弗之罪。今忠彦得政而廢新法，是忠彦能紹述琦之志也。忠彦爲人臣，尚不忘其父，上爲天子，乃忘其父兄耶！誠能以此爲上别白，上必感動。」洵武喜謝不及，造膝如其言，玉色愀然，亟俞之。於是崇寧改元，天下曉然知其意矣。洵武復進一圖，曰《愛莫助之圖》，以豐、祐人才分而爲二，能紹述者居左，惟温、益而下一二人，而列于右者，皆指爲害政，蓋舉朝無遺焉。於左列之上，密覆一名曰蔡京，謂非相京不可，上覽而是之。洵武亦馴致政地，卒之成蔡氏二十年擅國之禍，胎靖康裔夷之酷者，此圖也。初，神宗既用荆公，隨亦厭之，綰薦荆公之子雱，宸筆中出，以綰操心頗僻，賦性姦回，論事薦人，不循分守，遂罷中丞，知虢州。夫洵武以左史薦宰相，以庶僚變國論，可謂不循分守者矣。是以似之者歟！

慶元公議

趙忠定既以議者之言去國，善類多力爭而逐，韓平原之權遂張，公議譁然，日有懸書北闕下者，捕莫知主名。太學生敖器之陶孫。亦有詩其間，曰：「左手旋乾右轉坤，羣公相扇動流言。狼胡無地歸姬旦，魚腹終天痛屈原。一死固知公所欠，孤忠賴有史長存。九原若遇韓忠獻，休説渠家末代孫。」一時都下競傳。既乃知其出於器之，平原聞之，亦不之罪也。器之後登進士第，今猶在選調中。

楊艮議命

蜀有楊艮者，善議命，游東南公卿間。瞽而多知，自云知數，言頗不碌碌，其得失多以五行爲主，不深信《珞琭》諸書。嘉泰辛酉，來九江，太守易文昌祓。留之，偏見郡官。余適在周夢與坐上，時韓平原得君，權震天下，夢與因扣以所至，艮屏人愀然曰：「是不能令終。夫年壬申，金也，申爲金位，有坤土以厚之，故金之剛者莫加焉，目曰劒鋒，從可知矣。是金不復畏它火，惟丙寅能制之。蓋支干納音俱爲火，而履於木，木實生火，火且自生，生生不窮，雖使百鍊，終能勝天理之自然哉！凡人生時主末，今乃遇之，兆已成矣。且其月辛亥，其日己巳，四孟全備，二氣交戰，雖以致大受之福，亦以挻衝擊之災。今術者亦頗知之，多疑其丙寅歲病死，以爲不可再值，其實不然。蓋火炎金液，外强中乾，以剛遇烈，赫赫然天地一鑪鞴，萬物一橐籥，孰可鄉邇，是年顧當兆禍耳，未疾顛也。年運于卯，火爲沐浴，氣微而敗，灰燼鎔竭，不能支矣。然受物也大，非盡其用弗可，一陽將萌，亶其時乎！」夢與相顧動色，謹志之册，弗敢言。及余官鎮江，偶遇之，適林緫卿祖洽。來餉軍興，檄吴江袁丞韶。入幕，丞登科人，有儁才。余問其命，曰辛巳、丙申、丁亥、壬寅，余謂亦俱在四孟，而丁壬丙辛皆真化，且於格爲天地德合尤分明，遂扣艮前説，因以爲擬。艮作而曰：「惟其太分明，所以非韓比，特二化氣皆生，韓自此卻不及之。」遂一笑舍去。既而艮言皆大驗，乃歎其神。袁近歲以薦者改秩爲宰，蓋方晉未艾也。

獻陵疏文

獻陵嗣位，未幾而有狄禍，躬蹈大難，以紓京邑之酷，天下歸其仁，炎興中天，八駿忘返。高景山初以訃聞，朝野縞素，皆有攀龍髯泣烏號之痛。任元受時爲下僚，率中原搢紳，爲位佛宫，以致哀焉。作疏文二篇，以叙其志，文澹意真，讀者灑涕。其一曰：「時巡萬里，羣心久阻於望霓；歲閲三星，凶問奄傳於馳馹。哀纏率土，冤薄層空，臣等跡忝簪纓，心增荼蓼。從君以出，始慙晉國之亡臣；御主而還，終愧趙王之養卒。攀號靡及，摧殞何窮。嘗聞無罪而殺一夫，尚復有辭而請上帝，矧茲二紀，喪我兩君。義不戴天，扣九關而無路；禮應投地，庶十力之可憑。爰竭蚍蜉之誠，仰于龍象之馭。恭惟大行孝慈淵聖皇帝，夙躋上聖，遽辱多艱，嗣服幾年，躬勤庶政。屈尊絶域，本爲生靈，已深露蓋之嗟，更劇輴車之痛。遺弓安在？憑几莫聞【二】，熏修唯藉於佛乘，升濟式資於僊駕。恭願神游超越，睿識圓明。區脱塵空，來即寶華之法會；兜離響滅，常聞金鼓之妙音。更冀大覺垂慈，三靈協佑。護持正法，隆世祖中興之功；摧伏諸魔，雪懷王不返之怨。」其二曰：「僊馭賓空，載嚴遐薦，法筵撤席，更罄餘哀。恭惟大行孝慈淵聖皇帝，蹈千仞之淵冰，脱羣生於塗炭，皇天降割，裔土告終。萬乘墨縗，將禦徐戎之難；六軍縞素，咸聲義帝之冤。自憐踈逖之蹤，莫效纖微之報，唯憑妙果，式助神遊。恭願法證三乘，趣超十地。如天子名爲善寂，萬有皆空；如世尊身入涅槃，一真不滅。然後神明助順，中外協謀。載木主以徂征，併修先君之怨；奉梓宫而旋葬，仰慰在天之靈。」元受上湯中丞啓，珂固嘗書之，義不忘君，直不蔽姦，忠信之至也。徽祖上賓，洪忠宣蓋嘗於燕京憫忠寺肆筵以

【二】凴几莫聞　「几」原作「凡」，據稗海本、津逮本、四庫本、學津本改。

奠。是時方身縻異境，若於郡國禮制之外，因心薦嚴，雖前無此比，亦不失臣子盡誠之誼云。

李敬子

南康屬邑曰建昌，脩水經焉。元祐尚書李公擇常。居其上，宗派皆承素業，以儒名。有曰敬子燔。者，登進士第，爲禮部《易經》魁，授岳陽郡博士。其祖母黄氏死，敬子請解官，與諸叔俱行喪，義聲振一時。既復分教襄陽，武帥某者敬禮之，敬子獨不答。適郡有醼，敬子預坐間，言及歲薦事，寮屬咸起囁嚅，帥曰：「郡有賢儒爲師楷，詎可舍不薦，皇及其它。」敬子作曰：「燔之無功名念久矣，此決不敢當。」帥怒罷酒，然終欲牢籠之，敬子岸然弗屈。郡庠有櫺星門，居營幕之左，昏夙啓閉之不時，軍士以爲病，請于前校官，削學地，置軍門。既數載矣，敬子顧必復之。軍吏讙呶不服，上之府，帥乘此欲擠之，文移頗侵學官。敬子解其意，一夕解印綬遁去，城闔以狀白，帥徑以聞，且劾擅去官守。有詔免所居官。敬子既歸，躬鋤耰，其樂不改，治廟祀，裁古今彝制爲通行，家事繩繩有法度。築室曰「耕讀」，以待學者横經其間，士爭趨之，輿議亟稱其賢。嘉定辛未，詔除大理司直，朝路欣欣望其來。敬子力辭，且曰：「燔苟固丘園，非所學，特冒焉，立朝懼越其分。」請得以幕議，贊澄清之最。」遂添差江西漕屬。方其居鄉時，士子向風，不遠千里至。晦庵朱先生在建陽，敬子實師承之，其源流蓋有自云。

黄潛善

宣和六年春，東都地震，後三月又震，宫殿門皆動，有聲。既而蘭州地及山之草木，悉没入地，而山下麥苗乃在山上。驛書聞朝廷，徽祖爲之側席。時方得燕，兵端釁日侈，上心向闌，遇災而懼。臨朝謂羣臣曰：「大觀彗星之異，張商英勸朕畏天，戒更政事，雖復作輟，朕常不忘。」五月壬寅，遂罷經撫房，於是時事危一變矣。會遣右司郎中黄潛善按視回，乃没其實，以不害聞，天意遽回。六月，詔天下起免夫錢，圖卒固燕，黄驟遷户部侍郎。建炎中興，復以攀附致鼎軸，殺陳、東。歐陽，澈。逐李忠定，綱。撤備納寇，皆其爲也。維揚渡江，以覆餗賜罷。迹其媕阿患得之心，蓋已見於在庶僚時矣。遺臭千載，言之拂膺。

郭倪自比諸葛亮

郭棣帥淮東，實築二城，倪從焉。余兄周伯吏部，時在其幕府，每從東閤游，見其論議自負，莫敢攖者。一日，持扇題其上，曰：「三顧頻繁天下計，兩朝開濟老臣心。」意蓋以孔明自許，竊怪之，以爲少年戲劇，妄標置耳。嘉泰、開禧間，倪位殿巖，賓客日盛，相與慫遝，真以爲卧龍復出，遂逢當軸意，以興六月之師。吴衡守盱眙，過見之于揚，倪迎謂曰：「君所謂洗脚上船也，子生西陲，如斜谷祁山，皆陜隘，可守而不可出，豈若得平衍夷曠之地，掉鞅成大功，顧不快耶！」陳景俊爲隨軍漕先行，燕之中席，酌酒曰：「木牛流馬，則以煩公。」衆咸笑之。余至泗，正暑，見其坐上客扇，果皆有此兩句，然後知所聞爲不誣也。倬既潰于符離，僎又敗于儀真，自度不復振，對客泣數行。時彭法。傳師爲法曹，好謔，適在坐，謂人曰：「此帶汁諸葛亮也。」傳者莫不拊掌。倪知而怒，將罪之，會罷去，遂止。傳師豪士，以恩科得官，依錢東巖之門，不伈伈顧宦，督府嘗欲舉以使虜，而不克遣，終老於選調云。

張跋

是書爲鐵琴銅劍樓所藏，定爲元刊本。卷中語涉宋室均空格，遇敦字有註光宗廟諱者，是必源出宋刻。序第三行題雲間陳文東批點，或評衡文字，或註釋音訓，有時校正譌文，然不更易原字，可稱矜慎。海虞毛晉、張海鵬先後覆刻，於陳氏校正之字，多未采用，疑當日亦未見是本也。姜子佐禹語余涵芬樓續得一本，行款相合，後有成化刊書跋，惜未影出，今付劫火矣。余亦恍惚憶有其事，是本筆法刀工，視元本卻微有別，然未敢遽決，姑識於此，以諗讀者。民國紀元二十有三年元月海鹽張元濟。

圖書在版編目(CIP)數據

全宋筆記. 第7編. 4 / 上海師範大學古籍整理研究所編.— 鄭州 : 大象出版社, 2015. 12
ISBN 978-7-5347-8750-8

Ⅰ. ①全…　Ⅱ. ①上…　Ⅲ. ①中國歷史—史料—宋代
Ⅳ. ①K244. 066

中國版本圖書館 CIP 數據核字(2015)第 314268 號

全宋筆記　第七編　四

出版人　王劉純
特約編輯　陳　新
責任編輯　郭一凡
整體設計　張　勝
出版發行　大象出版社
鄭州市開元路16號(450044)
製　　版　上海杰申電腦排版有限公司
印　　刷　鄭州瑞光印務有限公司
版　　次　2016年2月第1版第1次印刷
開　　本　640mm×960mm　1/16　21.5印張
字　　數　260千字
印　　數　850册
定　　價　75.00元